Prolog

Herbst, 1947, in der Nähe von Durley Abbey

Der Zufall spielte ihm in die Hände: Es war Neumond und die Nacht tiefschwarz. So konnte er ihm ungesehen folgen. Er hatte sich auf die Lauer gelegt, stundenlang, hatte unermüdlich abgewartet und auf das imposante Herrenhaus gestarrt. Irgendwann hatte er ihn aus dem Haus kommen sehen, und seitdem folgte er ihm.

Er kannte natürlich seinen Namen: Simon. Der zukünftige Erbe von Durley Abbey. Ihr Ehemann. Wie er ihn hasste!

Trotz der Dunkelheit konnte er sehen, wie selbstgefällig, wie arrogant Simon sich bewegte. So wurde man wohl, wenn man privilegiert aufwuchs. Simon sah nicht aus, als bedrückten ihn Schuldgefühle oder Sorgen. Wie konnte er sich nur so verhalten, nachdem seine Ehefrau seit Wochen ohne ein Lebenszeichen verschwunden war?

Simon war stehengeblieben, und so musste auch er stehenbleiben, damit er nicht vorzeitig entdeckt wurde. Sein Herz zog sich vor Verzweiflung und Kummer zusammen. Wo war sie nur? Kein einziger Brief, nichts. Es war etwas passiert, das konnte er tief in sich spüren, und er wusste, dass Simon etwas damit zu tun hatte. Simon, der in zahlreichen Zeitungsartikeln besorgt um Hilfe bei der Suche nach seiner Frau bat. Dabei war er doch für ihr Verschwinden verantwortlich!

Er atmete tief durch, um sein schnell schlagendes Herz zu beruhigen. Die Trauer machte Zorn Platz. Das war neben der Wut, neben der Angst seit Wochen sein einziges anderes Gefühl gewesen. Er hatte an nichts mehr Freude, verspürte keine Leichtigkeit mehr, hatte keinen Appetit mehr und nichts, worauf er noch hoffen konnte.

Plötzlich stockte ihm der Atem: Simon hatte sich umgedreht und kam nun auf ihn zu. Er hatte ihn entdeckt.

»Was soll das?«, herrschte Simon ihn an, mit einer Stimme, die seit frühester Kindheit die eigene Autorität gewohnt war. »Folgst du mir etwa? Wer bist du? Einer der neuen Stallburschen? Los, sprich schon!«

»Du Mistkerl! Was hast du ihr angetan?«, brüllte er zurück, das Gesicht vor Verzweiflung verzerrt.

Simon ließ das kalt. Er verschränkte seine Arme und sah auf den anderen herab. »So, so, du willst mir doch nicht sagen, dass sie sich mit dir eingelassen hat? Ich hätte ihr mehr Geschmack zugetraut.«

Simons Worte trafen ihn tief. War da nicht, seit ihrem Verschwinden, dieser winzig kleine Stachel des Zweifels, der sich immer weiter in sein Herz bohrte und die Frage zurückließ, ob sie ihn nicht wirklich einfach wortlos verlassen hatte?

Mit einem Aufschrei warf er sich auf Simon und verpasste ihm einen Kinnhaken. Simon taumelte kurz, fasste sich jedoch schnell wieder und knurrte: »Du wagst es?« Dann war er es, der sich auf ihn stürzte. Sie gingen gemeinsam zu Boden und rollten über den Feldweg.

Irgendwann war Simon über ihm, die Hände an seiner Kehle, die unerbittlich zudrückten.

»Na warte, ich werde dich lehren, die Hand gegen mich zu erheben«, zischte Simon, während seine Hände fester zupackten und ihm die Luft zum Atmen nahmen.

Panisch tasteten seine eigenen Hände über den Boden, auf der Suche nach etwas, mit dem er sich Simon vom Leib halten konnte. Er würde nicht mehr lange durchhalten. Sein Blick verschwamm allmählich und Blitze zuckten durch sein Gesichtsfeld. Da! Mit der rechten Hand erspürte er etwas Hartes, Kantiges. Ein Stein. Seine Hand umfasste ihn, und mit der letzten ihm noch verbleibenden Kraft schlug er den Stein gegen Simons Schläfe.

Simon sackte zusammen. Sein schwerer Körper lag auf ihm, doch seine Hände hatten den schraubstockartigen Griff um seinen Hals endlich gelockert.

Er hustete und sog gierig die Luft in seine schmerzenden Lungen ein, bis er nicht mehr das Gefühl hatte, dass sein Brustkorb in Flammen stand. Dann wälzte er den Bewusstlosen von sich herunter, dessen Körper schlaff auf den Rücken fiel. Erst da konnte er sehen, dass Simon tot war. Die Augen blickten starr in den Nachthimmel hoch und von seiner Stirn zog sich eine rote Blutspur über sein Gesicht.

Zittrig hob er den Stein auf. An einer Seite war er von Blut bedeckt. Fassungslos blickte er vom Stein zu Simon und wieder zurück. Das hatte er nicht gewollt!

Panisch wandte er seinen Kopf und versuchte, in der Dunkelheit etwas zu erkennen. Hoffentlich hatte niemand ihn hier gesehen. Nein, er war allein, und so finster, wie es war, war es sehr unwahrscheinlich, dass ihn jemand beobachtet hatte. Hoffentlich konnte sich keiner der Landarbeiter von Durley Abbey an ihn erinnern. Er hatte in den letzten Tagen versucht, unauffällig an Informationen über Simon zu gelangen.

Er ließ den Besitzer von Durley Abbey liegen, wo er war, und schlich davon. Den Stein hielt er immer noch fest umklammert. Als ihm das bewusst wurde, schleuderte er ihn in die Dunkelheit und wischte sich die blutige Hand an seiner Hose ab.

Er musste weg von hier, so schnell wie möglich. Er musste zurück nach Hause. Seine Hand huschte zu einer seiner Jackentaschen. Dort trug er, seit ihrem Verschwinden, ihre Briefe stets bei sich. Es wurde Zeit, dass er sie woanders unterbrachte. Und wo wären sie besser aufgehoben, als an dem Ort, an dem sie sich geliebt hatten? In dem kleinen Hotel am Rand von Ard Carraig.

Kapitel 1

Oder: Was bisher geschah und Toms neuer Plan

Endlich.

Ich hatte es geschafft und das letzte Wort getippt. Der Cursor blinkte hektisch und war wohl genauso erleichtert wie ich, dass ich nun »Ende« eingeben konnte. Zufrieden lächelnd lehnte ich mich zurück und streckte die Arme über den Kopf. Meine Gelenke knackten kurz und verrieten mir, dass ich schon wieder zu lange in der gleichen Position ausgeharrt hatte. Aber es war notwendig gewesen, denn ich hatte mich danach gesehnt, fertig zu werden, und nun war es soweit. Der sechste Band meiner Huntington-Reihe war zu Ende geschrieben.

Nun ja, beinahe jedenfalls, denn ich wusste, dass in den nächsten Wochen noch etliche Korrekturen anstehen würden. Mein Lektor und auch der Korrektor standen schon seit einer ganzen Weile in den Startlöchern, und sie hatten bislang erst einige Passagen meines Romans lesen dürfen. Doch nun würden sie das komplette Manuskript erhalten, und wie immer noch den einen oder anderen Fehler finden, Ungereimtheiten aufdecken und Logiklöcher stopfen. Ich war froh, dass es sie gab.

Ich speicherte meine Arbeit ab und stöpselte dann den Drucker an, um das letzte Kapitel auszudrucken. Meine Hand fuhr gedankenverloren über die Mappen, die neben dem Drucker lagen. Ein kleiner Spleen von mir war es, die allererste Rohfassung als physischen Abzug in meinen Unterlagen zu behalten. Ich besaß von allen meinen Büchern einen Ausdruck der ersten Version, mit all ihren Fehlern, mit all ihren Unzulänglichkeiten. Ich wusste nicht genau warum, aber ich hatte mir diese Vorgehensweise von Anfang an angewöhnt. Sie hatten etwas Besonderes, diese allerersten Fassungen. Meine Romane gingen vor der Veröffentlichung durch zahlreiche Hände, aber diese Erstfassung war allein mein Werk.

Ich legte den Stapel Papier, den der Drucker mir mit einem nervtötenden Geräusch entgegenspuckte, auf den bereits gedruckten Teil des Manuskripts, der auf meinem Schreibtisch lag. Noch wusste ich nicht genau, wie viele Passagen der Korrekturwut meines Verlags zum Opfer fallen würden, aber schon jetzt konnte ich erahnen, dass das kommende Buch einen deutlich größeren Umfang haben würde als die bisherigen Bände.

Ein wenig wunderte ich mich darüber, denn diesmal war es ein wahrer Kraftakt gewesen, das neueste Abenteuer der Lady Huntington von Baddon Hall zu Papier zu bringen. Nicht, dass mich meine Hauptperson allmählich langweilte. Ganz im Gegenteil, ich hatte einige Ideen und dramatische Wendungen im Hinterkopf und würde die Reihe noch erweitern. Aber die Schreibumstände waren diesmal nicht gerade ideal gewesen. Ich musste kurz schmunzeln, denn mir wurde bewusst, wie sehr ich untertrieb. »Nicht ideal« war eine geschönte Umschreibung der Vorfälle, die ich seit beinahe fünf Monaten zu verdrängen versuchte.

Ich ordnete die bedruckten Seiten zu einem akkuraten Stapel und verstaute sie in einer stabilen Kartonmappe, auf der außen der Arbeitstitel stand: »Lady Huntington und der Dornengarten«. Ich hatte dem Verlag diesen Titel bereits vorgeschlagen, und vermutlich würde das Buch auch unter diesem Namen verlegt werden. Aber bislang hatte Laurie immer einige alternative Vorschläge gehabt. Laurie würde ...

Ich ertappte mich bei dem Gedanken an meinen ehemaligen Lektor und schüttelte mich. Nie hätte ich gedacht, dass er, der mir nicht nur beruflich nahe gestanden, sondern den ich auch eine Zeitlang Freund genannt hatte, hinter den Buchmorden steckte. Rückblickend konnte ich jedoch auch Positives aus der Aufregung ziehen: Durch die Detektivarbeit und Suche nach dem Büchermörder lernte ich nicht nur das Dorf kennen, sondern verliebte mich auch in Tom, den hiesigen Pubbesitzer – und er sich glücklicherweise in mich.

Dennoch, ich war erleichtert, dass das Kapitel mit Laurie endgültig vorbei war. Manchmal, so wie jetzt, musste ich trotzdem an ihn denken

Als ob er ahnen würde, dass ich eine Ablenkung brauchte, stolzierte in diesem Moment Dr. Jingles vom Wintergarten ins Wohnzimmer. Sein geringelter Schwanz war wie ein kleines Fragezeichen in die Höhe gestreckt, und er maunzte mich beim Näherkommen herausfordernd an. Irgendwie klang er dumpf. Ich fragte mich noch, was dies zu bedeuten hatte, als er mir den Grund stolz vor die Füße spuckte. Eine Maus.

Entnervt seufzte ich auf und inspizierte sie. Glücklicherweise schien sie ein schnelles Ende gefunden zu haben. Eine kleine Blutspur im Nacken verriet mir, dass der Jäger sie mit einem einzigen Biss ins Jenseits befördert hatte. Dr. Jingles saß entspannt vor seiner Beute, den Schwanz adrett um die Füße gelegt, und machte keine Anstalten, die kleine Maus wieder an sich zu nehmen. Also packte ich sie mit spitzen Fingern und angeekeltem Gesicht am Schwanz und brachte sie in den Garten auf den Kompost. Ich konnte schon nicht mehr zählen, die wievielte Maus mein kleiner Kater erlegt hatte. Seitdem wir in Ard Carraig wohnten, hatte sich der ehemalige Wohnungstiger ein neues Hobby zugelegt, und das war das Jagen. Anfangs begnügte er sich noch damit, im Garten der Nachbarn Unfrieden zu stiften und die gut gepflegten Pflanzen als Katzenklo zu missbrauchen, doch das legte sich schnell, und nun brachte er mir seit Wochen verschiedenste Kleintiere ins Haus. Ich vermutete, es waren Geschenke an mich. Neben Mäusen fand ich auch Libellen, Käfer und Vögel. Und nicht immer waren sie so mausetot wie das Exemplar eben. Manchmal lebten sie noch und versteckten sich dann tagelang unter den Schränken, dem Sofa, in den kleinsten Ritzen und Ecken, die so ein altes Cottage zu bieten hatte. Nicht alle fand ich wieder.

Als ich Tom bei einer Gelegenheit davon erzählte, grinste er mich an und meinte süffisant: »Du weißt aber schon, dass das keine Geschenke sind, sondern dass deine Katze dir damit zeigen möchte, dass du zu blöd zum Jagen bist?«

Im Haus erwartete Dr. Jingles mich in der Küche vor seinem leeren Napf und verlangte seine allabendliche Portion Futter.

»Na gut«, grummelte ich gutmütig. »Ich muss mich wohl für das Geschenk bei dir bedanken.« Ich löffelte ihm eine ordentliche Menge seines übelriechenden Katzenfutters in den kleinen Keramiknapf. Trotz der unappetitlichen Düfte gab mein Magen ein leises Knurren von sich. Wie so oft hatte ich über dem Schreiben das Essen vergessen. Doch bevor ich zum Abendessen ins Pub gehen würde, kam ich nicht drumherum, noch einen Anruf zu erledigen. Ich wusste, Donna saß bereits seit Tagen auf glühenden Kohlen.

Ich ging zurück ins Wohnzimmer, nahm mein Handy zur Hand und drückte eine Kurzwahltaste. Nach einer kurzen Verzögerung – die mir verriet, dass ich mich in Ard Carraig auch wirklich im Niemandsland im Südwesten Irlands befand – hörte ich das vertraute Freizeichen.

Wenig später ging Donna ran. »Aoife«, rief sie aus. »Bitte sag mir, dass du nicht anrufst, weil du eine Verlängerung brauchst.«

Ich hörte leichte Panik in ihrer Stimme und lachte ins Telefon. »Hallo Donna, im Gegenteil. Du kannst die Champagnerflasche herausholen. Ich bin fertig.«

Sie stieß einen erleichterten Freudenschrei aus. »Das sind großartige Neuigkeiten. Oh, was freue ich mich. Glückwunsch. Wann schickst du es mir rüber?«

»Just in diesem Moment.« Ich hatte mich wieder an meinen Laptop gesetzt und das Mailprogramm geöffnet. Nun hängte ich die letzten drei Kapitel an eine neue Nachricht. »So, es sollte jeden Augenblick bei dir sein. Ich habe es eben losgeschickt.«

»Super. Ich wollte heute Abend zwar ins Kino, aber ich glaube, das lasse ich sausen. Ich muss sagen, ich kann es kaum erwarten, alles durchzugehen. Ich hoffe, du gönnst dir nun etwas Ruhe? Ich weiß, dass die letzten Wochen etwas hektisch für dich waren.«

»Das kannst du laut sagen.« Ich seufzte. Es war wirklich hart gewesen. Nachdem mich Laurie durch die mutwillige Zerstörung meiner Bücher in Angst und Schrecken versetzt hatte, war ich zunächst mehrere Tage nicht in der Lage gewesen, mich auf meinen Roman zu konzentrieren. Ach was, ich konnte tagelang nicht einmal ein Buch ansehen oder in die Hand nehmen, geschweige denn an einem arbeiten. Und auch in den Wochen danach hatte ich nur Mist fabriziert. Ich schrieb schlecht und wenig. Und war unzufrieden mit mir. Meine Gedanken machten sich unentwegt selbstständig und landeten immer wieder bei Laurie und den Vorfällen rund um meine Bücher. Mein ehemaliger Lektor hatte es mir schwer gemacht, und sein Verrat kreiste ständig in meinem Kopf. Erst als Donna als Nachfolgerin im Verlag angefangen hatte, ging es langsam bergauf. Zu ihrem Einstand war ich nach Dublin gefahren, zu einer kleinen verlagsinternen Feier, und sie war mir auf Anhieb sympathisch gewesen. Sie war vielleicht zehn Jahre älter als ich, notorischer Single und Dublinerin durch und durch. Und sehr lebenslustig und hungrig nach Partys. Das hatten wir nicht unbedingt gemeinsam, aber sie war ein offener Mensch, der ehrliches Interesse an meinen Geschichten hegte und die Reihe um Lady Huntington mit mir gemeinsam ausbauen wollte. Schon das eine oder andere Wochenende hatten wir mit interessanten Gesprächen und jeder Menge Wein verbracht. Aus einem beruflichen Kontakt entwickelte sich langsam eine Freundschaft, über die ich sehr froh war, denn nach dem Beziehungsaus mit Andrew hatten sich einige unserer gemeinsamen Freunde von mir abgewandt. Donna hatte es geschafft, dass ich mich wieder an meinen Laptop traute, dass sich meine Ideen zu einem Plot zusammenfügten und ich sie zu Papier bringen konnte. Und das, obwohl sie bis heute nichts über den wahren Grund des Weggangs ihres Vorgängers wusste. Sie war einfach eine motivierende Person. Dennoch, hatte es mich niemals zuvor so viel Mühe gekostet, ein Manuskript zu beenden. Umso erleichterter und glücklicher war ich nun, dass ich es hinter mir hatte.

»Es ist da«, rief Donna in diesem Moment. »Scheint, als hättest du in die letzten Kapitel noch ordentlich Inhalt rein gepackt. Die Datei sieht groß aus.«

»Ja, gegen Ende konnte ich nicht mehr aufhören.« Ich lachte und fuhr nebenbei den Laptop herunter. Ich würde ihn heute nicht mehr brauchen.

»Wie wirst du feiern? Ich hoffe doch, du wirst feiern. Wobei, warte, WIE zur Hölle kann man in Ard Carraig überhaupt feiern?«

»Ha, ha«, ätzte ich zurück. »Also ein paar Drinks bekommt man hier schon.«

Donna schnaubte belustigt. »Ja klar. In einem Zweitausend-Seelen-Nest mitten im Niemandsland an der Küste. Ich hätte ja gesagt, du setzt dich sofort in dein Auto und düst rüber nach Dublin, und dann machen wir die Stadt unsicher. Es gibt ein paar neue Locations hier, die ich letzten Monat entdeckt habe und die dir die Schuhe ausziehen würden. Aber ich vermute, du kannst dich gerade nur schwer von Tom trennen?« Ein neckischer Tonfall hatte sich in ihre Stimme geschlichen. Sie kannte mich mittlerweile einfach zu gut.

»Mach's gut, Donna«, würgte ich sie ab.

Sie lachte erneut. »Okay, ich verstehe. Dann viel Spaß heute Abend. Ich melde mich die Woche wieder bei dir, sobald ich durch bin. Vielleicht hat der Zweitleser bis dahin auch schon eine erste Rückmeldung. Mal sehen. Bis bald, Aoife.«

Ich legte auf und machte mich auf die Suche nach meiner Handtasche. Im Flur lag sie nicht, obwohl das ihr angestammter Platz war, und so vermutete ich, dass ich sie irgendwann in den letzten Tagen mit ins Schlafzimmer im ersten Stock genommen hatte. Und tatsächlich, ich fand sie auf dem alten, leicht wackligen, gepolsterten Stuhl unter einem Haufen abgelegter Kleidungsstücke. Mein Blick durchstreifte das Zimmer und mir wurde mit Schrecken bewusst, dass ich seit meinem Einzug immer noch inmitten der altmodischen Dekoration inklusive Spitzendeckchen meiner Vermieterin Cathy lebte. Dabei lag mein Einzug in das Haus bereits über ein halbes Jahr zurück. Cathy selbst kannte ich noch nicht persönlich, denn den Rückzugsort in diesem kleinen Cottage hatte Laurie mir damals vermittelt, aber mittlerweile wusste ich, dass sie im Rentenalter war und eigentlich nur für einige wenige

Wochen in die Vereinigten Staaten hatte fliegen wollen, um ihrer Tochter beim ersten Kind zur Seite zu stehen. Doch sie schien gar nicht mehr wiederkommen zu wollen. Wir hatten in der Zwischenzeit lediglich einmal kurz telefoniert, um uns gegenseitig zu versichern, dass wir mit dem momentanen Arrangement mehr als zufrieden waren. Offenbar war es sehr angenehm drüben in Florida, und meine Vermieterin genoss sowohl das Wetter als auch ihr Enkelkind und die Nähe zu ihrer Familie. Mary, die ehemalige Lehrerin der Dorfschule, die engen Kontakt zu Cathy pflegte, hatte mir eines Abends im Pub ihre Vermutung anvertraut, dass Cathy nur noch einmal zurück nach Irland kommen würde: nämlich, um das Cottage zu veräußern, einigen lieben Freuden Lebewohl zu sagen und sich dann aus dem Staub zu machen.

Mit war's recht. Mit Ausnahme des stilistisch fragwürdigen Designs des Schlafzimmers fühlte ich mich mittlerweile außerordentlich wohl im kleinen Cottage im ebenso kleinen Ard Carraig. Es war ein bezauberndes buntes Dörfchen an der Südwestküste Irlands, und obwohl ich anfangs geglaubt hatte, ich würde mich hier sehr auf das Schreiben konzentrieren können und ansonsten furchtbar langweilen, hätte ich falscher nicht liegen können. Mein Leben hatte sich von Grund auf verändert. Ich hatte zwar einen – wie ich gedacht hatte – guten Freund verloren, dafür jedoch eine Liebe gefunden.

Ich riss mich vom Anblick der monströsen geblümten Vorhänge, der dazu passenden Tagesdecke und den kleinen Lampenschirmen im gleichen Dekor los und machte mir eine gedankliche Notiz, beim nächsten Ausflug nach Tralee oder Cork den Besuch eines Heimtextilienladens einzuplanen.

Wenige Minuten später verließ ich das Cottage und spazierte gemütlich in Richtung Dorfzentrum. Ich wagte einen kurzen Blick in den Garten meiner Nachbarin, doch Petula war nirgends zu sehen. Dabei war das erstaunlich gute Wetter jetzt im September hervorragend geeignet, um im Garten letzte Arbeiten zu erledigen. Normalerweise nutzte meine Nachbarin jeden Moment aus, um an ihren Sträuchern, Stauden, Rabatten und Büschen mir unbekannte Tätigkeiten auszuführen. Ständig schnitt, zupfte und rechte sie an ihren Beeten herum. Ihre Mühen lohnten sich: Ihr Garten war ein wahres Wunderwerk an Farben, Düften und Formen. Ich beneidete sie inständig.

Ich fühlte mich von Zeit zu Zeit leicht überfordert damit, den vergleichsweise kleinen Garten von Cathy in Schuss zu halten. Obwohl ich mittlerweile sämtliche Gartenratgeber aus Cathys Bücherregalen verschlungen hatte und akribisch versuchte, mich an die Anweisungen zu halten, schwang immer die Angst mit, dass die Pflanzen unter meiner Pflege eines Tages Selbstmord begehen würden. Glücklicherweise war bisher nichts Schlimmes passiert. Außer einer großen Hortensie, die eines Morgens für mich völlig überraschend von kleinen krabbelnden Tieren übersät gewesen war, hatte es keine Opfer gegeben. Nun gut, ich würde vielleicht die zwei oder drei Orchideen im Wintergarten nicht erwähnen, sondern sie bei Gelegenheit durch lebende Exemplare ersetzen, aber ansonsten war das doch kein schlechtes Ergebnis für jemanden, der statt mit einem grünen eher mit einem braunen Daumen gesegnet war.

Ich näherte mich der Dorfmitte. Die Straße wurde hier breiter, und die Häuser drängten sich bunt und eng aneinander. Vor Murphy's Groceries standen wie üblich einige Fahrräder und vor Toms Pub saßen Menschen, die die letzten schönen Sonnenstrahlen dieses Spätsommers bei einem Pint genossen. Am alten Kriegerdenkmal kniete Claire, die Sympathische, die sich um die Blumenarrangements des Denkmals kümmerte. Ich trat zu ihr hin und begrüßte sie.

»Ah, hallo Aoife«, sagte Claire, als sie aufsah, und wischte sich mit einer behandschuhten Hand den Schweiß von der Stirn. »Sie sind wohl auf dem Weg ins Pub?«

Es hatte nicht lange gedauert, bis das komplette Dorf von meiner Beziehung zu Tom wusste. In Ard Carraig ließ sich nur schwer etwas verheimlichen. Glücklicherweise war mir noch nicht zu Ohren gekommen, dass sich jemand abfällig oder negativ zu Tom und mir geäußert hätte. Im Gegenteil, seine Ex-Frau Chloe war nie sehr beliebt gewesen, und es schien, als würden die Einheimischen mich für das geringere

Übel halten. Glück gehabt. Toms Scheidung war seit letztem Monat durch, was wir mit einem Ausflug an den Strand gefeiert hatten.

»Ja, ich habe heute seit dem Frühstück quasi nichts mehr gegessen und mein Magen hängt nun zwischen den Knien«, antwortete ich. Ich beobachtete Claire, wie sie einige der bunten Blümchen vorsichtig aus dem Zierbeet neben der Namensliste der Verstorbenen der letzten beiden Weltkriege herauszog und in einen Korb legte. »Was genau machen Sie denn da?«, fragte ich stirnrunzelnd. »Normalerweise pflanzen Sie doch Blumen ein und rupfen sie nicht heraus, oder irre ich mich?«

Claire hielt in ihrer Arbeit inne und lachte kurz auf. »Ja, das ist wohl wahr. Aber ich bereite heute den Platz vor. Nächste Woche soll doch hier die Infotafel zum Rundwanderweg aufgestellt werden.«

Ich sah sie überrascht an. »Was denn für eine Infotafel? Und was für ein Rundweg?«

Sie zog sich ihre Handschuhe aus, stemmte sich mit einem erleichterten Stöhnen hoch und ließ sich auf die kleine Holzbank plumpsen. »Ah, das tut gut. Mein armer Rücken.« Sie wischte einige Krümel dunkler Erde von ihrer Hose und fuhr fort: »Ich glaube, Sie sind noch nicht lange genug hier bei uns, um von dem geplanten neuen Wanderweg gehört zu haben. Wobei Petula bei der letzten Dorfversammlung von der Entscheidung der Kommission erzählt hat. Jetzt erinnere ich mich, dass ich Sie da gar nicht gesehen habe.« Spitzbübisch sah sie mich unter ihrem großen Strohhut hervor an.

»Richtig, ich habe das letzte Mal gefehlt.« Das war der Abend der Feierlichkeiten um die vollzogene Scheidung Toms gewesen, und wir hatten uns entschlossen, die Versammlung zugunsten eines romantischen Abends zu zweit sausen zu lassen. Ich bereute das keine Sekunde, dennoch gelang es Claire, dass sich in mir ein Hauch von schlechtem Gewissen breitmachte.

Sie zwinkerte mir zu und flüsterte in einem verschwörerischen Tonfall: »Glauben Sie mir, mein Mann ist derjenige, der mich jedes Mal zu diesen Versammlungen schleift. Hätte ich die Wahl, würde ich glatt schwänzen.« Dann fuhr sie in gewohnter Lautstärke fort: »Na jedenfalls, vor ungefähr einem Jahr wurde vom Tourismusverband beschlossen, dass wir hier in der Gegend einen Wanderweg bekommen sollen. Ich denke, Sie kennen sicher den berühmten Kerry-Way.«

Ich nickte eifrig, denn viele meiner Freunde und sogar eine meiner Tanten waren diesen gut ausgebauten Rundwanderweg auf der Halbinsel Kerry schon abgelaufen. Sie alle schwärmten von den tollen Aussichten auf das Meer und die Berge und den hübschen kleinen Dörfern auf dem Weg. Wenn man fit genug war, schaffte man die knapp zweihundert Kilometer in einer Woche.

»Die Marketing-Spezialisten denken nun, sie können den gerade anhaltenden Wander-Trend noch ein wenig weiter ausnutzen. Sie möchten viele der alten kürzeren Routen hier bei uns zu einem großen, zusammenhängenden Weg verbinden und unter einem neuen Namen groß rausbringen. Dafür werden in jedem Dorf auf der Route diese neuen Infotafeln aufgestellt. Damit die Wanderer wissen, wo genau sie sind, was sie noch vor sich haben und welche regionalen Besonderheiten es gibt.« Claire legte ihre Handschuhe zu den Pflanzen in ihren Korb und stand auf. »Ich sollte langsam nach Hause. George wird schon mit dem Essen auf mich warten. Sie können später auf dem Nachhauseweg übrigens mal aufmerksam schauen, einige Hinweisschilder mit Richtungspfeilen sind schon aufgestellt.«

»Ich werde darauf achten«, versicherte ich ihr. »Grüßen Sie George von mir.«

Wir trennten uns, und ich ging in Richtung Pub. Soeben trat Tom mit einem Tablett aus der Tür, um die leeren Gläser auf den Holztischen einzusammeln. Ich blieb kurz stehen, um zu beobachten, wie er routiniert Gläser stapelte und alles mit einer Hand auf dem kleinen Tablett balancierte. Er trug seine übliche Pub-Kluft: lässige Jeans, ein helles Baumwollhemd mit aufgerollten Ärmeln und – weil es mittlerweile doch nicht mehr Hochsommer war – eine alte, enganliegende braune Wollweste darüber. Mit Gummistiefeln über der Hose hätte er genauso gut aus dem Stall kommen können. Aber ich liebte diesen Look mittlerweile. Alles an ihm wirkte echt und ungekünstelt. Authentisch. Mir schoss der Gedanke durch den Kopf, dass Andrew diesen Aufzug nicht einmal als Verkleidung akzeptiert hätte. Was war ich froh, dass auch dieses Kapitel geschlossen war.

Tom blickte auf und sah mich näherkommen. Ein Strahlen ging über sein Gesicht und zauberte ihm zahlreiche Fältchen um seine hellen blauen Augen. Zusammen mit seinen zerzausten roten Haaren bildete das einen Kontrast, an dem ich mich nicht sattsehen konnte.

»Na endlich, ich war schon kurz davor, einen Suchtrupp loszuschicken. Wolltest du nicht schon mittags da sein?«, begrüßte er mich und drückte mir einen Kuss auf die Lippen.

Ich küsste zurück und antwortete: »Ja, aber stell dir vor, ich habe es durchgezogen, und nun bin ich tatsächlich fertig.«

Erstaunt riss Tom die Augen auf. »Wirklich? Das ist ja wunderbar. Das müssen wir feiern! Was hältst du davon, wenn Rory dir gleich etwas besonders Gutes kocht, und ich öffne eine Flasche Sekt?«

»Ich habe selten etwas Besseres gehört«, scherzte ich und folgte ihm ins Innere des Laughing Pig. Von außen in einem scheußlichen Schweinchenrosa gestrichen – um zum ungewöhnlichen Namen zu passen – war das Pub innen alles andere als kitschig. Dunkles Eichenholz wechselte sich ab mit der kalkweißen Wandfarbe, zahlreichen gerahmten Fotos von Gästen und einigen von Eds fotografischen Meisterwerken. Die große Theke aus altem Holz war das Highlight des Raums, doch auch der offene Kamin aus Bruchstein am anderen Ende und die vielen verschiedenen Sitzgelegenheiten versprachen irische Gemütlichkeit.

Im Pub war heute einiges los, und bevor Tom sein Versprechen einlösen konnte, musste er zunächst einige der wartenden Gäste bedienen. Ich setzte mich an meinen Stammplatz, auf einen Barhocker an der Theke, von dem aus ich sowohl mit Tom reden, als auch die Gäste beobachten und zur Not schnell hinter die Theke schlüpfen und beim Zapfen helfen konnte. Mittlerweile stellte das gar kein Problem mehr für mich dar, ich war schon häufig für Tom eingesprungen, wenn gerade viel los gewesen war oder er kurz nach Lizzie sehen oder ans Telefon musste.

Fünf Minuten später stand vor mir ein Glas mit einer blubbernden Flüssigkeit, und ich stieß mit Tom an.

»Auf dein neues Meisterwerk.« Er nahm einen Schluck und fragte dann: »Wann darf ich es denn endlich lesen?«

»Ab jetzt jederzeit. Oder du wartest, bis ich die Änderungen vom Verlag eingearbeitet habe.«

Überraschenderweise hatte Tom sich als großer Fan meiner Romanreihe herausgestellt. Auf der Suche nach dem Büchermörder hatte er sämtliche Bände verschlungen und dabei großen Spaß gehabt. Für mich war das unvorhersehbar gewesen, denn üblicherweise wurden meine Bücher aufgrund der hohen Anteile von Romantik, Herzschmerz und Drama eher von Frauen gelesen. Seit Wochen nervte er mich mit der Frage, wann er denn den neuesten Band lesen dürfte.

»Ich kann nicht mehr abwarten«, sagte er. »Je eher, desto besser. Und was glaubst du, wie es Lizzie geht? Mittlerweile haben all ihre Mitschülerinnen die Bücher gelesen, und es gibt Abende, da reden die nicht über Jungs, sondern darüber, wie es mit Lady Huntington weitergehen könnte.«

Ich lachte überrascht auf. Lizzie, Toms Tochter aus erster Ehe, war eine bildhübsche Jugendliche, die ich sehr gern mochte. Wir verstanden uns gut, auch wenn ich manchmal das unwillkommene Gefühl hatte, dass sie noch nicht so ganz einverstanden mit der neuen Beziehung ihres Vaters war. Aber vielleicht täuschte ich mich auch. Sie wusste nicht, dass ich die Autorin der Huntington-Reihe war. Tatsächlich wussten das bislang nur Tom, sein bester Freund Will und – weil es unvermeidlich gewesen war – Petula, meine Nachbarin. Gut, Ed stand ebenfalls noch auf der Liste, aber Ed war ein Fall für sich.

Ich ließ mir von Tom ein zweites Glas Sekt einschenken und sagte: »Ich glaube, mir wurde vorhin ein Essen versprochen. Ich gestehe, ich sterbe vor Hunger.« Dabei sah ich ihn gespielt gequält an.

Tom, der die Flasche Sekt gerade im Kühlschrank unter der Theke verstaut hatte, richtete sich wieder auf und zeigte ein mitleidiges Gesicht. »Dein Wunsch sei mir Befehl.« Er ging in die Küche und kehrte wenig später zurück, allerdings ohne einen Teller in der Hand. »Noch einen kleinen Moment«, meinte er, als er bemerkte, dass mein Blick nun wirklich gequält aussah.

Und tatsächlich, keine fünf Minuten später ging die Küchentür auf, und ein schlaksiger junger Mann trat mit einem Teller heraus und stellte ihn vor mir ab. »Hallo, Aoife«, begrüßte er mich.

Ich lächelte ihn ehrlich erfreut an. »Oh, Rory, schön, dich zu sehen.« Ich blickte auf das Kunstwerk vor mir. »Und das Essen sieht einfach wunderbar aus. Du hast dich mal wieder selbst übertroffen.«

Rory winkte ab, lief aber dennoch rötlich an. Komplimente war er noch nicht gewohnt, auch wenn er sie sich redlich verdiente. »Lass es dir schmecken«, sagte er und eilte zurück in die Küche.

Tom trat zu mir, stützte seinen Kopf in die Hände und blickte sehnsüchtig auf den Teller. »Ich hatte heute zwar schon eine Portion, aber wenn ich mir das hier so ansehe, dann könnte ich glatt noch einmal davon essen.«

»Nichts da«, entgegnete ich und zog den Teller näher zu mir. Warnend schielte ich zu ihm hinüber. »Wage es ja nicht, auch nur einen kleinen Bissen zu stibitzen«, sagte ich halb im Scherz und halb im Ernst. In den nächsten fünfzehn Minuten seufzte ich nur wohlig und gab ab und an ein »Mh« von mir. Die kleine Pastete, die Rory gezaubert hatte, schmeckte hervorragend. Kein Vergleich zu den zahlreichen Teigklumpen, die ich in der Vergangenheit gegessen hatte. Statt knorpeligem und minderwertigem Fleisch hatte Rory fangfrischen Fisch und Meeresfrüchte für die Füllung verwendet und sie gekonnt gewürzt. Und auch der Teigmantel hatte keine Ähnlichkeit mit den schwer verdaubaren Exemplaren aus meiner Erinnerung. Er war kross und dünn und auf seiner Oberfläche sogar verziert. Ich war beinahe enttäuscht, als ich die letzten Krümel vom Teller aufpickte.

»Das war einfach göttlich«, lobte ich. »Du hast mit Rory wirklich einen Glücksgriff getan.«

Und das hatte Tom wirklich. Wenn auch völlig unerwartet. Monatelang war er auf der Suche nach einem Koch gewesen, ohne dass sich auf seine zahlreichen Stellenanzeigen auch nur ein einziger Bewerber gemeldet hatte. Zeitweilig hatte Tom seine Notlage damit überbrückt, ein wechselndes Tagesgericht zu kochen, um seinen Gästen überhaupt etwas Essbares servieren zu können, aber auf Dauer war das nur ein schwacher Kompromiss gewesen. Und dann war eines Tages Rory ins Pub gestolpert. Er war noch keine zwanzig Jahre alt, aber sein jungenhaftes Gesicht zeigte bereits Spuren eines Lebens auf der Straße. Rory war zu diesem Zeitpunkt seit beinahe einem halben Jahr in Irland unterwegs gewesen, eine Art moderner Nomade. Er hielt sich mit Gelegenheitsjobs und Gitarre spielen über Wasser, hatte jedoch sehr müde gewirkt. Als er den Aushang in Toms Pub sah, kam er herein und fragte, ob er es probieren konnte. Tom war anfangs skeptisch gewesen, denn Rory hatte keinerlei Ausbildung oder Erfahrung als Koch vorzuweisen. Genauer gesagt hatte er überhaupt keine Ausbildung. Später erzählte Tom mir, dass irgendetwas in Rorys Blick ihn überzeugte hätte, ihm eine Chance zu geben, und so ließ er ihn einige seiner bewährten Rezepte zur Probe kochen. Rory entpuppte sich als absolutes Ausnahmetalent in der Küche und gehörte seitdem quasi zum Inventar. Er kochte die Gerichte nicht nur fehlerfrei und essbar nach, sondern verlieh vielen von ihnen durch seine Kreativität eine eigene Note, indem er sie mit anderen Gewürzen aufpeppte oder besonders hübsch auf den Tellern arrangierte. Nach einer Weile hatte er damit begonnen, einige neue Rezepte an den Pubbesuchern auszuprobieren, und die Resonanz war stets hervorragend. Tom revanchierte sich mit einem Gehalt, das jemand mit Rorys fehlender Ausbildung niemals erhalten hätte, und vermittelte ihm ein günstiges Zimmer im Dorf.

Meine Pastete schien eines von Rorys Experimenten gewesen zu sein, denn ich war bislang noch nicht in ihren Genuss gekommen.

Als er wenig später aus der Küche trat, um meinen Teller abzuräumen, lobte ich ihn erneut. »Rory, wirklich, das war köstlich. Wie kommst du nur auf diese Ideen?«

Er zuckte mit den Schultern, während sich auf sein Gesicht ein vorsichtiges Grinsen schlich. »Ich weiß es auch nicht genau. Ich probiere einfach gerne herum.«

»Ach, was ich dich noch fragen wollte«, sagte ich wenig später zu Tom, »ich habe vorhin Claire getroffen, und sie erzählte etwas von einem neuen Rundweg hier in der Gegend. Weißt du etwas darüber?«

Tom sah mich erstaunt an und antwortete: »Ach, Aoife, du hast die letzten Tage wohl wirklich hart gearbeitet. Erinnerst du dich gar nicht mehr?«

Ich sah ihn verwirrt an: »Erinnern? Woran? Was habe ich verpasst?«

»Du hast es also wirklich vergessen. Wir haben doch vorletzte Woche noch darüber gesprochen. Bevor Lizzie zu ihrem Schulausflug aufgebrochen ist.«

»Schulausflug ...«, echote ich. »Da klingelt was bei mir.«

Vage erinnerte ich mich, dass Tom mir erzählt hatte, Lizzie würde die nächsten fünf Tage bei einem Schulausflug sein. Die Einzelheiten waren mir jedoch entfallen.

Entschuldigend blickte ich ihn an. »Wohin genau ist sie gefahren? Ich befürchte, die letzten Wochen habe ich fast nur noch an meinen Roman gedacht und alles andere ausgeblendet.«

Tom setzte einen gespielt kritischen Blick auf. »Ich hoffe für dich, dass er gut wird.« Er lachte kurz und fuhr fort: »Lizzie ist mit ihrer Klasse auf dem neuen Wanderweg unterwegs. Einige Klassen aus dem Einzugsgebiet haben die Möglichkeit bekommen, ihn als Erste auszuprobieren und darüber einen Bericht zu schreiben. Ein paar der Berichte sollen dann in den neuen Wanderführer aufgenommen werden. Es ist eine recht große Marketing-Kampagne geplant.« Er kratzte sich am Kopf. »Ich finde das gar nicht so übel. Ein neuer Weg wird mehr Touristen ins Dorf bringen, und jeder Tourist ist durstig. Und hungrig, wenn er zuvor etliche Kilometer gewandert ist.«

»Das hört sich nicht schlecht an. Wann wird Lizzie denn zurück sein?«

»Eigentlich sollte sie schon seit dem frühen Nachmittag wieder hier sein. Aber ich könnte mir vorstellen, dass die Klasse zum Abschluss noch irgendwo eine Kleinigkeit essen gegangen ist. Sie müsste jeden Moment auftauchen.«

Ich konnte mich irren, aber ich hatte das Gefühl, dass sich in Toms Stimme leichte Sorge eingeschlichen hatte. Ich drückte seine Hand und sagte: »Mach dir mal keine Gedanken. Wenn etwas gewesen wäre, hätten die Lehrer hier doch schon längst angerufen. Was weißt du denn noch über diesen neuen Weg? Ich habe das Gefühl, ich bin die Einzige, die nicht im Bilde ist.«

»Das liegt daran, dass wir schon vor über einem Jahr über den Weg informiert wurden. Und da warst du noch nicht hier. Vorher hatte es viele Monate gedauert, die Route mit den Landbesitzern abzustimmen. Denn einige haben sich klar dagegen ausgesprochen. Sie wollten nicht, dass Wildfremde über ihre Schafweiden stapfen, Müll hinterlassen und Gatter offenstehen lassen. Also hat das Ganze gedauert. Aber die Strecke steht nun seit einiger Zeit fest, und der Weg wurde in der letzten Zeit vorbereitet. Von Miles weiß ich, dass auch bei uns in der Gegend Richtungspfeile aufgestellt und kleine Plaketten in den Straßen angebracht wurden. An Murphy's Groceries hängt seit gestern auch eine.«

Ich nickte beeindruckt. Das würde ich mir später genauer ansehen. Der neue Weg machte mich neugierig. Schon seit vielen Jahren spielte ich mit dem Gedanken, einen Wanderausflug zu machen, doch mit Andrew wäre es unvorstellbar gewesen. Er konnte der freien Natur nichts abgewinnen und wäre ohne konstanten Internetanschluss völlig aufgeschmissen gewesen. Von Funktionskleidung an seinem Körper gar nicht zu sprechen.

»Was hat die Leute hier umgestimmt, doch mitzumachen?«, fragte ich.

»Ich denke, es waren letztendlich die positiven Erfahrungen, die die Bewohner rund um den Kerry Way gemacht haben«, antwortete Tom. »Es gab eine öffentliche Diskussion, bei der jeder seine Meinung abgeben und Fragen stellen konnte. Und fast alle entlang des Kerry Way hatten Gutes zu berichten.« Er zählte die Punkte an seinen Fingern ab. »Kein Müll auf den Wegen, da Wandertouristen die Sorte von Touristen sind, die eher sorgsam mit der Natur umgehen. Mehr Geld für die einzelnen Ortschaften, da jeder Wanderer ein Dach über dem Kopf braucht und abends und morgens etwas essen und trinken möchte. Und der Menschenstrom hält sich in Grenzen, da die meisten Touristen doch eher faul sind und Sightseeing einer anstrengenden mehrtägigen Wandertour vorziehen. Alles in allem halb so schlimm wie erwartet. Ich denke, hier wird es ähnlich laufen.«

Ich nickte bedächtig und stimmte in Gedanken zu. Unsere Ecke würde es schon schwer genug haben, gegen den dominanten und sehr bekannten Kerry Way anzukommen, und ich bezweifelte, dass plötzlich Menschenmassen durch Ard Carraig stapfen würden, nur weil ein paar Marketingleute einige Wegweiser aufstellten. Vermutlich würde es Jahre dauern, bis der neue Weg bekannt genug wurde, um spürbar mehr Geld in die einheimischen Kassen zu spülen.

»Wie soll denn der neue Weg überhaupt heißen?«, fragte ich.

Tom runzelte beim Nachdenken kurz die Stirn und meinte: »Wenn ich mich nicht irre, wird er Wild Coast Path heißen, auch wenn er nicht nur an der Küste entlang verläuft, sondern zwischendurch quer durchs Bergland.«

»Hm, klingt wild und romantisch. Allein der Name wird sicher den einen oder anderen neugierig machen.« Ich zwinkerte Tom zu und schwenkte dann das leere Sektglas vor seiner Nase herum. »Also ein kleines Gläschen würde ich schon noch vertragen.«

Tom quittierte das nur mit einem Lachen, während er die Sektflasche erneut aus dem Kühlschrank holte. Er schenkte auch sich selbst nach und wollte gerade mit mir anstoßen, da hielt er kurz inne, als überlege er, mir noch etwas zu sagen.

»Was ist los?«

Er druckste herum, kratzte sich verlegen am Hinterkopf und schien plötzlich alles um sich herum interessanter zu finden als mich.

»Na los, Tom, raus mit der Sprache. Was hast du?«, fragte ich ihn.

Endlich blickte er auf und seufzte kurz. »Na gut«, begann er und räusperte sich. »Ich habe eine Neuigkeit für dich.«

Ich sah ihn mit erhobenen Augenbrauen an und wippte ungeduldig mit dem Fuß. Der Mann besaß das zweifelhafte Talent, es spannend zu machen.

»Spann mich doch nicht so auf die Folter!«, knurrte ich, als er immer noch keine Anstalten machte, mit der Sprache herauszurücken.

Eilig nahm er einen Schluck und musste einen Hustenanfall unterdrücken, da er die Menge des schäumenden Getränks offenbar unterschätzt hatte. Dann sagte er ohne weitere Vorwarnung: »Ich denke, ich werde ein Hotel eröffnen.«

Kapitel 2

Oder: Ein seltsamer Fund in der Wand

»Ein Hotel?«, echote ich. »Du willst ein Hotel eröffnen?« Zu sagen, diese Neuigkeit wäre eine Überraschung für mich, wäre untertrieben gewesen. Tom hatte noch nie von derartigen Plänen gesprochen.

Er nickte und blickte versonnen über meinen Kopf hinweg. »Ja, das will ich eigentlich schon seit geraumer Zeit machen. Schon als ich das Laughing Pig vom Vorbesitzer übernommen habe, wollte ich ein Pub mit angeschlossenem Bed & Breakfast eröffnen. Das haben die Örtlichkeiten hier allerdings nicht hergegeben. Die Zimmeraufteilung ist einfach nicht ideal, sodass nicht gleichzeitig Lizzie, ich und weitere Gäste hier wohnen könnten.«

»Was hat dich denn wieder auf die Idee gebracht? Ich nehme an, am Grundriss hat sich bis heute nichts geändert. «

Tom sah mich an. »Ehrlich gesagt, ist es der neue Wanderweg. Über kurz oder lang wird er einige zusätzliche Touristen nach Ard Carraig bringen, und ich würde das natürlich gerne nutzen.«

»Du bist ja ein Vollblut-Ökonom«, scherzte ich.

Er blieb ernst. »Ich möchte langfristig denken. Nein, ich MUSS langfristig denken. Auch im Hinblick auf Lizzie. Wer weiß, vielleicht will sie das alles hier später übernehmen?« Er ließ seinen Blick durch den gemütlichen Raum wandern.

Ich sah ihn überrascht an. »Weiß Lizzie denn schon, was sie nach der Schule machen möchte?« Bislang war mir Toms Tochter nicht durch allzu großen Ehrgeiz oder ausgereifte Zukunftspläne aufgefallen, aber ihr Vater hatte in diesem Punkt natürlich mehr Einblicke als ich.

Tom seufzte auf. »Nein, natürlich nicht. Sie ähnelt da allen Jugendlichen. Mal möchte sie etwas mit Medien machen, im nächsten Moment kommt nur ein Studium der Tiermedizin infrage und einen Tag später würde sie am liebsten mit einem Rucksack nach Australien abhauen. Ich denke, sie braucht noch eine Weile, um sich klar zu werden, wohin ihr Weg führen soll.« Er räusperte sich kurz. »Nichtsdestotrotz, ein kleines Landhotel ist MEIN Traum, und wenn ich damit etwas Gutes für Lizzies Zukunft tue, dann ist es schön, aber das ist nicht mein primäres Ziel. Ehrlich gesagt hätte ich den Plan vielleicht gar nicht verfolgt, wenn nicht dieses Haus am Strand unten immer noch leer stehen würde.«

Wieder einmal merkte ich, dass ich zwar in Ard Carraig lebte, aber noch weit davon entfernt war, auch nur ansatzweise alle Neuigkeiten mitzubekommen. »Welches Haus am Strand denn? Das klingt ja zauberhaft«, meinte ich.

Und stellte mir in Gedanken bereits romantische Abende zu zweit vor: wie wir auf einen tiefroten Sonnenuntergang über dem Meer blickten und dabei tiefsinnige Gespräche über den Sinn des Lebens führten. Der Wind würde uns sanft durch die Haare wehen, und unsere bloßen Füße würden wir im warmen Sand vergraben. Natürlich hätte Rory uns einen großen Picknickkorb mit vielfältigen Leckereien vorbereitet, und wir würden uns gegenseitig mit diesen Köstlichkeiten füttern und ...

»... das würdest du nicht sagen, wenn du dieses Haus gesehen hättest ... Äh, hallo? Aoife? Erde an Aoife! Bist du noch da?« Toms schnippender Finger vor meiner Nase riss mich jäh aus meinem kleinen Tagtraum.

»Es war schön in meiner Vorstellung«, meinte ich mit gespieltem Vorwurf.

Er prustete kurz und erwiderte: »Wirklich, das würdest du nicht sagen, wenn du das Haus gesehen hättest. Es ist ein wenig heruntergekommen.«

»Aber warum ziehst du es dann in Betracht?«, fragte ich verwirrt. »Es klingt fast so, als wäre es eine komplette Bruchbude.«

»Das ist es realistisch gesehen auch. Sämtliche Fenster müssen ausgetauscht werden, weil es durch sie durchzieht wie Hechtsuppe. Das Dach ist noch ganz okay, wird aber vermutlich in den nächsten fünf Jahren ausgebessert werden müssen. Die komplette Elektrik muss raus, die Leitungen sind quasi vorsintflutlich, und ich glaube, sie könnten jederzeit durchbrennen.« Er fuhr sich gedankenverloren durch die Haare. »Und an die ganzen Schönheitsreparaturen will ich gar nicht denken. Alle Tapeten runter, neue dran. Die Böden müssen teilweise ersetzt werden. Wände streichen, verspachteln, neue Badezimmer einbauen. Reparaturen an der Außenfassade. Und so weiter und so fort.«

Ich blinzelte verstört. »Tom, ich wiederhole mich vielleicht, aber warum ziehst du dieses Haus überhaupt in Betracht, wenn du mit einem Neubau vermutlich viel weniger Aufwand hättest?«

Er lächelte mich milde an. »Du wirst es verstehen, wenn du es siehst. Das Haus hat Charme und die Lage ist perfekt.« Sein Lächeln ging in ein breites Grinsen über. »Die Lage ist ein Traum. Es liegt sozusagen direkt am Strand und der Blick aufs Meer ist unverbaubar. Die Bausubstanz ist grundsätzlich okay, keine nassen Wände oder wegbröckelnde Teile. Und das Beste: Der zukünftige Wanderweg führt direkt am Haus vorbei. Es ist einfach ideal.«

Noch nicht vollkommen überzeugt nickte ich vage. Tom würde dank des neuen Weges zwei Fliegen mit einer Klappe schlagen können. Durstige Wanderer würden sich das eine oder andere Pint im Pub gönnen und hätten gleichzeitig ein Dach über dem Kopf – alles aus einer Hand. Es gab wahrlich unausgereiftere Geschäftsmodelle. Dennoch ...

»Was ich noch nicht ganz verstehe, Tom: Das Haus muss schon eine Weile leer stehen, wenn es so heruntergekommen ist, oder?« Ich griff mir seine Hand und hielt sie gedankenverloren fest. »Warum will es denn niemand haben?«

Er verzog das Gesicht. »Das ist einer der Punkte, der mir Sorgen macht – ich weiß einfach nicht, ob es nicht einen fetten Haken an der

Sache gibt. Ja, das Haus steht seit fast zehn Jahren leer. Die Familie, der es gehörte, hat es im Zuge des Celtic Tiger für einen ganz anständigen Preis verkauft, der Käufer jedoch hatte weniger Glück. Kaum war die Wirtschaftsblase geplatzt, konnte er sich die Renovierung nicht mehr leisten und versucht es seitdem zu veräußern. Ich beobachte bereits seit Jahren, wie der Kaufpreis kontinuierlich sinkt und sinkt. Mittlerweile hat es einen Wert angenommen, bei dem ich denke, dass ich ein Angebot machen sollte.«

Ich nickte erneut. »Das hört sich gar nicht so verkehrt an. Aber du sprachst von mehreren Punkten – was bereitet dir noch Sorgen?«

Überrascht sah er mich an. »Du hörst gut zu, meine Hübsche«, sagte er und drückte mir einen Kuss auf meine Handinnenfläche. »Es ist eigentlich ein Luxusproblem.« Er lachte kurz auf. »Ich stelle mir die Frage, ob ich aus dem Haus ein klassisches Bed & Breakfast oder Ferienwohnungen oder eben ein Landhotel machen soll.«

Ich stimmte in sein Lachen ein. »Wow, ich glaube, du lässt dich von deinem Plan gar nicht mehr abbringen. Du planst ja schon die Details.«

»Du hast recht, ich habe einiges bereits klar vor Augen.« Er blickte sinnierend und gleichzeitig selig lächelnd über meinen Kopf hinweg. »Aber sag doch mal, was hältst du davon?« Sein Grinsen verschwand und machte einem nachdenklichen Ausdruck Platz.

»Ich weiß es nicht, Tom. Ich kenne das Haus doch gar nicht. Ich würde mich leichter tun, die Situation einzuschätzen, wenn ich zumindest das Objekt der Begierde einmal gesehen hätte.«

Er drückte meine Hand. »Keine Sorge. Ich habe natürlich vor, es dir zu zeigen. Und ich werde nichts überstürzen. Es hört sich momentan vielleicht danach an, als hätte ich den Plan schon unverrückbar fest in Beton gegossen, aber glaub mir, ich zweifle noch. Ich würde gern erst einmal abwarten, was du dazu sagst.«

Ich drückte ihm einen Kuss auf die Lippen. »Ach, Tom, du alter Romantiker. Das hört Frau gerne.« Ich griff zu meinem Sektglas und hielt es ihm zum Anstoßen vor die Nase. »Na dann, auf neue Abenteuer.«

Wenige Sekunden später schoss mir ein unangenehmer Gedanke durch den Kopf, und ich war mir unsicher, ob ich dieses sensible Thema anschneiden sollte oder nicht. Tom und ich waren noch nicht allzu lange ein Paar, und natürlich gab es Dinge, die wir voneinander nicht wussten. Ich haderte einige Augenblicke, bis mir klar wurde, dass ich den Abend nicht würde genießen können, wenn ich ihn nicht darauf ansprach. »Ähm, Tom? Eine Sache wäre da noch …«

Er blickte von seinem Sektglas auf. »Ja?«

»Ich weiß nicht genau, wie ich es sagen soll, ohne dass es doof klingt oder zu persönlich wird.«

»Zu persönlich?« Toms Stimme hatte einen ungläubigen Tonfall angenommen. »Wie kann denn zwischen uns etwas zu persönlich sein? Ach, ich verstehe, du traust dich nicht, nach meinen Finanzen zu fragen, stimmt's?«

Erstaunt sah ich ihn an, verwundert darüber, wie zielsicher er ins Schwarze getroffen hatte. »Äh, ja genau«, sagte ich hüstelnd und hoffte, nicht allzu rot anzulaufen.

»Ich denke, das ist das geringste Problem. Das Pub läuft anständig und ist beinahe abbezahlt. Mein letztes Gespräch mit der Bank lief gut, sie würden mir jederzeit eine Folgefinanzierung anbieten. Es ist natürlich immer ein Risiko, da ich nicht abschätzen kann, ob das Hotel gut laufen wird oder nicht. Trotzdem mache ich mir eher Gedanken darüber, wie hoch die Kreditsumme sein müsste.«

»Du meinst, ob du alle Arbeiten an Handwerker vergeben oder einiges in Eigenleistung erbringen musst?«

»Du hast es erfasst. Ich würde am liebsten so viel wie möglich selbst machen, sofern ich kann, vor allem im Innenausbau. Fürs Böden verlegen und Zimmer streichen brauche ich keine Handwerker. Aber habe ich wirklich die Zeit dafür? Wer wird sich in der Zwischenzeit um das Pub kümmern? Und ich will ehrlich sein: Ich möchte den Kredit natürlich so klein wie möglich halten. Allzu große Sprünge kann ich finanziell nicht machen.«

Wir sahen uns gleichzeitig in die Augen, und Tom konnte an meinen ablesen, was mir gerade durch den Kopf ging. »Nein!«, sagte er leise, aber bestimmt, »denk gar nicht daran. Nein.«

Empört wollte ich den Mund öffnen und protestieren. Doch ich kam nicht dazu.

»Nein, Aoife«, sagte er fest. »Nicht, dass ich deine Hilfe nicht schätzen würde, aber nein. Ich habe mein Leben lang auf eigenen Füßen gestanden, und so soll es – zumindest beruflich – auch bleiben.«

»Aber welchen Unterschied macht es, ob das Geld von der Bank kommt oder von mir?«, fragte ich gekränkt. Tom hatte völlig richtig meine Idee vorausgesehen, ihm Geld zu leihen. Ich konnte von meiner Schriftstellerei gut leben und hatte keine finanziellen Sorgen. Meine Eigentumswohnung in Dublin war bezahlt, die Miete für Cathys Cottage ein Jahr im Voraus überwiesen, und auf meinem Konto hatte sich ein schönes, stabiles und beruhigendes Geldpolster gebildet.

»Es ist ein großer Unterschied«, sagte Tom. »Bankinstitute leben davon, mir Geld für horrende Zinsen zu leihen, aber du bist meine Partnerin und es ist nicht deine Aufgabe, mein Leben zu finanzieren. Du musst immer im Hinterkopf behalten, dass ich diesen Plan freiwillig verfolge. Es ist ein Traum und keine Notwendigkeit. Ich komme auch nur mit dem Pub gut über die Runden.« Er strich mir vorsichtig über die Hand, die er immer noch umklammert hielt. »Allerdings würde ich mich freuen, wenn du mir auf andere Weise hilfst. Mit mir gemeinsam Wände einreißt, Tapete abkratzt, über die Wandfarbe diskutierst und mir sagst, welche Möbel ich aussuchen soll. Glaub mir, das würde mir viel mehr bedeuten, als wenn du mir von deinem ehrlich verdienten Geld etwas leihst.«

Ich musste schlucken und stellte fest, dass mich seine Worte rührten. Etwas besänftigt sagte ich: »Ich denke, das könnte mir gefallen. Aber zuerst möchte ich die Bruchbude sehen.«

Ich hatte mir fest vorgenommen, so unvoreingenommen und neutral wie nur möglich auf Toms neues Projekt zu reagieren. Ich würde mir das Haus ansehen, die Vor- und Nachteile sorgfältig abwägen, mir vielleicht eine Liste dazu erstellen, um sie dann ausführlich mit ihm zu besprechen. Ich würde mich nicht blenden lassen von der angeblich so tollen Lage. Vielleicht wäre es keine allzu schlechte Idee, sich vorab im Internet über Immobilien schlau zu machen, damit ich sattelfest einschätzen konnte, ob sich der Kauf lohnte oder nicht.

Doch meine ach so ehrgeizigen Pläne verpufften augenblicklich, als ich besagtes Haus sah.

Der Tag begann gemütlich: Bei einem lauen Lüftchen und wohltuenden Sonnenstrahlen spazierten wir in Richtung Meer, passierten das Haus von Ed, dem dorfeigenen Druiden, und schlenderten dann noch einige hundert Meter weiter. Meine bisherigen Ausflüge hatten mich – zumindest in dieser Richtung – noch nie so weit geführt, sodass ich bereits wenige Häuser hinter Eds Steinkreis nichts Vertrautes mehr erkannte. Zu Toms großer Freude entdeckten wir bereits einige der Wegmarkierungen für den neuen Rundwanderweg. Ein hölzerner Pfosten mit einem kleinen gelben Männchen, das neben einem Wanderstock einen Rucksack auf dem Rücken trug, wies den Weg Richtung Dorf und verkündete gleichzeitig, dass es bis zum Zwischenziel nur noch 1,5 km waren.

Wenig später hielt Tom an und zeigte auf ein Gebäude in der Ferne. Der Strand machte eine leichte Biegung, sodass wir einen guten Blick auf eine kleine felsige Anhöhe hatten. Direkt über dem goldenen Sand thronte das Haus. Meine bisherigen Vorstellungen von einem kleinen Cottage, aus dem sich ein gemütliches Bed & Breakfast zaubern ließ, wurden unmittelbar zerstört. Dieses Haus war kein gemütliches Cottage, es war eine zweistöckige Strandvilla.

Sie bestand aus unverputztem grauen Stein mit weiß gekalkten Seitenflügeln und wirkte solide wie ein Fels in der Brandung. Die Fenster waren gleichmäßig angeordnet. Sowohl rechts als auch links besaß das Haupthaus kleinere Anbauten, die es harmonisch umrandeten. Aus dem Dach der Villa ragten nicht nur mehrere Schornsteine hervor, sondern auch große Fenstergauben. Wenige Meter entfernt stand noch ein weiteres Gebäude, das wie eine kleinere Version des Haupthauses – mit nur einem Fenster – aussah. Es handelte sich um einen kleinen Schuppen, aus dem gleichen Stein errichtet wie das Hauptgebäude.

Ich fühlte mich wie erschlagen. Betont langsam drehte ich mich zu Tom und fragte ungläubig: »Das da? Das ist das Haus?«

Tom strahlte und nickte begeistert. »Was sagst du? Gefällt es dir?«

Ich schnaubte, selbst nicht ganz sicher, ob vor Begeisterung oder Verzweiflung, und ließ ihn stehen. Das muss ich mir von Nahem ansehen, dachte ich, und stapfte entschlossen die kleine Anhöhe hoch.

Der erste Eindruck des Hauses hatte mich beinahe erschlagen. Es war großartig. Groß im wahrsten Sinne des Wortes, aber architektonisch ausgewogen gebaut, und bot ein beeindruckendes Bild. Ich würde es Tom noch nicht sagen, aber es gefiel mir. Es gefiel mir ausgesprochen gut. Verdammt, ich hatte vorgehabt, unvoreingenommen zu sein, und nun war ich bereits nach einem ersten kurzen Blick begeistert.

Und das änderte sich auch nicht, als ich heftig schnaufend oben ankam. Zwar sah ich sofort, dass das Haus tatsächlich nicht gut in Schuss war, wie es einen von unten glauben machte. Meinem positiven Grundeindruck tat das allerdingt keinen Abbruch.

Trotzdem erkannte ich, dass da jede Menge Arbeit auf Tom zukommen würde. Die weiße Tünche an den Nebengebäuden platzte großflächig ab. Die Fenster konnte man kaum mehr als solche bezeichnen: die Holzrahmen bröckelten vor sich hin, und das Glas musste uralt sein. Das Dach sah noch ganz in Ordnung aus und war vielleicht sogar dicht, auch wenn die Dachziegel zum Teil von Flechten überwachsen und mit Moos bedeckt waren. Die Regenrinnen hingen lose von der Fassade und hatten an einigen Stellen faustgroße Löcher. Aus der Fassade hatten sich einige Steine gelöst – aber der Rest der Substanz sah beruhigend stabil aus.

Tom war von hinten an mich herangetreten und legte mir die Arme um die Schultern. »Also, was hältst du davon?«, fragte er und drückte mir einen Kuss auf die Wange.

»Versuch nicht, mich zu beeinflussen«, scherzte ich und holte tief Luft. »Es ist der Wahnsinn, Tom. Ich hatte es mir ganz anders vorgestellt. Es ist beinahe absurd gigantisch. Für ein B&B viel zu groß. Dieses Haus kann nichts anderes werden als ein Landhotel.«

»Schön, dass es dir gefällt. Komm, wir werfen von außen mal einen Blick hinein. Leider habe ich keine Schlüssel, aber ein bisschen was kann man durch die Fenster erahnen, und daheim habe ich einige Bilder des Exposees.« Er schnappte sich meine Hand und zog mich von Fenster zu Fenster, begeistert wie ein kleines Kind, um sich mit mir die Nase an dem dünnen Glas plattzudrücken.

Es fiel mir schwer, mir einen richtigen Eindruck des Innenlebens zu machen, denn außer Tapeten, die sich an ihren Rändern von der Wand lösten, und einigen zurückgelassenen verstaubten Möbeln konnte ich wenig erkennen.

Immer wieder machte Tom mich auf Einzelheiten aufmerksam, und aus seinen Worten drang pure Begeisterung. Er mochte es sich selber noch nicht eingestehen, aber eigentlich hatte er das Haus schon längst gekauft.

Nachdem wir es umrundet und in wirklich jedes einzelne Fenster geguckt hatten, kehrten wir zur Eingangsseite zurück und sahen gemeinsam aufs Meer hinaus.

Oh ja, allein für diese Lage würden etliche Touristen herkommen. Man könnte eine kleine Terrasse bauen, mit schönen Sitzgelegenheiten, um abends den Blick auf den Strand zu genießen. Einige Palmen standen um das Haus herum und wechselten sich ab mit mannshohen Rhododendronbüschen und weiterem grünen Blattwerk, das ich nicht kannte. Wirklich, das könnte ausgesprochen schön werden ...

Okay, dachte ich mir, ich habe das Haus wohl ebenfalls schon gekauft.

Ich ließ mich – von dieser Einsicht überrumpelt – auf den Boden plumpsen und sah gedankenverloren in die Ferne. Tom folgte meinem Beispiel, und minutenlang saßen wir nebeneinander, ohne ein Wort zu wechseln.

»Wahnsinn«, hauchte ich irgendwann in die Stille. »Das ist der absolute Wahnsinn.«

»Ein schöner Wahnsinn oder ein wahnsinniger Wahnsinn?«, fragte Tom.

»Beides.«

»Soll ich es kaufen?«

»Unbedingt.«

Und er kaufte es tatsächlich. Die Tage danach wurden sehr hektisch, allerdings weniger für mich als für Tom. Er hatte eine Menge zu organisieren. Da waren zunächst einige Termine bei seiner Bank sowie die Verhandlung um die Kaufsumme mit dem Besitzer. Tom hatte vor, den Kaufpreis zu drücken, und bat seinen Gutachterfreund um eine kleine Ergänzung des bestehenden Gutachtens um einige wenige Mängel, die jedoch eine gute Ausgangsbasis für die Verhandlung darstellten. Letztlich konnte Tom die Kaufsumme tatsächlich etwas nach unten korrigieren und besprach dann die Erweiterung seines Kredits mit der Bank.

Zeitgleich holte er beinahe unzählige Angebote für die Handwerksarbeiten ein. Immer wieder vertrat ich ihn an der Bar, weil er mit einem Fensterbauer telefonieren musste oder der angefragte Elektriker noch Fragen zu seiner Anforderungsliste hatte.

Dort, wo sich normalerweise Gläser und Flaschen stapelten, war nun alles bedeckt von Ausdrucken der Angebote. Immer wieder bat ich Tom, in sein kleines Büro neben der Küche zu gehen, damit ich in Ruhe zapfen und spülen konnte, aber er kam stets zurück, um alibimäßig das eine oder andere Pint zu zapfen. Doch er war nie ganz bei der Sache und zückte ein ums andere Mal seinen Taschenrechner und tippte darauf herum. Irgendwann reichte es mir, und ich verschwor mich mit Rory, der dafür sorgte, dass Tom in seinem Büro blieb.

Glücklicherweise war ich mittlerweile versiert genug, um mit der Zapfanlage umzugehen, und die meisten Dorfbewohner kannten mich, sodass das Geschäft weiterhin ordnungsgemäß über die Bühne gebracht wurde. Und glücklicherweise war Tom irgendwann fertig mit Vergleichen, Rechnen, Telefonieren und Abstimmen, und er hatte sowohl für die Fensterlieferung als auch für den Einbau und für alle Elektrikerarbeiten Handwerker gefunden.

Bevor es mit den Arbeiten am Haus jedoch losgehen sollte, wollte Tom im Innenbereich einige Wände einreißen und sämtliche Tapeten abkratzen. In einem Anfall von geistiger Umnachtung – und wenn ich ehrlich war mit einem Pint mehr intus als mir guttat – hatte ich zugesagt, ihm dabei zu helfen.

Und so fand ich mich wenige Wochen nach dem ersten Besuch des gigantischen Hauses in selbigem wieder, bekleidet mit einem von Toms Blaumännern, der mir viel zu groß war, sodass ich die Hosenbeine mehrfach umgekrempelt hatte, und mit einem alten Geschirrtuch als Kopftuch zum Schutz vor Staub in den Haaren. Ich sah zum Schreien komisch aus, und mir war auch zum Schreien zumute, als Tom mir mit großem Elan eine Maurerkelle in die Hand drückte, mich in einen der unteren Räume lotse und mich anwies, die Tapeten von den Wänden herunterzukratzen.

Vormittags half Rory uns, solange das Pub noch geschlossen war, sodass wir zu dritt den Stapel der abgerissenen Tapetenbahnen immer größer machten. Zu Toms Erleichterung hatte Miles, der alte Kirchgärtner, zugesagt, ihn für einige Tage zu vertreten, was Tom sehr freute, weil Miles nicht nur erfahren war – er vertrat Tom nicht zu ersten Mal –, sondern auch ein grundehrlicher Mann.

Nachmittags stieß Lizzie zu uns, wenn es ihre Zeit neben den Schularbeiten zuließ. Sie zeigte ähnlich viel Euphorie beim Arbeiten wie ich, und immer wieder warfen wir uns leicht verzweifelte Blicke zu.

Nach wenigen Tagen hatten wir im Erdgeschoss sämtliche noch so anhängliche Tapeten abgekratzt, und Tom erläuterte mir Punkt zwei seiner Renovierungsliste.

»Das wird ein richtiger Spaß«, versprach er mir, als er einen großen und schweren Vorschlaghammer aus dem Auto holte und ihn mir demonstrativ hinhielt.

»Was soll ich damit?«, fragte ich irritiert. Das Ding war halb so groß wie ich und sah nicht aus, als könnte ich es heben, geschweige denn schwingen.

»Na los, probier mal ihn hochzuheben. Du wirst sehen, es macht irre Spaß.« Tom strahlte wie ein kleines Kind über das gesamte Gesicht und sah mich dermaßen fröhlich an, dass ich es nicht über mich brachte, ihn zu enttäuschen. Mit einem tiefen Seufzer packte ich das monströse Werkzeug und versuchte es vom Boden zu wuchten. Fehlanzeige. Der Hammer bewegte sich um wenige Zentimeter, bevor ich ihn mit einem angestrengten Schnaufen wieder losließ.

»Vergiss es, Tom«, ächzte ich, »das wird nichts. Aber glaub mir, ich werde genug Spaß dabei haben, dir beim Einreißen zuzusehen.«

Mit einem nachsichtigen Lächeln packte Tom das Werkzeug sowie einen Bauhelm, der neben weiteren Materialien im Kofferraum lag, und ging an mir vorbei Richtung Haus. Ich bildete mir ein, im Vorbeigehen »Nichts als Pudding in den Armen« gehört zu haben, konnte darüber jedoch nur schmunzeln.

Bereits gestern Abend hatte mir Tom seinen Plan mitgeteilt, aus zwei kleineren Räumen einen großen zu machen, indem er die dazwischenliegende Wand einriss. Zukünftig sollte dies der Leseraum werden. Im Grundriss waren die tragenden Wände markiert, und diese Wand gehörte nicht dazu. Ich hegte zwar meine leisen Zweifel, aber Tom lachte mich mit meinen Bedenken nur aus.

Zögernd griff ich mir ebenfalls einen Helm und folgte ihm ins Innere. Mein furchtloser Freund hatte sich bereits eine Schutzbrille angelegt und sich in einer stabilen Position vor die Wand gestellt.

»Hast du das eigentlich schon einmal gemacht?«, fragte ich skeptisch.

Er schob sich die Brille zurecht und lachte. »Mehr als einmal. In meiner Jugend habe ich in den Ferien fast nur auf Baustellen ausgeholfen. Glaub mir, Wände einreißen war das Highlight schlechthin.«

Das muss eine typische Männersache sein, dachte ich mir noch, als mich ein gewaltiger Schlag aufschreckte. Tom hatte frontal auf die Mauer eingeschlagen und Staub und erste Wandbrocken rieselten herab. Ein weiterer, kräftiger Schlag und die ersten rostroten Ziegel waren zu sehen und Stücke davon brachen auf den Fußboden herunter. Nach fünf Schlägen konnte ich schon von einem Raum in den nächsten sehen, und zu Toms Füßen hatte sich ein staubiger Schutthaufen formiert. Er ließ den Hammer noch einige Male kreisen, dann hielt er inne und sagte: »Puh, mannomann, ich hab das völlig unterschätzt.«

Triumphierend grinsend verschränkte ich die Arme und sagte: »Na? Wohl doch nicht so einfach wie gedacht, hmm?«

»Im Gegenteil, ich hatte völlig vergessen, WIE VIEL Spaß das macht. Wärst du so lieb und holst die Schubkarre? Wir sollten diesen Schutthaufen wegräumen, bevor ich weitermache. Handschuhe sind im Kofferraum.« Er warf mir eine angedeutete Kusshand zu, und ich fügte mich dem Befehl.

Der Ziegelhaufen sah gar nicht so groß aus, dennoch waren mehrere Schubkarrenladungen notwendig, bis ich den Dreck komplett aus dem Zimmer geschafft hatte und Tom mit dem Abriss weitermachen konnte.

Ich beobachtete ihn noch eine Weile und wandte mich dann um, um einen Blick aus dem Fenster zu werfen. Obwohl dieses Zimmer leider keinen direkten Blick aufs Meer gewährte, konnte man dennoch einen winzigen Zipfel des blauen Wassers erhaschen. Die Aussicht lohnte sich auch deshalb, weil das Fenster zum rückseitigen Garten hinausging. Noch herrschte Chaos, denn die Pflanzen waren seit Jahren sich selbst überlassen worden und wuchsen nun, wie es ihnen gefiel. Doch mit dem richtigen Händchen ließe sich bestimmt ein grünes Paradies daraus zaubern. Vielleicht wäre dies ein nettes Projekt für Petula. Meine eigensinnige Nachbarin hatte nicht viele liebenswerte Züge an sich, doch sie war unbestreitbar ein Naturtalent in der Gartenpflege. Ihr Cottagegarten war der schönste in Ard Carraig und nach einem ausgeklügelten Konzept angelegt. Ich beschloss, Tom später auf das Thema anzusprechen.

Dieser mühte sich gerade an der linken Seite der Wand ab. Mittig war der Raum bereits komplett durchbrochen, und ich sah mich schon wieder Ziegelsteine in die Schubkarre stapeln und nach draußen fahren.

Plötzlich änderte sich das dumpfe Geräusch, das bislang bei jedem Schlag erklungen war, zu einem metallischen »Klonk«.

»Nanu?«, sagte Tom verwundert und schlug erneut, diesmal mit etwas weniger Kraft, zu. Das Geräusch wiederholte sich. Er setzte den Hammer ab, nahm den Helm vom Kopf und wischte sich über die verschwitzte Stirn.

Neugierig trat ich näher. »Das wird doch hoffentlich keine Wasserleitung oder so etwas sein?«, fragte ich.

»Nein, das habe ich natürlich als erstes geprüft. Hier verlaufen weder Strom- noch eine Wasserleitungen. Die Wand ist noch nicht einmal im ursprünglichen Grundriss eingezeichnet. Also was war das gerade?« Er ging zu seinem Werkzeugkasten, den er im Flur abgestellt hatte, und nahm einen deutlich kleineren und leichteren Hammer sowie einen Meißel heraus. Vorsichtig klopfte er um die Stelle herum und trug eine Schicht Mörtel Zentimeter um Zentimeter ab.

»Ja, was haben wir denn da?« Er wischte mit seinem Arbeitshandschuh noch einige staubige Krümel von der Wand und legte eine metallisch glänzende Oberfläche frei.

»Was ist das?« Ich stand nun genau neben ihm und gemeinsam beäugten wir das Objekt, das aus der Wand lugte. Es war fast genauso hoch wie einer der Ziegel und steckte tief in der Mauer. Tom hob erneut Meißel und Hammer und lockerte behutsam das Element in der Wand, bis er es zu fassen bekam und herausziehen konnte.

»Das ist eine ...«, begann ich und Tom vollendete meinen Satz »... Metallkassette.«

Und tatsächlich. Er hielt eine staubverschmierte flache Schachtel in der Hand. Unter all dem Dreck und neben zahlreichen Rostflecken und eingebeulten Ecken konnte man die ursprüngliche silberne Farbe erkennen. Die Kassette war sehr flach, als wäre sie eher für Dokumente und weniger für Schmuck gemacht worden, und hatte an ihrer Vorderseite ein kleines Schloss sowie einen metallenen Griff.

Verwirrt drehte Tom das Kästchen in seinen Händen. »Was soll das? Wieso mauert jemand so etwas ein?«, fragte er mich.

»Ich habe keine Ahnung«, erwiderte ich und streckte ihm die Hand hin, um die Kassette einzufordern. Tom gab sie mir mit einem Achselzucken. Ich schüttelte sie, ohne einen Hinweis auf ihren Inhalt zu erhalten.

»Vielleicht kann man sie auch ohne Schlüssel öffnen«, sagte ich. »Oder ist in dem Loch noch ein Schlüssel versteckt?«

Tom wandte sich um und fuhr mit seiner behandschuhten Hand in den Hohlraum. »Nein, nichts mehr drin«, antwortete er.

Ich versuchte, den Deckel anzuheben. Zunächst bewegte er sich kaum, doch ich bemerkte, dass er aufgrund der zahlreichen Beulen und Dellen klemmte und nicht wie gedacht verschlossen war. Endlich schaffte ich es, und der Deckel löste sich vom restlichen Teil der Kassette und enthüllte – und hier wurde ich maßlos enttäuscht, da ich insgeheim mit verlorenen Juwelen oder einem kostbaren Ring gerechnet hatte – nichts außer zahlreichen alten Papieren.

»Sind das Briefe?«, fragte Tom, während er mir neugierig über die Schulter blickte. »Vielleicht gehören die ja dem Vorbesitzer?«

»Das glaube ich weniger. Schau doch mal: Das Papier hat eine gelbliche Farbe und sieht nicht so aus, als stamme es aus diesem Jahrhundert.« Ich drückte Tom den Metallkasten wieder in die Hand, nahm den Packen Papier heraus und blätterte ihn durch. Einige der Briefe steckten in Umschlägen, andere waren lediglich zusammengefaltet. Es war ein wildes Sammelsurium.

Das oberste Blatt war schlampig zu einem kleinen Rechteck gefaltet. Sorgfältig klappte ich es auseinander und sah eine Handschrift, die beinahe wie Kalligraphie wirkte. Sie war elegant, wenn auch die Worte scheinbar hastig zu Papier gebracht worden und für mich deshalb nicht ganz einfach zu entziffern waren. Glücklicherweise war der Text sehr kurz. Schnell überflog ich ihn und atmete dann scharf ein. »Ach du meine Güte«, entwich es mir.

»Was?« Alarmiert von meinem Tonfall packte Tom den Brief und las ihn ebenfalls durch: *Ich weiß nicht, was ich tun soll. Er hat uns beobachtet. Er weiß Bescheid. O mein Gott, ich habe solche Angst. Ich glaube, er wird mich umbringen.*

Kapitel 3

Oder: Eine tragische Liebe und wie ich eine promovierte Putzfrau kennenlernte

Verwirrt starrten wir uns an. Mit einer ratlosen Geste streckte Tom mir die Briefe entgegen.

»Was soll das bedeuten?«, fragte ich.

»Ich habe nicht den blassesten Schimmer«, erwiderte Tom und strich sich durch die Haare.

»Es klingt ... beunruhigend, gelinde gesagt«, meinte ich. »Wir sollten die anderen Briefe auch noch lesen. Vielleicht wird dann klarer, was gemeint ist.« Entschlossen klemmte ich mir die Metalldose unter den Arm und machte Anstalten, aus dem Haus zu gehen.

»Ähm, wo willst du denn hin?« Toms Stimme hallte mir nach, während ich bereits durch die Eingangstür nach draußen stapfte.

Über eine Schulter hinweg rief ich: »Es ist eindeutig Zeit für eine kleine Mittagspause. Und da die Sonne momentan scheint und ich nicht weiß, wie lange das bei unserem schönen irischen Wetter anhält, bin ich dafür, die Pause draußen einzulegen. Du kannst ja unsere Snacks mitbringen.« Ich trat zu Toms Auto und kramte nach einer kleinen Decke, die eigentlich zum Abdecken des Fußbodens bei Malerarbeiten gedacht war. Noch lag sie jedoch unbenutzt in Toms Kofferaum und eignete sich hervorragend für ein Picknick aus unserer kleinen Kühlbox mit Sandwiches und Getränken, die wir täglich mit zur Baustelle brachten. Ich breitete die Decke auf dem Boden aus und setzte mich mit dem

Rücken zum Haus und dem Blick auf den Strand und das Meer. Die Metallkassette legte ich vor mich und öffnete sie erneut.

Als Tom neben mir Platz nahm und mir unaufgefordert eine Flasche Cider vor die Nase hielt, riss er mich aus meiner Grübelei. Wir stießen an und ich trank einen ordentlichen Schluck aus der gekühlten Flasche.

»So, dann zeig doch mal, was wir hier haben«, forderte Tom mich auf, und ich nahm alle Briefe aus der Kassette und ordnete sie vor uns auf der Decke an. Es waren rund zwanzig Stück, ich griff nach dem ersten und zog ihn aus seinem Umschlag. Auch Tom nahm sich einen der Briefe und wir begannen stumm zu lesen.

Nach weiteren fünf Briefen war mir klar, was wir da vor uns hatten.

»Das sind Liebesbriefe«, hauchte ich. Tom, der noch in die Lektüre versunken war, brummte nur zustimmend. Ich las noch einen Brief und stupste Tom an. »Hier, hör mal, das ist beinahe poetisch: *Vor dir existierte ich. Mit dir lebe ich. Ich erkenne, dass ich vorher nur ein Schatten meiner selbst war. Mit dir bin ich wahrhaftig. Alles um mich herum strahlt und hat eine Intensität, die ich bislang noch nicht kannte. Vorher glomm ich, jetzt brenne ich. In tiefer Liebe,* F. Oder dieser hier: *Nächsten Freitag könnte ich wieder zu dir kommen. Erwarte mich am gewohnten Ort. In tiefer Liebe, F.*«

»F«, sagte Tom und fügte hinzu: »In keinem der bisherigen Briefe ist ein vollständiger Name zu finden.«

Ich schüttelte den Kopf. »Ja, das ist mir auch schon aufgefallen. Es ist immer von *mein Liebster, meine Liebste, mein Leben, Geliebte* die Rede und unterschrieben wird mit einem Buchstaben. F...«

» ... und C. Ich glaube C ist ein Mann«, sagte Tom.

»Wie kommst du drauf?«

»Hier, sieh mal. In diesem Brief spricht er vom Krieg, und dass er damals überlegt hat, ob er sich nicht den britischen Streitkräften anschließen soll.«

Ich überflog das Blatt, das Tom mir entgegen hielt. »Hm, ja, das könnte tatsächlich ein Mann sein. Wir wissen nicht, von welchem Krieg er spricht, oder? Bislang habe ich auf keinem Brief ein Datum gefunden.«

Tom verzog das Gesicht. »Ich auch nicht. Alles undatiert. Aber ich denke, wir können es trotzdem eingrenzen. Denn in – warte kurz, wo ist er denn ... ah, da haben wir ihn ja – in diesem Brief schreibt C von dem Monster in Deutschland, das die Welt zu verschlingen droht. Eindeutig Hitler.«

Ich nickte nachdenklich. »Dann müssten die Briefe wohl kurz danach geschrieben worden sein.«

»Ja, ich glaube schon. Hör mal zu: *Es ist noch nicht lange her, dass die Welt sich wieder langsam an den Frieden gewöhnt, aber wenn ich mit dir zusammen bin, dann ist mir, als hätte ich niemals harte Zeiten durchmachen müssen.*«

»Das ist schon sehr ... kitschig, oder? Würde jemand so einen Satz in einem Kinofilm sagen, würde ich Zahnweh bekommen von all dem Süßholzgeraspel.«

»Geht mir nicht anders. Aber es ist irgendwie auch, hm, rührend, oder? Das hat wirklich jemand mal genau so geschrieben. Es ist nicht ausgedacht. Und es klingt so ehrlich.«

Tom hielt kurz inne und nahm dann den letzten Brief, der noch vor uns auf der Decke lag, den Brief mit der Drohung, zur Hand. »Sieh mal hier. Dieser Brief ist nicht signiert, aber er hat die Handschrift von F. Vergleich mal.«

Und tatsächlich, die Briefe, die mit F unterschrieben waren, trugen die gleiche charakteristische Handschrift wie der, den ich zuerst gelesen hatte.

»Okay, was wissen wir eigentlich?« fragte ich Tom. »Wir haben hier Briefe, die in einer Metallkassette in einer Wand eingemauert waren. Vermutlich wurden sie kurz nach dem Zweiten Weltkrieg geschrieben. Und sie stellen Liebespost zwischen F, einer unbekannten Frau, und C, einem unbekannten Mann, dar.«

»Wir können auch davon ausgehen, dass F verheiratet war«, stellte Tom fest.

»Was?«, rief ich aus. »Wieso denn das?«

»Na ja, hör mal. Was ist denn an – und ich zitiere: *Er hat uns beobach-*

tet. Er weiß Bescheid. O mein Gott, ich habe solche Angst. Ich glaube, er wird mich umbringen – falsch zu verstehen?«

»Jetzt mal nicht so voreilig. Es könnte ja auch von Fs Vater die Rede sein. Es war doch damals nicht unüblich, dass Väter ihre Zustimmung zu einer Beziehung oder Heirat geben mussten.«

Triumphierend sah Tom mich an und nahm einen weiteren Brief zur Hand. »Was ist damit?« Er räusperte sich und las vor: »*Seit der letzten Nacht mit dir ist es für mich unmöglich, mit ihm auch nur in einem Raum zu sein, geschweige denn neben ihm im Bett zu liegen. Er schenkt meiner Ausrede Glauben, dass es eine hartnäckige Migräne sei, die mich so blass und appetitlos macht. Wenn er auch nur ahnen würde, dass du der wahre Grund bist und dass nicht Schmerzen meinen Kopf nicht zur Ruhe kommen lassen, sondern nur du, du allein. Er würde mich vermutlich erschlagen.*«

»Ja, okay«, erwiderte ich, »das klingt ganz nach Ehemann. Wow, das heißt, wir haben hier Liebesbriefe einer verbotenen Beziehung? Einer ehebrecherischen Beziehung?«

»Sieht ganz danach aus.«

»Ich wüsste zu gerne, wer F und C waren. Und was ihnen passiert ist.«

»Da die Briefe nicht datiert sind, wissen wir nicht, in welcher Reihenfolge sie geschrieben wurden und ob der Brief mit der Drohung der letzte ist oder irgendwo in die Mitte gehört.« Tom hatte seine Flasche zwischenzeitlich ausgetrunken und machte nun Anstalten aufzustehen. »So, ich würde sagen, es geht weiter.«

»Aber ... ich habe noch nicht alle Briefe gelesen und wir wissen außerdem gar nicht, was es mit ihnen auf sich hat.«, jammerte ich.

Tom lachte herzhaft. »Und du denkst, wir finden es heraus, indem wir einfach nur jede Zeile studieren? Na los, wir sollten die Wand heute noch schaffen, und es fehlt noch ein ganzes Stück.«

Grummelnd murmelte ich »Sklaventreiber«, ließ mir jedoch von ihm aufhelfen und folgte ihm ins Haus zur halb eingerissenen Wand.

Bis zum Abend hatten wir es dann auch tatsächlich geschafft. Die Wand existierte nicht mehr, und nur ein großer staubiger Schutthaufen vor dem Haus zeugte davon, dass es sie einmal gegeben hatte. Ich war völlig fertig. Meine Arme schmerzten und ich hatte das Gefühl, als könnte ich sie kaum mehr heben. Meine Handflächen waren trotz der Handschuhe aufgeschürft und ich entdeckte die eine oder andere Blase. Meine Haare waren grau vor Staub und ich wünschte mir nichts sehnlicher als ein schönes langes Schaumbad. Ich beneidete Tom nicht, der zurück ins Pub musste, um Miles abzulösen. Andererseits sah er nicht halb so erschöpft aus wie ich. Im Gegenteil. Er pfiff fröhlich vor sich hin, als er seine Werkzeuge ins Auto räumte und das Haus verschloss. Wände einreißen machte ihm also offenbar wirklich Spaß.

Wie erschlagen und mit tonnenschweren Gliedmaßen saß ich auf dem Beifahrersitz, die Metalldose wie einen kostbaren Schatz an mich gedrückt, als Tom mich zu meinem kleinen Cottage fuhr. Zunächst ein Bad mit einem Glas Wein – das hatte ich mir redlich verdient – und dann auf die Couch mit Dr. Jingles. Und den Briefen.

Oh ja, ich würde sie alle nochmal in aller Ruhe durchlesen. Vielleicht gelang es mir, eine Reihenfolge hineinzubringen. Mit einer chronologischen Anordnung ließe sich wahrscheinlich besser herausfinden, was damals passiert war.

Ich verabschiedete mich von Tom mit einem schnellen Kuss und wankte zu meinem Cottage. Dr. Jingles saß vor der Tür und begrüßte mich mit einem langgezogenen Maunzen, das mir wohl mitteilen sollte, welch großen Hunger er hatte. Noch bevor ich mich um mich selbst kümmern konnte, war also der kleine Kater dran. Ich stellte ihm frisches Wasser hin und löffelte eine Portion stinkendes Katzenfutter in seinen Napf, dann kroch ich förmlich in den ersten Stock.

Während die Badewanne sich mit warmem Wasser und duftendem Schaum füllte, goss ich mir ein Glas Wein ein und warf die verdreckten Klamotten von mir. Als ich dann endlich in der Wanne lag, war mir, als wäre es das Paradies auf Erden. Ich aalte mich wohlig seufzend im Wasser und nippte ab und an an meinem Weinglas. War das herrlich. Das warme Wasser lockerte meine müde Muskulatur, und ich begann mich zu entspannen.

Dennoch spukten mir die Briefe durch den Kopf. Einerseits wollte ich die Badewanne nicht verlassen, andererseits konnte ich es nicht erwarten, sie erneut zu lesen. Aus dieser Zwickmühle rettete mich das Weinglas. Irgendwann war es leer, und auch das Wasser kühlte allmählich aus, sodass ich mich gezwungen sah, aus der Wanne zu steigen.

Wenige Minuten später tappte ich ermattet, in meinen alten schäbigen und schreiend bunten Bademantel gehüllt ins Wohnzimmer. Ich zündete ein kleines Feuer in Cathys Kamin an, weniger wegen der Kälte als vielmehr für die Behaglichkeit, goss mir noch einen Wein ein und kuschelte mich auf die Couch. Dr. Jingles sprang dazu und machte es sich auf meinen Beinen bequem. Ich angelte nach der Metallkassette, die ich auf den Couchtisch gestellt hatte, und nahm nun zum dritten Mal an diesem Tag alle Briefe in die Hand.

Ja, dass diese Briefe alt waren, konnte keiner bezweifeln. Das Papier war gelblich verfärbt und an den Rändern teilweise brüchig. Die Tinte war fleckig und an einigen Stellen ausgeblichen – sie musste früher deutlich dunkler gewesen sein. Mir fiel auf, dass das Briefpapier von unterschiedlicher Qualität war. Ungefähr die Hälfte der Briefe war auf einem dicken, soliden Papier geschrieben worden. Es hatte sich im Verlauf der letzten Jahre zwar ebenfalls verfärbt, aber nicht so stark wie das andere Papier. Das war im Vergleich dazu deutlich dünner. Es war liniert und sah aus, als wäre es aus einem Notizbuch herausgerissen worden.

Und noch etwas fiel mir auf: Das hochwertige, gute Papier hatte F benutzt. C hingegen schrieb seine Nachrichten auf dem billigen Papier. Sagte das vielleicht etwas über sie aus?

Oder war es zu voreilig von mir, anzunehmen, dass F vermögender war als C? Vielleicht legte F auch einfach nur mehr Wert auf gutes Schreibpapier? Frauen sahen so etwas durchaus anders als Männer.

Ich beschloss, Toms und meine bisherigen Erkenntnisse aufzuschreiben und stand auf. Den Kater auf dem Arm – er war so müde, dass er sich nicht wehrte – schlurfte ich zu meinem Schreibtisch und kramte einen Notizblock hervor.

Wieder auf der Couch notierte ich mir Stichworte:

Liebesbriefe
F = Frau
C = Mann
unterschiedliche Papiersorten = Hinweis auf Vermögen/Unterschied Gesellschaftsschicht?
kein Datum in den Briefen
F verheiratet?
Drohung von Ehemann?

Ich sah mir die Briefumschläge etwas genauer an und mir fiel auf, dass keiner mit einer Briefmarke versehen war oder einen Poststempel trug. Auch eine Adresse fehlte. Sie waren also nicht mit der Post verschickt, sondern entweder persönlich abgegeben oder durch eine andere Person ausgetragen worden. Komisch, warum war mir das nicht schon heute Mittag aufgefallen?

Unter meine bisherigen Notizen schrieb ich:

Briefe nicht per Post verschickt.
An welcher Adresse abgegeben?

Die letzte Frage beschäftigte mich besonders, denn direkt am Wohnort von F und C konnten die Briefe schlecht abgegeben worden sein. Post konnte so leicht abgefangen werden. Und wenn F tatsächlich unglücklich verheiratet gewesen war, dann würde sie sich unter keinen Umständen die Post ihres Geliebten nach Hause schicken lassen. Das wäre allzu wagemutig gewesen.

Vielleicht hatten die beiden also einen Ort vereinbart, an dem sie die Briefe hinterließen und von dem nur sie wussten. Das wäre die eindeutig romantischere Lösung gewesen. Ein heimlicher Treffpunkt, den sie für ihre Liebespost nutzten und an dem sie sich vielleicht auch von Zeit zu Zeit trafen. Vor meinem inneren Auge sah ich ein tragisches Liebespaar vergleichbar mit ähnlich dramatischen Konstellationen wie Romeo und Julia oder Tristan und Isolde.

Aber wie zur Hölle waren die Briefe in die Wand gekommen? Was sollte das? Warum wurden sie versteckt? Wenn sie jemand einfach nur hätte loswerden wollen, hätte man sie verbrennen können. Scheinbar sollten sie jedoch für die Nachwelt erhalten bleiben. Welche Rolle spielte Toms neues Haus dabei?

Ich kritzelte in meinen Block »*Toms Haus = Treffpunkt*«, setzte drei Fragezeichen dahinter und überlegte, wie ich diese aufkeimende Theorie erhärten konnte. Wem gehörte das Haus damals? Vielleicht war es eine Familie gewesen, die in einem Zusammenhang mit F und C stand? Und wer konnte das heute noch wissen? Spontan dachte ich an Mary, die die Dorfzeitung schrieb und deren letzte Ausgabe ein Meilenstein in der Suche nach dem Büchermörder gewesen war. Oder wusste vielleicht Petula etwas? Es gab schließlich kaum einen Menschen, der besser über die Vorgänge im Dorf informiert war als meine furchteinflößende Nachbarin.

Ja, Petula wäre eine gute Wahl, um mit der Suche nach Antworten zu beginnen. Vielleicht würde ich mich morgen früh überwinden können und bei ihr klingeln.

Nach einer Nacht, die ich eher ohnmächtig als schlafend verbracht hatte, wachte ich am nächsten Morgen mit dem größten Muskelkater meines Lebens auf. Als ich versuchte, die Bettdecke von mir zu schlagen, wäre ich beinahe wieder zurück auf meine Matratze geplumpst. O Gott, ich konnte meine Arme kaum heben vor Schmerzen. Ich sah Tom bereits vor meinem inneren Auge, der mich schadenfroh auslachte, und irgendetwas von Puddingarmen brummelte. Meine Morgenroutine spulte ich langsamer als sonst ab und wünschte mich derweil sonst wo hin.

Auch heute würde es auf der Baustelle weitergehen. Ende dieser Woche kamen die Elektriker, um die alten Leitungen aus der Wand zu schlagen und sie komplett zu erneuern. Bis dahin wollte Tom noch einiges an Vorarbeit leisten. Und natürlich wollte ich mithelfen. Auch wenn ich nicht glaubte, heute viel tun zu können.

Später als geplant stieß ich zu Tom, der bereits dabei war, im letzten mit Tapete versehenen Zimmer des Hauses selbige herunter zu kratzen. Er begrüßte mich mit einem Kuss und drückte mir dann ohne große Worte die mir leider schon viel zu bekannte Maurerkelle in die Hand.

»Und?«, fragte er. »Hast du die Briefe gestern Abend nochmal durchgelesen?«

»Oh ja, das habe ich, und dabei habe ich die eine oder andere Entdeckung gemacht.« Ich brachte ihn auf den neuesten Stand, während ich winzige Tapetenstückchen abschabte.

»Interessant«, meinte er. »Die unterschiedlichen Briefpapiere sind mir gestern auch schon aufgefallen. Und ich stimme dir zu: Es könnte ein Hinweis darauf sein, dass es zwischen F und C einen gesellschaftlichen Unterschied gab.«

Erstaunt drehte ich mich zu ihm um. »Wirklich?« Ich war es gewohnt, dass wir eher zu unterschiedlichen Ergebnissen kamen, deshalb erstaunte es mich, wie schnell er mir beipflichtete.

»Ja. Früher waren diese Unterschiede noch viel weiter verbreitet als heute. Gerade hier bei uns in Irland. Während sich auf dem Kontinent die Gesellschaftsschichten schon nach dem ersten Weltkrieg vermischten, hinkten wir Iren meilenweit hinterher.«

»Und was sagst du zu meiner Theorie mit dem Haus?«

Tom gab einen Laut von sich, der mir zeigte, dass er wohl nicht meiner Meinung war. »Hm, da wird es schon schwieriger. Wenn dieses Haus ein stinknormales Wohnhaus war, dann gab es keinen Grund, warum F und C sich hier hätten treffen sollen. Außer, es gehörte einem von beiden. Aber dann wäre es wieder zu riskant gewesen, sich hier zu treffen. Nein, ich denke nicht, dass das Haus ihnen gehört hat.«

»Ich würde gerne mehr über das Haus erfahren. Es ist so viel größer als die anderen Häuser hier in der Umgebung, da wird es doch sicher Aufzeichnungen oder Unterlagen geben. Vielleicht irgendwelche Zeitungsberichte. Etwas, das uns mehr über seine Geschichte erzählt. Wer weiß, vielleicht erinnert sich auch jemand aus dem Dorf daran?«

Tom nickte. »Ganz bestimmt sogar. Ich weiß nur, dass es während meiner Kindheit den O'Donnals gehörte. Eine gut betuchte Familie, die außer einer Tochter keine weiteren Kinder hatte. Und die starb auch noch früh. Der Mann lebte bis zu seinem Tod mit einer Pflegekraft hier, und später stand das Haus dann jahrelang leer, bevor unser Vorbesitzer es kaufte. Recht unspektakulär das alles. Wer es vor den O'Donnals besaß und was davor alles hier passiert ist, das entzieht sich meiner Kenntnis. Vielleicht weiß Petula etwas darüber oder Mary. Das wären die ersten, die ich fragen würde.«

Ich lächelte ihn an. »Das waren exakt meine Gedanken gestern Abend.«

Der Plan stand also: Ich würde Petula einen Besuch abstatten.

Am frühen Nachmittag packten wir zusammen. Wir räumten gerade den Tapetenmüll in große Säcke und wuchteten diese ins Auto, um sie später auf den Müll zu werfen, als wir Besuch bekamen.

Schon aus der Ferne erkannte ich ihn. Auch heute trug Ed seinen mir vertrauten Kleidungsmix aus alten, schief abgeschnittenen Hosen, die seine dürren Beine mehr ent- als verhüllten, und einer wallenden und bunt bestickten Tunika. An den Füßen entdeckte ich diesmal keine selbst zusammengeschusterten Treter, sondern robuste Wandersandalen. Er kam auf uns zu, lehnte sich auf seinen Wanderstock – Marke »dicker Ast aus der Natur« – und strahlte uns aus seinen bemerkenswert blauen Augen an.

»Hallo zusammen, meine Freunde«, sagte er und schenkte uns ein offenes Lachen, das seine Haut um die Augen herum in eine Faltenlandschaft verwandelte.

»Hi Ed«, sagten Tom und ich unisono, und Tom fügte an: »Was führt dich zu uns?«

Ed blickte in die Ferne und antwortete: »Mir sind Mädesüß und Huflattich ausgegangen.« Er deutete auf den Beutel aus Leinen, der von seiner rechten Schulter hing.

Ich verzog das Gesicht. Mit Grauen erinnerte ich mich an den selbstgemachten Kräutertee, den ich einmal in Eds Haus hatte trinken müssen. Gott, der war grässlich gewesen. Aber Ed, seines Zeichens selbsternannter Druide, bestand auf der angeblich wohltuenden Wirkung seiner Mixturen. Als Ausgleich dafür buk er gute Kekse, trotz der seltsamen Kräuter, die er dabei verwendete.

»Und ich komme, um euch zu warnen.«

Tom und ich starrten ihn an. »Wie bitte? Was?«, fragte Tom.

»Warnen? Wovor?«, erkundigte ich mich.

»Vor dem Tod.«

Ich drehte mich zu Tom um, und wir warfen uns einen belustigten Blick zu.

»Ed, hast du etwas geraucht?«, fragte Tom spöttisch.

Ed überging seinen Einwurf und sagte: »Ich verspüre eine Aura des Todes um dieses Haus herum.«

»Das liegt vielleicht daran, dass der alte O'Donnal darin gestorben ist.« Unbeeindruckt fuhr Tom fort, die Müllsäcke ins Auto zu stapeln.

Ed wischte seine Worte mit einer Handbewegung weg. »Nein, nein, das meine ich nicht. Sean ist damals friedlich in seinem Bett entschlafen und weilt nun in der Anderswelt. Nein, ich meine etwas anderes, etwas Ungeklärtes, Ungelöstes. Es hängt hier in dieser Gegend, schon seit vor Seans Tod. Und je länger es hier ist, umso unheilvoller könnten die Auswirkungen werden.«

Tom hatte seine Augenbrauen skeptisch nach oben gezogen. »Aha. Und was willst oder kannst du dagegen unternehmen? Du bist doch sicher nicht nur hier, um uns Angst einzujagen, oder?«

Ich bezweifelte, dass Tom Angst hatte. Er sah völlig ungerührt aus. Ich hingegen stellte fest, dass sich eine leichte Gänsehaut an meinen Unterarmen bemerkbar machte. Das konnte natürlich auch vom auffrischenden Wind kommen.

Unweigerlich tauchte der Satz *Ich weiß, dass er mich umbringen wird* aus den Briefen in meinem Geist auf. Ed würde uns doch hoffentlich nicht sagen, dass hier jemand umgebracht worden war? Dass F hier gestorben war, ermordet von ihrem wütenden Ehemann, der den Ehebruch entdeckt hatte? Konnte es sein, dass das Geheimnis hier und jetzt von Ed aufgedeckt wurde?

Ed nahm den Wanderstock von einer Hand in die andere und strich sich eine graue Haarlocke, die der Wind ihm ins Gesicht geweht hatte, hinters Ohr. »Ich würde das Haus gern ausräuchern, um seine Energien zu säubern. Und die Gegend drum herum. Ich bin mir noch nicht sicher, ob die Aura aus dem Haus kommt oder es nur mit einhüllt und irgendwo in der Nähe seinen Ursprung hat. Es ist nicht ganz eindeutig.«

Tom zuckte mit den Schultern. »Okay, von mir aus. Ich hab nichts dagegen. Wann willst du vorbeikommen?«

»Diese Woche noch.«

Irritiert blickte ich die beiden an. »Moment mal, das geht mir zu schnell.« Toms erstaunliche Fähigkeit, Eds Schrullen einfach so anzunehmen, teilte ich leider nicht. »Ed, helfen Sie mir auf die Sprünge. Was bedeutet Aura des Todes? Ist hier jemand gestorben, und deshalb sehen Sie diese Aura? Oder stirbt jemand, *weil* es diese Aura hier gibt? Ich verstehe es nicht.«

Das war noch leicht untertrieben. Die Konversation zwischen meinem Freund, dem logisch denkenden und organisierten Pubbesitzer, und Ed, dem Mann mit der überbordenden Fantasie und der Eigenheit, sich für einen Druiden zu halten, empfand ich gelinde gesagt als irrsinnig.

Ed antwortete mit einem völlig unpassenden Grinsen auf dem Gesicht: »Das weiß ich auch nicht. Es könnte bedeuten, dass jemand hier gestorben ist. Es könnte jedoch genauso bedeuten, dass jemand, der zum Tod eine besondere Beziehung hat, lange Zeit hier gelebt hat.«

»Eine besondere Beziehung zum Tod? Was zur Hölle soll das denn nun wieder bedeuten?«

»Na, das könnte ein Mörder sein, zum Beispiel, oder jemand, der eine ihm wichtige Person verloren hat und trauert.«

»Okay …« Es war mir zwar alles andere als klar, aber für den Moment hatte ich genug von diesem absurden Gespräch.

»Na gut«, warf Tom ein, »dann komm doch die nächsten Tage vorbei, spätestens am Freitag sind Handwerker im Haus.«

»Ach, das würde mich nicht stören.« Der Druide kratzte sich selbstvergessen am Kopf.

»Ja, aber die Handwerker vielleicht. Komm vorher.«

Ed nickte und machte sich wieder auf den Weg. Statt eines Abschiedswortes warf er uns über die Schulter noch zu: »Ach, ich finde es übrigens sehr schön, dass das Haus wieder ein Hotel wird. Es ist wie gemacht für ein quirliges Kommen und Gehen.«

Tom erstarrte in seinen Bewegungen. »Halt! Warte! Was soll das bedeuten, ›wieder‹? Das Haus ist schon einmal ein Hotel gewesen?«

Ed drehte sich zu uns um und antwortete: »Ja, viele Jahre sogar. Die Familie, die dieses Haus errichten ließ, starb komplett an der Spanischen Grippe, und danach wurde es verkauft und zum Hotel umgebaut. Ich glaube, dass es erst in den 60er Jahren wieder als Wohnhaus genutzt wurde.«

Verwundert fragte Tom: »Woher weißt du das denn alles?«

Ed zuckte nur kurz mit den Schultern. »Von Maggie. Sie hat ihre Promotion über Herrenhäuser im Südwesten Irlands geschrieben. Wir haben uns mal darüber unterhalten.«

»Maggie?«, echote Tom ungläubig. »Du verarscht mich ja wohl. Wir sprechen von der gleichen Maggie?«

Nachsichtig lächelte Ed. »Oh ja. Wir meinen die gleiche Maggie. Unterschätze sie mal nicht.« Und mit einem kurzen Nicken drehte er sich wieder um und setzte seine Wanderung mit der Suche nach Kräutern fort.

Da Tom eine ganze Weile lang nichts sagte, räusperte ich mich und fragte neugierig: »Wer ist Maggie?«

Er erwachte aus seiner kurzen Starre und blickte mich an. »Ähm ja, es wundert mich beinahe, dass du sie noch nicht kennst. Maggie wohnt auch im Dorf und ist noch gar nicht so lange hier, vielleicht zwei oder drei Jahre. Sie hält sich über Wasser mit diversen Putzjobs. Hat auch bei mir eine Weile saubergemacht, bevor sie zu viele Aufträge hatte, die besser bezahlt waren, und mir quasi den Laufpass gegeben hat.«

»Verstehe ich das richtig, eine Putzfrau mit Promotion?«

»Ja, von irgendwas muss sie ja leben. Sie hat einen kleinen Jungen, ich glaube, er ist dieses Jahr in die Schule gekommen.«

»Eine Putzfrau, die bestens Bescheid weiß über dieses Haus. Ich fasse es nicht.« Kopfschüttelnd half ich Tom, die restlichen Säcke zu verstauen. »Ich denke, ich werde ihr einen Besuch abstatten.« Jäh schoss mir ein Gedanke durch den Kopf und ich packte Tom an Arm. »Tom! Weißt du, was das bedeutet? Wenn das Haus früher schon mal ein Hotel war, dann spricht gar nichts mehr dagegen, dass F und C sich hier getroffen haben. Vielleicht sogar in genau dem Zimmer, das es jetzt streng genommen nicht mehr gibt. Vielleicht haben sie sich in dem Zimmer Nachrichten hinterlassen.«

Tom erwiderte nachdenklich: »Ja, das ist gar nicht so abwegig. Einen Ziegelstein kann man leicht herauslösen aus einer Wand, und wenn davor vielleicht ein Gemälde oder ein Bild hing, dann kann das jahrelang unbemerkt geblieben sein.«

»Ja, genau. Oh mein Gott, Tom, das ist so wahnsinnig spannend. Vielleicht finden wir ja auch Fotos vom früheren Zustand des Hotels. Wäre das nicht interessant, die Geschichte des Hauses irgendwie ins Hotel mit einzubauen?«

Tom bremste meine Euphorie jäh, indem er sagte: »Ja, klingt nicht übel. Allerdings bin ich schon froh, wenn die Handwerksarbeiten reibungslos über die Bühne gehen. Vorher habe ich einfach keinen Kopf für Geschichte frei.«

Ich war wenig enttäuscht darüber, dass Tom so rational dachte. Aber er hatte ja recht. Das hatte noch Zeit. Dennoch hatte ich mir bereits einen kleinen Plan zurechtgelegt.

Am nächsten Morgen – nachdem mir Tom erklärt hatte, wie ich sie finden würde – machte ich mich auf den Weg zu Maggie. Ich erwartete eine Frau anzutreffen, die sich vom Leben ernüchtert und frustriert durch den Alltag schlug und versuchte, sich und ihr Kind irgendwie durchzubringen. Mein Bild von ihr hätte falscher nicht sein können.

Da ich sie nicht kannte und nicht wusste, wie sie auf meinen Besuch reagieren würde, nahm ich ein kleines Bestechungsgeschenk mit. Ich hatte nur noch eine billige Flasche Prosecco im Kühlschrank, doch das war besser als nichts. Ich packte die Flasche sowie eine kleine Packung Kekse in meine Tasche und machte mich auf in Richtung Dorfzentrum.

Maggie wohnte in einer kleinen Seitengasse hinter Murphy's Groceries, dem einzigen und deshalb trotz der etwas höheren Preise gut besuchten Lebensmittelhändler hier in Ard Carraig. Mr. Murphy, der gleichzeitig mein Nachbar war – und gleichzeitig Petulas Mann – stand vor seinem Laden und stapelte soeben mehrere Orangen zu einem pyramidalen Kunstwerk. Er grüßte mich gutgelaunt und wir tauschten einige Plattitüden über das Wetter aus.

Nachdem wir festgestellt hatten, dass das gute Wetter vermutlich nicht mehr lange halten würde und eine Kaltfront unausweichlich auf uns zukam, verdrückte mich.

Die Seitengasse war nicht ganz so pittoresk wie die aufgehübschte Hauptstraße mit ihren zahlreichen bunten Lädchen, dem Pub und dem Marktplatz. Sie war ein wenig dunkler, denn die Häuser standen eng beieinander und ließen dem Sonnenlicht wenig Chance. Auch die Hausfassaden machten einen tristen Eindruck und hätten einen neuen Anstrich gut vertragen können. Dennoch war es sauber. Ich sah keinen Müll herumliegen und vor dem einen oder anderen Haus standen Blumenkästen mit zähen kleinen Pflanzen, die das Beste aus dem wenigen Sonnenlicht machten.

Ich spazierte die Häuserzeile ab, bis ich zur Nummer 73 kam – der Adresse, die Tom mir gegeben hatte. Das Häuschen war ein kleines schmales Ding, ein Reihenmittelhaus, eingeklemmt zwischen seinen Verwandten und mindestens genauso schäbig. Am Klingelschild, das aus einem Stückchen beschriebenem Papier hinter einem durchsichtigen Klebestreifen bestand, stand der Name O'Brian.

Ich zögerte kurz, unsicher, ob ich wirklich klingeln sollte, doch unverrichteter Dinge wollte ich nicht wieder nach Hause gehen. Also legte ich meinen Finger auf die Klingel und ließ ein schrilles Läuten ertönen. Gleich darauf hörte ich ein Poltern, als ob jemand eine Treppe herunterstürme.

Maggie war so gar nicht, wie ich sie mir nach den Erzählungen vom vorangegangenen Tag vorgestellt hatte. Vor mir stand eine junge Frau Ende Zwanzig in einer grellpinken Yogahose und einem eng anliegenden hellgrauen Spaghettitop. Maggies etwas füllige Figur verriet mir, dass ihre Hose noch nie eine Yogaübung gesehen hatte. Sie war nicht dick, doch definitiv kurvig und gut gebaut, was sie offenbar gern zeigte. Ihre blondierten Haare hatte sie zu einer Frisur toupiert, die das letzte Mal in den Achtziger Jahren in Mode gewesen sein musste. Da ich jedoch trendmäßig nicht gerade das hellste Licht war, hätte ihre Haarpracht auch wieder modern sein können. An ihren Ohren baumelten neongelbe, viel zu große Kreolen, durch die ich meine Faust hätte hindurch stecken können. Wenn ich ihre Erscheinung mit einem Wort hätte beschreiben müssen, dann wäre es »schrill«.

Sie sah mich an und murmelte kaugummikauend und ein wenig gelangweilt: »Ja?«

Ich versuchte, sie nicht allzu offensichtlich anzustarren, und fragte: »Sind Sie Maggie?«

Immer noch kaugummikauend und nun mit einem skeptischen Unterton antwortete sie: »Ja. Und Sie sind?«

Ich streckte ihr die Hand entgegen. »Hi. Ich bin Aoife. Aoife Sullivan. Ich bin ...«

Ein vager Ausdruck des Erkennens huschte über ihr Gesicht. »Ah, Sie sind die Neue im Dorf. Und die Neue im Pub.« Sie schickte einen vieldeutigen Blick hinterher. Sie schüttelte meine Hand nicht, und so zog ich sie peinlich berührt wieder zurück.

»Äh ja, genau. Hören Sie, ich möchte Sie nicht stören, Sie sind wahrscheinlich beschäftigt, aber ich bräuchte Ihre Hilfe. Wie ich gehört habe, haben Sie eine Doktorarbeit über Herrenhäuser in ...«

Erneut schaffte ich es nicht, meinen Satz zu beenden, denn Maggie verdrehte die Augen und unterbrach mich: »Oh bitte, erinnern Sie mich nicht daran. Hat mich drei verflixte Jahre gekostet, in denen ich hätte

Geld verdienen können.« Gelangweilt spielte sie mit ihren Ohrringen und fixierte mich.

Mir fehlten kurz die Worte, bis mir die Flasche Prosecco in meiner Tasche wieder einfiel. Hastig kramte ich danach und hielt sie ihr strahlend vor die Nase. »Für ein paar Informationen wäre ich bereit, Sie zu bestechen.«

»Scheiße, nein«, rief sie nun aus und ich sah mich bereits abgewiesen und auf dem Rückweg. Doch sie fügte sofort hinzu: »Ich fass es ja nicht, das ist meine Lieblingsmarke! Na, das ist ja ein verflixter Zufall.« Sie sah kurz auf die Uhr am Handgelenk, ebenfalls pink, und meinte dann: »Na gut, ich hab ne halbe Stunde, bevor ich bei Mrs Rankin putzen muss. Kommen Sie rein.«

Ich drückte ihr die Flasche in die Hand und folgte ihr durch einen engen Flur voller bunter Kinderschuhe und verstörend hochhackiger Pumps in ein kleines Wohnzimmer. Dass Maggie Putzfrau war, sah man ihrem Haus an. Der Boden war gesaugt und gewischt, die Möbel abgestaubt und die Fenster streifenfrei glänzend poliert. An den Wänden hing ein wildes Sammelsurium von Kinderfotos und kitschigen Drucken mit Sonnenuntergängen an karibischen Orten. Doch all das konnte nicht über die abgewohnte Couch und die billigen Pressspanmöbel hinwegtäuschen. Es war das Zuhause einer Person mit begrenztem Budget, die das Beste aus ihrer Situation machte.

»Kann ich Ihnen was zu trinken anbieten?«, fragte Maggie und fügte gleich hinzu: »Ich hab allerdings nur noch Saft und Cola da. Bin noch nicht zum Einkaufen gekommen.«

Ich verneinte, und wir setzten uns auf die Couch.

Maggie sah mich unverhohlen an. »Warum interessieren Sie sich für Herrenhäuser?« Ihr misstrauischer Blick signalisierte mir, dass sie dieses Interesse für unnatürlich hielt, auch wenn die Tatsache im Raum stand, dass sie exakt darüber eine Dissertation geschrieben hatte. Ich versuchte meinen Unglauben und meine Vorurteile, dass eine Person wie sie tatsächlich eine Doktorarbeit zustande gebracht hatte, wegzuwischen und antwortete: »Nicht wirklich für Herrenhäuser im Allgemeinen. Eher für ein spezielles Herrenhaus. Da ist doch dieses eine alte Haus am Strand, das seit Jahren leer steht.«

Sie nickte bedächtig. »Ja, Sie meinen das Cliff House.«

»Cliff House?«, wiederholte ich skeptisch. »Wo soll denn das Kliff dazu sein?« Ich konnte mich nicht an eine steil abfallende Felswand am Strand erinnern. Da war lediglich ein kleiner Felsvorsprung, mehr nicht.

Maggie zuckte mit den Schultern. »Die Großgrundbesitzer damals haben oft etwas übertrieben, um sich hervorzuheben. War hier vermutlich nicht anders. Was wollen Sie zu dem Haus denn wissen?«

»Ich habe gehört, dass es einmal ein Hotel war. Ist das richtig?«

»Genau, lange Jahre sogar. Logischerweise hieß es Cliff House Hotel. Warten Sie, ich hole mal eben meine Unterlagen.« Sie verließ das Wohnzimmer kurz, um dann mit einer dicken Mappe voller Papiere, Fotos, Zeitungsausschnitte und einem gebundenen Buch zurückzukommen. Das Buch legte sie mir vor die Nase, sodass ich den Titel lesen konnte: *Herrenhäuser und Gutsanlagen im südwestlichen Irland: Historie, Vergleich und Perspektiven.*

»Wow«, entfuhr es mir, »das haben Sie geschrieben? Klingt aufwändig und kompliziert.« Und total trocken, dachte ich, aber das würde ich ihr niemals sagen.

»Es gab damals nicht viel Auswahl, und dieses Thema wurde wenigstens bezahlt. War auch notwendig, denn Dylan war gerade unterwegs.« Auf meinen irritierten Blick erklärte sie: »Mein Sohn. Ich hatte mit der Promotion gerade begonnen, da wurde ich schwanger. Zum Glück war mein Professor ein moderner Typ, und so konnte ich neben dem Baby die Arbeit fertig schreiben, und das Geld hat gereicht, uns beide über die Runden zu bringen.«

»Wow«, sagte ich erneut und meinte es auch so. Es war keine Kleinigkeit, eine Doktorarbeit zu schreiben und dann auch noch mit einem Kleinkind. »Und der Vater?«, fragte ich vorsichtig in dem Wissen, vielleicht zu weit zu gehen und mich in Dinge einzumischen, die mich nichts angingen.

Sie zuckte nur kurz mit den Schulter und sagte: »Weg.« Und damit hatte es sich.

Sie wühlte eine Weile in ihren Unterlagen und nahm schließlich ein altes Foto zur Hand. Es zeigte das Haus, als es eindeutig noch ein Hotel gewesen war. Der Name prangte in großer Schrift über dem Haupteingang, und obwohl die Farben des Fotos längst verblasst waren, konnte man erahnen, dass das Haus eben frisch renoviert worden war.

»Warum interessiert Sie das Haus überhaupt?«

Ich sah sie offen an. »Tom hat es vor kurzem gekauft und renoviert es nun. Er hat vor, ein Hotel zu eröffnen, und wir haben eher zufällig erfahren, dass das Haus früher bereits einmal ein Hotel war. Jetzt interessiert uns die Geschichte.« Das war zwar nur die halbe Wahrheit, doch ich würde mich hüten, einer Wildfremden von den Briefen zu erzählen.

»Oh cool. Vielleicht braucht Tom ja dann auch eine Putzfrau für die ganzen Zimmer?« Sie blickte mich gespannt an, als ob ich über Personalangelegenheiten Bescheid wüsste.

Ich musste über den Geschäftssinn der jungen Frau lachen. Wie pragmatisch sie doch war. »Ja, wer weiß«, meinte ich ausweichend. »Das wird aber noch eine ganze Weile dauern. Es muss erst ordentlich renoviert werden.« Ich hielt kurz inne, dann ergänzte ich: »Ich will Sie nicht allzu lange aufhalten, aber vielleicht können Sie mir ja erzählen, ob es irgendwelche nennenswerten Vorfälle im Hotel gab. Irgendetwas Besonderes. Berühmte Gäste oder so. Oder auch Skandale?«

Maggie verzog ihre Lippen zu einem Lächeln. »Wir sind hier nicht in der Hauptstadt. Hier ist rein gar nichts passiert. Keine berühmten Persönlichkeiten, die unter dem Dach residierten. Keine Politiker. Da muss ich Sie leider enttäuschen.«

»Schade.« Ich war kurz enttäuscht. »Vielleicht irgendwelche Geschichten über den Besitzer? Oder über das Personal? Wurde jemand mal unrechtmäßig gefeuert und wollte sich rächen?«

Maggie lachte erneut. »Nein, tut mir leid. Ich befürchte, Sie haben zu viel *Downton Abbey* geguckt. Das war ein lausiges kleines Landhotel. Ich habe es nur in meine Dissertation aufgenommen, weil es noch in die

Kategorie Herrenhaus fällt und die Erbauer reiche Landbesitzer waren. Das war's aber auch schon. Hier ist wirklich nichts passiert.«

Mit einem langgezogenen Seufzen ließ ich meinen Atem entweichen. So ein Mist aber auch. Das schien eine Sackgasse zu sein.

»Wobei ... warten Sie mal«, sagte Maggie in diesem Moment, und ihr Tonfall ließ mich erwartungsfroh aufhorchen. Sie wühlte erneut in ihren Unterlagen, legte einige Ausdrucke weg, bis sie zu einer Kopie eines vergilbten Zeitungsausschnittes griff. »Ich wusste es doch. Irgendwas war doch da«, murmelte sie eher zu sich selbst als für meine Ohren gedacht. »Ha!«, rief sie wenig später begeistert aus. »Ich wusste es.« Sie grinste mich an, und ihre grellen Ohrringe stießen baumelnd an ihren Hals. »Beinahe hätte ich Ihnen die Leiche unterschlagen.«

Kapitel 4

Oder: Die unbekannte Leiche

Einige Sekunden lang herrschte Stille zwischen uns, bevor ich mit hochgezogenen Augenbrauen leicht hysterisch wiederholte: »Leiche?«

Zu viel ging mir in diesem Augenblick durch den Kopf. Die Drohung in den Briefen, Eds seltsame Warnung ... und nun eine Leiche im Hotel? Konnte das noch Zufall sein?

»Es wurde eine Leiche im Hotel gefunden?«, fragte ich erneut, als Maggie nicht gleich antwortete. Sie schlug etwas in ihrem Buch nach und wirkte zu konzentriert, um sich um mich zu kümmern.

»Ja«, antwortete sie zerstreut und mit Verzögerung. Dann setzte sie sich auf und rief aus: »Nein! Sorry. Ich meinte nicht im Hotel, sondern unterhalb davon am Strand.« Sie deutete auf den Zeitungsausschnitt, den sie herausgesucht hatte. »Eine weibliche Leiche, um die fünfundzwanzig Jahre alt, ist aller Voraussicht nach ertrunken und wurde im Spätsommer '47 angespült.«

Ich sank ein wenig in mich zusammen. »Also kein Mord«, murmelte ich enttäuscht vor mich hin.

Das brachte mir einen seltsamen Blick von Maggie ein und den Kommentar: »Mord? Wieso denn Mord? Haben Sie einen Mord erwartet?« Ihr Blick war skeptisch und beinahe konnte ich in ihrem Gesicht sehen, dass sie es bereute, einer völlig unbekannten Frau die Tür geöffnet und sie in ihr Wohnzimmer eingeladen zu haben. Ich hätte eine Psychopathin sein können.

Ich beeilte mich zu sagen: »Nein, nein, natürlich nicht. Ich habe nur neulich so etwas Ähnliches bei ... *CSI Miami* gesehen.« Ich hatte die Serie noch nie geschaut, doch wie wahrscheinlich war es, dass es da keine angespülte Frauenleiche gab?

Offenbar sehr unwahrscheinlich, denn Maggie kreischte plötzlich los: »Oh man, Wahnsinn, gucken Sie das auch? Ich liebe die Serie! Die Folge lief doch neulich, oder?«

Ich nickte panisch und hoffte, sie würde nun keine Diskussion über Lieblingscharaktere, beste Folgen und bisherige Entwicklungen starten, denn ich dazu würde absolut nichts beisteuern können.

Doch ich hatte Glück, denn Maggie sah auf ihre Armbanduhr und rief: »Mist! Scheiße. Sorry, ich bin spät dran. Ich muss zu Mrs Rankin. Die Alte ist immer sehr ungehalten, wenn man auch nur eine Minute zu spät kommt. Fuck!«

Sie sprang auf und stapelte ihre Unterlagen hektisch zu einem kleinen Turm. »Wissen Sie was«, sagte sie, »nehmen Sie doch alles mit, wenn es Sie so interessiert. Wenn Sie durch sind, bringen Sie es mir einfach wieder und legen noch eine Flasche des Proseccos dazu.«

»Wirklich?«, antwortete ich. »Das ist sehr nett von Ihnen. Danke.«

Ich verstaute so viel wie möglich in meiner Tasche und klemmte mir den Rest unter den Arm. Wir verließen das Haus gemeinsam, wobei sich Maggie noch ein Paar dicker gelber Putzhandschuhe griff.

»Mrs Rankin kauft immer nur die billigen, die direkt beim ersten Mal kaputtgehen«, kommentierte sie achselzuckend.

Wir verabschiedeten uns und ich spazierte nach Hause. Ich brannte darauf, die Unterlagen und besonders den Zeitungsartikel über die Frauenleiche zu sichten. Daheim machte ich es mir mit einer Tasse Tee gemütlich und setzte mich an den Couchtisch. Ich nahm die Unterlagen zur Hand und zog den besagten Zeitungsbericht hervor.

Er war auf den 28. August 1947 datiert, trug die Überschrift »Unbekannte Leiche am Strand gefunden!« und las sich wie folgt.

Heute Morgen fand ein Feriengast des Cliff House Hotel bei einem Spaziergang im Morgengrauen die Leiche einer jungen Frau. Sie wurde durch die nächtliche Flut an den Strand gespült und lag dort bis zum Eintreffen der herbeigerufenen Polizei. Nach erster Inaugenscheinnahme durch die Beamten konnte festgestellt werden, dass die Leiche eine Verletzung am Hinterkopf aufwies. Ob das Opfer an dieser Verletzung starb oder ertrunken ist, ließ sich nicht feststellen. Der Körper wurde in die Leichenhalle gebracht, wo der zuständige Gerichtsmediziner eine Obduktion vornehmen wird, um die Todesursache einzugrenzen. Die Identität der Frau ist unbekannt. Sie trug keine Papiere bei sich und war von starken Verwesungsspuren gekennzeichnet. Die Polizei vermutet, dass sie bereits eine Zeitlang im Wasser gelegen hat. Ein erster Abgleich mit Vermissten aus der Umgebung brachte vorläufig keine Ergebnisse.

Langsam ließ ich das Papier sinken. Das gab mir zu denken. Konnte das die unbekannte F sein? Der Zeitraum passte in etwa, kurz nach dem Krieg. Der Fundort war verdächtig nahe am Hotel. Erst die Briefe im Hotel und nun eine Leiche davor. Leider gab der Zeitungsbericht nicht mehr her. Identität unbekannt, Tathergang unbekannt. Na toll.

Ich blätterte erneut durch Maggies Sammlung. Vielleicht hatte sie ja mehr als nur diesen einen Artikel gefunden. Vielleicht hatte jemand in den Wochen danach die Tote erkannt, oder die Todesursache konnte klar bestimmt werden. Tatsächlich fand ich noch einen winzigen Schnipsel, der aussah wie eine Randnotiz. »Tote vom Strand immer noch nicht identifiziert«, hieß es als Überschrift.

Auch einen Monat nach der Entdeckung einer weiblichen Leiche am Strand von Ard Carraig konnte diese nicht identifiziert werden. Die Gerichtsmedizin hat jedoch festgestellt, dass das Opfer ungefähr 23 bis

25 Jahre alt war. Der Schädel des Opfers wurde zertrümmert, doch da sich in der Lunge Wasser angesammelt hatte, ist unklar, ob der Schädelbruch die alleinige Todesursache darstellt oder die Frau ertrunken ist. Eine Kombination von beidem ist wahrscheinlich. Die Polizeidienststelle ließ verlauten, dass es zum Tathergang verschiedene Theorien gibt. Es könnte sich um einen Badeunfall handeln, bei dem die Frau sich durch starken Wellengang an einem der Felsen den Kopf gestoßen hat, infolgedessen ertrank und dann an den Strand angespült wurde. Ebenfalls ist ein Gewaltverbrechen denkbar: Jemand könnte mit einem stumpfen Gegenstand auf den Schädel der Frau geschlagen und sie im Meer beseitigt haben. Da das Opfer niemandem bekannt ist, kann weder die eine noch die andere Theorie bestätigt werden. Die Polizei nimmt weiterhin jeden Hinweis zur Identität der Frau auf.

Frustriert seufzte ich auf. Das gab es doch nicht. Eine Leiche und niemand wusste, wer sie war. Ich wurde das Gefühl nicht los, dass die unbekannte Tote die Person aus den Briefen war. F.

Ich legte die Zeitungsabschnitte aufeinander und schob sie an den Rand des Tisches. Mal sehen, was die restlichen Unterlagen hergaben. Ich schlug Maggies Dissertation auf und suchte die Inhaltsangabe. *Einleitung, Klassifizierung von Herrenhäusern, Beschreibung der einzelnen Herrenhäuser* ... Endlich stieß ich auf das Cliff House Hotel. Neugierig blätterte ich zur entsprechenden Seite und überflog den Text.

Im Grunde erfuhr ich nichts, was nicht auch Ed schon in seiner kurzen Zusammenfassung erzählt hatte, außer einigen zusätzlichen Informationen über Bauart und Stil, die mich nicht interessierten. In dem Haus, das um die Jahrhundertwende errichtet worden war, lebte der Bauherr mit seiner Familie über wenige Jahre, meist nur in den Sommermonaten, bevor die Spanische Grippe alle Familienmitglieder nacheinander dahinraffte. Einige Zeit später wurde es von einem Unternehmer aus Cork gekauft, der zahlreiche Landhotels besaß und das Haus in Ard Carraig aufgrund seiner Lage zu seinem Portfolio hinzufügte. Das

Hotel wurde über fünfzig Jahre betrieben und nach dem Tod des Unternehmers von dessen Sohn weitergeführt. Leider fehlte ihm das glückliche Händchen seines Vaters, und so ging er in den 70er Jahren bankrott. Er verkaufte das Hotel an die Familie O'Donell, die es wieder als privates Wohnhaus nutzte.

Maggie hatte dem nüchternen Bericht über die Historie des Hauses einige alte Dokumente beigefügt, von Quittungen über Hotelaufenthalte, Werbeprospekten mit Fotografien der alten Zimmer – ich bildete mir ein, einige der Tapetenmuster wiederzuerkennen – bis hin zu Rechnungen einzelner Gäste.

In diesem Moment fiel mir Maggies unverhohlene Frage nach einem Putzjob im zukünftigen Hotel ein. Auch das damalige Hotel musste Putzfrauen oder Zimmermädchen gehabt haben. War es naiv von mir anzunehmen, dass diese Frauen aus dem Dorf gekommen sein konnten? Es musste heute den einen oder anderen Dorfbewohner geben, dessen Mutter damals im Hotel gearbeitet hatte. Und so etwas Spannendes wie eine Tote am Strand hatte es sicherlich nicht alle Tage gegeben. Das war eine Geschichte, die vermutlich noch Jahre später immer wieder zu Familienfesten hervorgeholt und aufgewärmt wurde. Ich musste mehr über das damalige Personal herausfinden.

Ich legte mir einen kleinen Plan zurecht: Zunächst würde ich Maggie erneut aufsuchen. Sie hatte vielleicht noch mehr Unterlagen zum Cliff House Hotel, und wenn nicht, würde sie wissen, wo ich diese auftreiben konnte. Ich sollte auch mit Mary sprechen, der ehemaligen Lehrerin, die wie kaum jemand anderes über die Vergangenheit des Dorfes Bescheid wusste. Und falls sie mir nicht weiterhelfen konnte, blieb immer noch Petula. Für den Notfall ... für den äußersten Notfall.

Abends ging ich auf ein Pint zu Tom ins Pub. Ich brannte darauf, ihm von der unbekannten Leiche zu erzählen, und war neugierig, wie er auf darauf reagierte.

Das Pub war gerammelt voll. Eine große Gruppe Wanderer, die mit ihren unförmigen Rucksäcken und Wanderstöcken einen Teil des Raumes füllten, unterhielt sich lautstark. Der Rest der Gäste waren Einheimische, denen ich im Vorbeigehen zunickte. Mein Stammplatz an der Theke war frei und so ließ ich mich darauf sinken. Lizzie stand hinter der Bar und polierte Gläser. Tom war nirgends zu sehen.

»Hi Lizzie«, begrüßte ich Toms Tochter. »Hast du dich mittlerweile vom Arbeitseinsatz im neuen Haus erholt?«

Lizzie stellte ein frisch geputztes Glas zu einer Armada anderer, ebenfalls sauberer Gläser und warf sich ihr leuchtend rotes, lockiges Haar über die Schultern. »Geht schon. Mir haben tagelang die Arme wehgetan, aber jetzt ist es wieder ok. Die Schule nervt grad nur etwas.«

Ich lachte und versicherte ihr, dass sich das so schnell nicht ändern würde. Wir plauderten über den Stoff, den sie gerade durchnahm, als Rory mit drei Tellern beladen aus der Küche kam. Er stellte sie Lizzie hin und meinte: »Der Rest kommt gleich.« Er entdeckte mich und warf mir ein schnelles Lächeln zu. »Sorry, Aoife, heute brennt die Hütte.«

Ich winkte ab und beäugte die dampfenden Teller, die Lizzie soeben zu der Wandergruppe brachte. Waren das etwa knusprig gebratene Kartoffeln mit unglaublich gut duftendem Speck? So richtig gegessen hatte ich heute noch nicht ...

Kaum war Lizzie wieder an der Bar, kam Rory erneut mit einigen Tellern heraus. »So, das dürfte der Rest sein.«

Mit einem Schnauben griff sich Lizzie das Essen und eilte wieder davon.

Rory wischte sich mit seiner Schürze über die Stirn und seufzte. »Puh, heute ist wirklich einiges los.«

Ich lachte und fragte: »Zu viel, als dass du mir auch so eine Portion appetitlicher Erdäpfel machen könntest?«

Ein breites Grinsen erhellte sein Gesicht. »Natürlich nicht. Kommt sofort.«

Bevor er davoneilen konnte, erkundigte ich mich noch: »Wo ist eigentlich Tom? Er lässt euch beide doch wohl hoffentlich nicht mit der vollen Bude allein?«

»Nein, aber es gibt wohl ein paar Probleme mit den Handwerkern.«

Und damit verschwand er hinter der Küchentür, um seine Kochkünste walten zu lassen.

Etwas später traf Tom ein. Sein Gesicht verhieß nichts Gutes. Eine zornige Falte zerfurchte seine Stirn und ließ ihn furchterregend wirken.

»Was ist passiert?«, fragte ich vorsichtig, als er keine Anstalten machte, mich zu begrüßen.

Er blickte mich kurz finster an, bevor sich seine Gesichtszüge entspannten. »Sorry, ich wollte dich nicht so böse anstarren, aber ich glaube, ich bereue mein Projekt jetzt schon.«

Ich erschrak kurz. »Warum? Was ist los?«

»Ach, eigentlich nichts Dramatisches. Der Elektriker, der mir für diesen Freitag zugesagt hatte, hat vorhin abgesagt. Hat einen größeren Auftrag hereinbekommen und mich aus seinem Auftragsbuch rausgeworfen.«

»Oh nein, wie ärgerlich«, rief ich. »Und nun?«

Tom schnaubte. »Den werde ich definitiv nie wieder anfragen. Ich habe jetzt sicher eine Dreiviertelstunde damit verbracht, Ersatz zu finden. Habe ich zwar geschafft, aber der neue Elektriker ist dafür deutlich teurer.« Er raufte sich die Haare und ergänzte: »Erinnere mich bitte daran, dass ich so einen Quatsch nie wieder machen werde. Das Projekt beginnt gerade erst und ich habe jetzt schon die Nase voll davon.«

Lizzie beäugte ihren Vater mit einem Gesichtsausdruck, der nichts anderes als »Habe ich dir das nicht von vornherein gesagt?« bedeuten konnte. Glücklicherweise stand Tom mit dem Rücken zu ihr und bekam davon nichts mit. Es hätte sein Laune sicher nicht gehoben.

»Würde es dir besser gehen, wenn ich dir etwas von einer Leiche erzählen?«, fragte ich und bemerkte im gleichen Augenblick, wie seltsam sich das anhörte.

Toms Reaktion darauf war dementsprechend logisch nachvollziehbar. Er zog die Augenbrauen hoch und fragte trocken: »Wie war das? Eine Leiche soll mich aufmuntern?« Dann lachte er plötzlich lauthals los, sodass sich einige der Gäste irritiert nach ihm umblickten. »Oh Mann, Aoife, du hast es geschafft. Also, schieß los.«

Ich erzählte ihm von dem Gespräch mit Maggie und den Zeitungsartikeln in ihren Unterlagen.

Eine Weile lang sagte er nichts und starrte konzentriert in die Luft. Ich war mir sicher, dass ihm die gleichen Gedanken durch den Kopf gingen wie mir, als ich die Artikel gelesen hatte.

»Wie wahrscheinlich ist es, dass die tote Frau nicht unsere unbekannte F ist?«, durchbrach er die Stille.

»Genau das habe ich mir auch gedacht. Das kann doch kein Zufall sein, oder?«

»Das müsste schon ein wahnsinnig großer Zufall sein. Andererseits ...«

»Ja?«

»Hm, ich weiß nicht. Wäre diese Lösung nicht zu einfach und offensichtlich?«

»Ach Tom, wir sind hier doch nicht in einem Melodram. Manchmal ist es eben ganz einfach.«

Ein Teller duftender, angebratener Kartoffeln mit glasigen Zwiebeln und krossem Speck riss uns aus unserem Gespräch. Die nächsten Minuten verbrachte ich schweigend und genießend und hörte Tom gar nicht richtig zu, zu sehr forderte mich das zwar sehr einfache, aber dennoch unübertroffen leckere Gericht.

»Ich liebe ihn«, seufzte ich wohlig und schob einen leer geputzten Teller von mir.

»Wen?«, fragte Tom grinsend, »den Teller oder ...«

»Rory!«, antwortete ich. »Dieser Junge ist ein Held. Solltest du ihn jemals rauswerfen, verlasse ich dich.«

»Ich wusste schon immer, dass Liebe durch den Magen geht, aber dass ihr Frauen heute so einfach zufrieden zu stellen seid, hätte ich nicht gedacht. Simple Kartoffeln, pff.«

Wir lachten beide, doch Tom wurde relativ schnell wieder ernst. »Hör zu. Während du soeben auf primitivste Weise deine Gelüste befriedigt hast, habe ich nachgedacht. Ich denke, du solltest weiter nachforschen. Die beiden Zeitungsartikel können nicht die letzten gewesen sein. Vielleicht wurde die Identität der Toten später aufgeklärt und Maggie hat davon gar nichts mitbekommen. Sie hat ja immerhin nicht den Tod einer Frau recherchiert, sondern eine Arbeit über Herrenhäuser geschrieben. Der Leichenfund stellt nur eine Art Kuriosum dar und macht ihre Arbeit etwas interessanter, ist aber eigentlich bedeutungslos für sie.«

Ich nickte bedächtig. »Du könntest recht haben. Wer weiß, vielleicht gibt es ja auch Berichte über vermisste Personen. Das könnten wir vergleichen und ...«

»Nein«, unterbrach Tom mich prompt.

»Nein?«, echote ich erstaunt.

»Nein. WIR können das diesmal nicht gemeinsam machen, so leid mir das auch tut. Aber ich bin bis über beide Ohren voll mit der Renovierung beschäftigt und das Pub muss auch nebenbei laufen.«

»Oh, ähm, ja natürlich, Tom.« Bei seinen Worten lief ich rot an. »Tut mir leid. Die Briefe haben mich so gefangen genommen, dass ich ganz vergessen habe, wie eingespannt du bist.«

Schuldbewusst murmelte ich: »Ich denke, ich lasse das mit den Nachforschungen ganz bleiben. So wichtig ist es ja gar nicht.«

Stirnrunzelnd beäugte er mich. »Was soll der Quatsch? Du sollst ja gar nicht aufhören. Ich kann dir nur leider diesmal nicht helfen. Glaub mir, du musst kein schlechtes Gewissen haben, früher oder später werde ich dich sowieso stärker einspannen, als dir lieb ist. Besonders, wenn es an die Auswahl von Farben, Möbeln, Bilder und so etwas geht.« Er beugte sich über die Theke und drückte mir einen Kuss auf die Lippen. »Also, Schluss mit dem Blödsinn. Du wirst schön weiterforschen und herausfinden, was mit F und C passiert ist. Ich bin viel zu neugierig, als dass ich diese Geschichte einfach so vergessen könnte.«

Skeptisch erwiderte ich seinen Blick. »Wirklich?«

»Ja, wirklich. Und ich habe auch schon eine Idee, wie es weitergehen kann. Weißt du zufällig noch, aus welcher Zeitung die beiden Ausschnitte in Maggies Unterlagen stammten?«

»Das müsste der *Kerry Daily Mirror* gewesen sein.«

»Gut. Sehr gut sogar. Den gibt es heute noch. Und ich wette, es gibt ein Archiv, in dem alte Ausgaben gesammelt werden. Wie wäre es, wenn du und Maggie zum Mirror fahrt und mal in die alten Exemplare guckt?«

»Moment mal, habe ich dich richtig verstanden? Ich soll mit Maggie da hin? Warum?« Ich hob die Arme in einer fragenden Geste, um ihm zu verdeutlichen, wie seltsam ich seinen Vorschlag fand. Ich hatte Maggie heute zum ersten Mal gesehen, und so nett sie vielleicht auch war, ich kannte sie kaum.

Tom antwortete: »Was glaubst du, woher Maggie ihre Zeitungsausschnitte hat? Sie war garantiert bereits beim *Mirror* und weiß, wie man vorgehen muss, um an Informationen zu gelangen. Sie könnte dir helfen.«

Toms Worte ließen mich nach Luft schnappen. »Bitte? Das kann ja wohl nicht wahr sein.« Ich senkte meine Stimme, damit nicht jeder um uns herum mitbekam, was ich nun sagte: »Ich erinnere dich nur ungern daran, aber vielleicht weißt du noch, dass ich eine erfolgreiche Romanreihe geschrieben habe, für die zahlreiche Recherchen notwendig waren. Ich WEISS, wie man recherchiert. Und ganz bestimmt brauche ich keine fremde Hilfe dabei.« Wütend verschränkte ich die Arme vor der Brust und funkelte Tom an.

Dieser kratzte sich verlegen den Hinterkopf und antwortete: »Oje, wo habe ich mich da hineingeritten? So meinte ich das doch gar nicht. Ich dachte nur, dass sie eine großartige Hilfe sein könnte. Sie ist wirklich ein helles Köpfchen, auch wenn ihr eigenwilliger Kleidungsstil eine andere Sprache spricht. Glaub mir, Maggie ist klug und nett. Überleg doch mal, sie diskutiert mit Ed über Herrenhäuser. Das sagt doch schon einiges über sie aus.«

Plötzlich mischte sich Lizzie, die sich in eine Ecke verkrochen hatte und an ihrem Smartphone hing, ein. »Redet ihr über Maggie?« Wir nickten und sie fuhr fort: »Die ist klasse. Sie hat mir früher immer ein wenig Nachhilfe gegeben, wenn sie im Pub geputzt hat, während ich meine Hausaufgaben machte. Schade, dass sie jetzt nicht mehr so oft hierher kommt.«

Mit einem triumphierenden Lächeln drehte Tom sich zu mir um und hob gekonnt eine Augenbraue.

Ich zog einen gespielten Schmollmund und sagte: »Jaja, verstanden. Ich frage die großartige, unübertroffene Maggie, ob sie mit mir zum *Daily Mirror* fährt.«

Tom quittierte das mit einem zufriedenen Nicken.

Und so fand ich mich zwei Tage später früh morgens im Auto vor Maggies Reihenhaus wieder, wo ich mit laufendem Motor auf sie wartete und ein Gähnen unterdrückte. Das war einfach nicht meine Uhrzeit. Es war noch nicht einmal sieben Uhr morgens, doch Maggie hatte darauf bestanden, früh zu starten. So konnte sie ihren Sohn Dylan noch zum Schulbus bringen und war mittags zu ihrem ersten Putzjob wieder zurück. Das war auch schon ihre einzige Bedingung, als ich sie vom Pub aus angerufen hatte. Sie hatte mich nicht einmal darüber ausgequetscht, nach was ich denn suchte, sondern bestand lediglich darauf, die Aktion eben an diesem Tag – ihrem einzigen mit freiem Vormittag – durchzuführen. Und auf einer weiteren Flasche ihres bevorzugten Proseccos. Diesem Wunsch kam ich natürlich gern nach.

Gerade überlegte ich noch, ob ich den Motor ausstellen sollte, da öffnete sich die Beifahrertür und Maggie stieg ein. Sie lächelte mich kaugummikauend an und sagte: »Kann losgehen.« Ihr Outfit war heute weniger pinklastig als bei unserem Kennenlernen, dennoch biss sich das schwarze Top mit seinen tausenden von kleinen glitzernden Steinchen, die einen gigantischen Totenkopf formten, mit der Flecktarnhose, die sie dazu trug.

Die Redaktion des *Kerry Daily Mirror* befand sich im Zentrum von Tralee und lag nur eine kurze Autofahrt entfernt. Um zu vermeiden, dass Maggie ein lockeres Gespräch über unsere »gemeinsame« Lieblingsserie *CSI Miami* anfing, stellte ich ihr Fragen zu ihrer Doktorarbeit und warum sie nicht an der Uni geblieben war. Es folgte eine lange Erklärung darüber, wie schwierig es immer noch war, als junge, ledige und alleinerziehende Mutter eine Anstellung als wissenschaftliche Mitarbeiterin zu bekommen. Ihr war damals nichts anderes übrig geblieben, als sich und ihren Sohn mit Putzjobs durchzubringen. Damit konnte sie sich ihre Zeit freier einteilen, als wenn sie in einem Supermarkt oder im Schnellrestaurant arbeitete, und war ganz zufrieden mit der momentanen Konstellation.

Relativ schnell gelang es ihr, das Ruder an sich zu reißen und mich ihrerseits mit Fragen zu löchern. Besonderes interessierte sie die Frage, nach was genau ich denn suchte.

Da ich mich auf den Verkehr konzentrieren musste – vor uns fuhr ein betagter Traktor mit gemächlicher Geschwindigkeit, den ich bei nächster Gelegenheit schnell überholte –, antwortete ich ihr mit einiger Verzögerung: »Ich muss gestehen, seitdem ich in Ihren Unterlagen von der unbekannten Toten gelesen habe, geht mir das nicht mehr aus dem Kopf. Ich würde gern herausfinden, ob ihre Identität später geklärt werden konnte.«

Aus dem Augenwinkel heraus merkte ich, dass Maggie mich zweifelnd ansah. »Aber warum interessiert Sie das so sehr?«

Ich zuckte mit den Schultern. »Einfach so. Ich bin neugierig geworden.« Das war wieder nicht die ganze Wahrheit, aber das musste Maggie ja nicht wissen.

»Müssen Sie gar nicht arbeiten?«, fragte sie mich geradeheraus.

Mir klappte kurz der Unterkiefer herunter und ich räusperte mich. »Ähm, nein. Ich bin ... selbstständig. Kann mir aussuchen, wann ich arbeite.«

»Und was genau machen Sie?«

Bislang war meine Tarnung die, dass ich in der Computerbranche tätig war, was ein recht großes Interpretationspotential zuließ. Tatsächlich beschränkten sich meine technischen Kenntnisse auf das Ein- und Ausschalten eines PCs.

»Computerbranche«, presste ich kurz angebunden heraus und wollte Maggie damit vermitteln, dass ich das Kreuzverhör für beendet erklärte. Doch Fehlanzeige.

»Hardware oder Software?«, fragte sie weiter. »Vermutlich eher Software, oder? Wo hätten Sie denn schon in dem kleinen Cottage Platz für Hardware?« Sie beobachtete mich immer noch, sodass ich gezwungen war zu antworten: »Diverses. Hauptsächlich programmiere ich Software.« Ich hoffte, dass das der richtige Terminus war.

Offensichtlich war es das gewesen, denn sie fragte weiter: »Consumer oder B2B-Bereich?«

Da mir beide Begriffe nichts sagten, antwortete ich: »Schnittstellenprogrammierung.« Zumindest war das der Tätigkeitsbereich eines jungen Computergenies im letzten Spielfilm gewesen, den ich mit Tom gesehen hatte.

Maggie pfiff bewundernd. »Wow, nicht schlecht.«

Vielleicht hatte ich mich zu sehr als schlauen Kopf hingestellt, doch meine Antwort schien Maggie endlich zufrieden zu stellen, und sie schwieg die restlichen Minuten der Fahrt. Glücklicherweise verkündete das Navi wenig später, dass wir unser Ziel in zweihundert Metern erreichten.

Das Büro der lokalen Tageszeitung befand sich in der Nähe der Einkaufsmeile von Tralee. Das Gebäude war bereits älter, besaß aber einen neuen Anstrich und große Glasfronten, die teilweise durch Aushänge einzelner Seiten der heutigen Ausgabe verdeckt wurden.

Ich parkte das Auto, und wir stiegen aus. Die Uhr zeigte kurz nach acht an. Das Büro war bereits besetzt. An der Rezeption saß eine junge Irin mit dunklen Locken und einer hübschen buntgemusterten Bluse und tippte emsig auf ihrem Laptop herum. Wir stellten uns an die Rezeption und warteten darauf, dass die Mitarbeiterin von ihrer Arbeit aufsah und uns weiterhalf. Doch sie ignorierte uns, sodass Maggie sich schließlich lautstark räusperte und sagte: »Hallo? Wir würden gern Ihr Archiv besuchen.«

Die vielbeschäftigte Frau sah nervtötend langsam hoch und schenkte uns ein sparsam dosiertes Lächeln. »Unser Archiv ist für alle Ausgaben ab 1980 digitalisiert. Haben Sie bereits online recherchiert?«

»Wir interessieren uns für Ausgaben vor 1980«, antwortete Maggie.

Der Blick der Rezeptionistin wanderte von Maggie zu mir und wieder zurück. »Sie brauchen einen Termin, um unser Archiv einzusehen.«

Oh verdammt. Das hatte ich völlig vergessen! So ein blöder Anfängerfehler. Verdammt, verdammt, verdammt.

In diesem Moment stellte sich heraus, weshalb es eine gute Idee von Tom gewesen war, auf Maggie zu setzen. »Na, glücklicherweise habe ich telefonisch einen vereinbart. Sehen Sie doch bitte unter Ms O'Brian nach.« Selbstzufrieden grinste Maggie mich an, als ich ihr einen ungläubigen Blick zuwarf. Ich würde ihr mehr als nur eine Flasche Prosecco kaufen müssen.

»Sagen Sie das doch gleich«, zischte die Mitarbeiterin, sah in ihrem Kalender nach und griff dann zum Telefonhörer. »Roger? Hier ist dein Termin für acht Uhr.« Sie legte wieder auf und murmelte, ohne uns anzusehen: »Sie werden gleich abgeholt.«

»Danke sehr«, sagte Maggie übertrieben freundlich und drehte ihr den Rücken zu. »Blöde Kuh«, flüsterte sie mir grinsend zu. Ich unterdrückte ein Kichern.

Wenige Augenblicke später kam ein Mann, der seinem Aussehen nach schon in Rente sein sollte, auf uns zu. Er begrüßte uns freundlich und dirigierte uns durch ein Großraumbüro und in ein Treppenhaus hinein, über das wir Roger hinterher in den Keller gelangten. Vor uns öffnete sich ein riesiger, fensterloser Raum, der nach altem Papier roch. Der vordere Teil wurde durch einen großen Tisch mit mehreren PCs beherrscht. Dahinter erstreckten sich Regalmeter um Regalmeter mit tausenden von Zeitschriften. Ich atmete tief ein und genoss den Duft von Druckerschwärze und Papier.

»Wir haben hier einen lückenlosen Bestand von 1921 bis 1980. Danach ist alles bereits digitalisiert, aber das hat Janine Ihnen vermutlich schon gesagt«, erklärte uns Roger. »Die Ausgaben sind chronologisch sortiert. Bitte achten Sie darauf, sie wieder korrekt einzuordnen, wenn Sie fertig sind. Und ich muss Sie leider bitten, für Ausgaben vor 1970 Handschuhe zu tragen. Das Papier ist leider noch säurehaltig und teilweise in keinem guten Zustand mehr. Wir kommen kaum nach, alles zu digitalisieren.« Er deutete auf einen Spender mit Einweghandschuhen, die Maggie und ich uns überstreiften. Dann nickte er uns kurz zu und setzte sich an einen der PCs, um mit seiner Arbeit fortzufahren.

»Dürfen wir uns Kopien machen?«, fragte ich noch.

»Ja, aber fragen Sie mich bitte vorher. Ich werde Ihnen dabei assistieren, da wie gesagt einige der Ausgaben besonderer Behandlung bedürfen.«

Maggie und ich machten uns ans Werk. Zunächst wanderten wir langsam die Regale ab, um im Jahr 1947 zu landen. Dann nahmen wir uns die Ausgaben ab Ende August vor. Wir würden so lange suchen, bis wir etwas fanden, dass sich mit dem Mord beschäftigte. Oder bis es Zeit war, dass Maggie zu ihrem Putzjob musste. Ein kurzer Blick auf die Uhr an der Wand verriet uns, dass wir ziemlich genau vier Stunden hatten.

Ich wuchtete einen ganzen Stapel Zeitungen der Monate September und Oktober sowie einige Exemplare vor Ende August heraus und setzte mich damit an einen freien Tisch. Ich suchte die Ausgabe mit dem ersten Artikel heraus und las ihn erneut, um dann Exemplar für Exemplar durchzublättern.

Die erste Meldung über die Leiche war auf Seite eins gewesen. Den zweiten Artikel tags darauf, der nur aus der Beteuerung des verantwortlichen Ermittlers bestand, das Verbrechen schnellstmöglich aufklären zu wollen und den Täter seiner gerechten Strafe zuzuführen, fand ich ebenfalls noch auf der ersten Seite, jedoch war er deutlich kürzer. Die folgenden Artikel, die die Woche darauf erschienen waren, fanden sich im Mittelteil und klangen vom Tenor alle gleich: keine Hinweise zur Identität der Toten, keine Verdächtigen, keine Spur. Für jeden Hinweis sei die Polizei jedoch sehr dankbar.

Der zweite Artikel, den ich in Maggies Unterlagen gesehen hatte, war Ende September erschienen und stand wieder weiter vorne in der Zeitung, vermittelte mir allerdings das Gefühl, als hätte der zuständige Journalist die Hoffnung auf einen Ermittlungserfolg bereits aufgegeben. Als würde er diesen Artikel als eine Art journalistischen Schlussstrich sehen. Und tatsächlich: in keiner Zeitung der Monate September und Oktober fand sich ein weiterer Bericht.

Frustriert legte ich die letzte Oktober-Ausgabe beiseite und seufzte auf. Das gab es doch nicht. Ich hatte rein gar nichts gefunden, aber inzwischen zwei Stunden verbummelt.

Ich beschloss, die unbekannte Frau beiseite zu legen und mich dem Thema der vermissten Personen zu widmen. Ich zog den großen Stapel erneut hervor und begann von vorne. Diesmal suchte ich jedoch nach Berichten über Personen, die zu dieser Zeit nicht mehr nach Hause gekommen waren. Ich rechnete nicht damit, sonderlich viel zu finden. Umso überraschter war ich, als ich doch auf den einen oder anderen Vermisstenfall stieß. Schnell stellte ich jedoch fest, dass die meisten Fälle nicht relevant für mich waren. Entweder handelte es sich um ältere Männer, die nach einem Pub-Besuch erst Tage später wieder nach Hause kamen, oder die Personen hatten das falsche Alter (zu jung oder zu alt).

Nichts, absolut nichts, das passte. Ich schielte zu Maggie hinüber, die mit konzentriertem Gesichtsausdruck Seite um Seite überflog und bedächtig weiterblätterte.

»Haben Sie irgendetwas gefunden?«, fragte ich sie, als sie meinen Blick bemerkte und zu mir aufsah.

Sie schüttelte den Kopf. »Nicht so wirklich. Jedenfalls nichts im Zusammenhang mit der Leiche.«

Ich verzog enttäuscht das Gesicht.

»Aber ich habe auch nach Vermisstenfällen gesucht und mir dafür den Zeitraum ab Juni angesehen. « Sie hielt kurz inne und runzelte die Stirn. »Einen Fall gibt es, der vom Alter her passen würde. Leider stimmt die Zeit nicht. Der Artikel stammt vom November, und die Leiche wurde Ende August gefunden. Da liegt eine zu große Zeitspanne dazwischen, als dass es sich um dieselbe Frau handeln könnte.«

»Egal, das ist bisher unsere heißeste Spur. Zeigen Sie doch mal her.«

Quietschend rutschte ich mit meinem Stuhl näher an Maggie, was mir einen missbilligenden Blick von Roger einbrachte. Ich warf ihm ein gemurmeltes »Entschuldigung« zu.

»Hier.« Maggie tippte mit einem pink lackierten Fingernagel auf einen einspaltigen Artikel mit der Überschrift »Großgrundbesitzer Flaherty sucht nach seiner Ehefrau« und einem beigefügten Foto der Vermissten in Schwarz-Weiß. Eine hübsche junge Frau mit lockigem Haar, großen Augen und zierlicher Nase blickte den Leser lächelnd an.

Ich beugte mich über den Artikel und las:

Der Großgrundbesitzer Simon Flaherty, wohnhaft auf Durley Abbey, vermisst seit fünf Tagen seine Ehefrau Finola Flaherty. Sie war von einem Kuraufenthalt an der Küste nicht wieder zurückgekehrt. Die Polizei führte eine großräumige Suchaktion auf den Ländereien Flahertys durch, doch ohne jeden Erfolg. Auch eine Befragung der Angestellten im Kurhotel ergab lediglich, dass Ms Flaherty zum geplanten Zeitpunkt abreiste. Danach verliert sich ihre Spur. Ob sie einem Verbrechen zum Opfer fiel oder einen Unfall hatte, ist nach Stand der bisherigen Ermittlungen noch offen. Flaherty beteuerte, keine Lösegeldforderung erhalten zu haben, sodass eine Entführung unwahrscheinlich ist. Dass Ms Flaherty ihrem Heim freiwillig fernbliebe, schließt Simon Flaherty aus. ›Wir führen eine harmonische Ehe. Die Theorie der Polizei, dass sie weggelaufen sei, ist abstrus. Es muss ein Verbrechen geschehen sein. Ich bitte alle, die meine Frau in den letzten Tagen gesehen haben – ob zufällig oder nicht – sich mit Hinweisen bei der hiesigen Polizei zu melden.‹

Der verantwortliche Chefermittler Doherty erklärte: ›Wir können nach heutigem Wissensstand keine Theorie ausschließen. Wir hoffen mit dem Ehemann, dass ein Verbrechen schnell ausgeschlossen werden kann. Sollten Sie Hinweise auf den Aufenthaltsort von Mrs Flaherty haben, kommen Sie bitte zu uns. Ms Flaherty ist 24 Jahre alt und von dünner Statur. Sie trug zuletzt einen grünen Wollmantel mit passendem Hut.‹

Verdutzt lehnte ich mich zurück. »Hm ...«

Maggie erwiderte: »Sag ich doch, das passt nicht wirklich. Das ist zu spät.«

Ich stimmte ihr nickend zu, doch innerlich war ich ganz anderer Meinung. Oh, und wie das alles passte. Eine reiche Frau, ein Aufenthalt in einem Hotel am Strand. Und dann noch der Name. Finola. Finola Flaherty. Ein Vor- und ein Nachname mit F.

Ich glaubte nicht an einen Zufall. Das hier musste meine unbekannte Briefeschreiberin sein. Die Person, die Angst davor gehabt hatte, dass ihr Ehemann sie umbringen würde. Und die vermisst wurde ...

Kapitel 5

Oder: Wie ich die Briefe verlor

»Hallo? Aoife, hallo? Sind Sie noch da?« Maggies Stimme riss mich jäh aus meinen Gedanken, und ich blinzelte mehrmals, um mich wieder ins Hier und Jetzt zu versetzen.

»Ja«, antwortete ich, »mir ging nur eben etwas durch den Kopf.«

Ich fuhr mir mit der Hand durch die Haare und sah Maggie an. »Sagen Sie, was wissen Sie über Durley Abbey?«

»Durley Abbey?«, wiederholte Maggie und schielte auf den Artikel, der zwischen uns auf dem Tisch lag. »Sagen Sie bloß, Sie sehen einen Zusammenhang zwischen dem Verschwinden dieser Mrs Flaherty und unserer unbekannten Toten? Wie gesagt, der Zeitraum passt überhaupt nicht …«

»Nein.« Ich schüttelte den Kopf. »Das sehe ich so wie Sie. Es passt nicht. Aber dennoch, irgendetwas interessiert mich an Durley Abbey.« Diese Lüge ging mir leicht von den Lippen. Ich interessierte mich brennend dafür. Wenn meine Theorie richtig war – und ich war überzeugt davon –, dann war Durley Abbey das Zuhause der mittlerweile nicht mehr ganz unbekannten Toten vom Strand.

»Hm«, machte Maggie und legte die Stirn in Falten. »Ich habe damals ein wenig darüber gelesen, aber mich dann dagegen entschieden, es in meine Arbeit aufzunehmen. Das Herrenhaus ist zwar recht groß, aber alles in allem wurde es nach dem damals üblichen Baustil errichtet und hat rein gar nichts Außergewöhnliches.« Sie warf mir einen entschuldigenden Blick zu.

Ich rückte den Stuhl nach hinten und stand auf. »Dann würde ich sagen, wir wären für heute hier fertig, oder? Ich lasse diesen Artikel noch schnell kopieren, dann können wir gerne wieder nach Hause fahren.«

Maggie nickte. »Das passt gut. In einer Stunde muss ich in der alten Dorfschule putzen.« Sie stand ebenfalls auf und warf sich ihre kleine neongrüne Umhängetasche über die Schulter. »Sie sind nicht zufällig schon dazu gekommen, mit Tom wegen einer Putzstelle im neuen Hotel zu sprechen?«, fragte sie noch, bevor ich zu Roger gehen und um eine Kopie bitten konnte.

Ich verzog entschuldigend das Gesicht. »Ich befürchte, Tom ist noch lange nicht so weit, sich um solche Details zu kümmern. Das Haus muss zuerst noch komplett saniert werden. Morgen beginnt der Elektriker, danach kommen die Fenster und dann ist der komplette Innenausbau dran. Aber ich verspreche Ihnen, dass wir als erstes an Sie denken werden.«

Ein kleines Lächeln erschien auf Maggies Gesicht. »Wir?«, fragte sie. »Scheint ja etwas Ernstes zwischen Ihnen beiden zu sein. Zu schade, Tom ist ein Prachtkerl.«

Mir klappte der Unterkiefer herunter und ich starrte sie sprachlos an.

Maggie zwinkerte mir zu und meinte leichthin: »Jetzt seien Sie mal nicht so schockiert! Das ist nichts Neues. Tom war viele Jahre begehrter Junggeselle in Ard Carraig, trotz seiner Noch-Ehe. Hat sich lange gesträubt, allen Bemühungen diverser Damen zum Trotz. Tja, bis Sie kamen. Ich kann Ihnen sagen, auf der Beliebtheitsskala stehen Sie nicht unbedingt ganz oben bei einigen Singlefrauen im Dorf.«

Ich lief rot an und stotterte: »Oh , ähm, ja. Das war keine Absicht. Es ist einfach ...«

»... passiert«, ergänzte Maggie. »Jaja, das sagen sie alle.« Sie seufzte tief. »Was soll's. Der Markt für nicht-verhaltensgestörte und zugleich halbwegs attraktive Männer war schon vorher nicht gerade üppig. Jetzt glotzen Sie nicht so irritiert. Finden Sie sich damit ab, dass Sie nicht die Einzige sind, die einen Blick auf Tom geworfen hat.«

Sie scheuchte mich mit einer Handbewegung in Richtung Roger.

Du meine Güte, was war denn das für eine Unterhaltung? Tom, der begehrteste Junggeselle Ard Carraigs? Konnte das möglich sein?

Ja, er sah gut aus. Und ja, er war ein herrlich unkomplizierter Typ. Und ebenfalls ja, er besaß zudem eine gute Portion Humor und war nicht verbissen. Nicht zu vergessen sein gut laufendes Pub, der ihn finanziell unabhängig machte. All das ließ mich schlussfolgern, dass er wohl auch in jedem anderen Ort Irlands ein nicht zu verachtender Leckerbissen gewesen wäre.

Wieso war mir das nie aufgefallen? Jäh erinnerte ich mich an Andrew, der eines Abends völlig überraschend in Toms Pub gestanden und ihn mit den Worten »Was kann er dir schon bieten« beurteilt hatte. Das war nicht nur einer der peinlichsten Momente in meinem Leben gewesen, sondern auch zugleich der Augenblick, in dem ich durch den direkten Vergleich mit dem weltgewandten und arroganten Andrew und dem bodenständigen, aber herzlichen Tom merkte, wie viel Tom mir bedeutete und wie sehr er mir in der kurzen Zeit der Suche nach dem Büchermörder ans Herz gewachsen war. Gott, welch Untertreibung! Seinetwegen hatte ich beschlossen, nicht nach Dublin zurückzukehren, sondern in einem klitzekleinen, der Außenwelt völlig unbekannten Dorf an der Südwestküste Irlands zu bleiben.

Mit einem immer noch hochroten Gesicht – ich spürte das Brennen auf meinen Wangen – bat ich Roger um eine Kopie des Artikels, und wenig später saßen Maggie und ich wieder im Auto auf dem Weg nach Hause. Meine Beifahrerin plapperte leichthin über dies und das, und ich bemühte mich sehr, ab und an eine Antwort einzustreuen, um nicht so zu wirken, als wäre mir das alles im Moment zu viel. Ich war heilfroh, als ich Maggie und ihr Geschnatter an der alten Dorfschule absetzen konnte und endlich daheim war.

Für meine Nachforschungen wäre es das Klügste gewesen, sofort in

Maggies Doktorarbeit das heute identifizierte Herrenhaus nachzuschlagen, nach dem Vormittag im Archiv verspürte ich jedoch wenig Lust dazu, mich schon wieder über eng bedruckte Seiten zu beugen. Ganz im Gegenteil. Ich schnappte mir einen Rucksack, packte sämtliche Unterlagen – Briefe, Zeitungsausschnitte, die Doktorarbeit – hinein und verließ das Haus keine Viertelstunde später wieder.

Da es erst kurz nach Mittag war, vermutete ich Tom in seinem zukünftigen Hotel. Und damit lag ich richtig. Als ich es nach einem kurzen Spaziergang erreichte, stand die Tür offen und zwei Autos parkten davor. Der schwarze, in die Jahre gekommene Transporter mit den vielen Aufdrucken bekannter Brauereien war Toms »Bierkutsche«, mit der er ab und zu sein selbst gebrautes Ale auslieferte. Das andere Fahrzeug kannte ich nicht, aber mit Sherlock-Holmes-artiger Deduktionsfähigkeit schloss ich aus dem großen Aufkleber »Electric Power«, dass dies der neu beauftragte Elektriker sein musste. Vermutlich gab es noch einige Dinge zu klären, bevor morgen die großen Umbauten beginnen konnten.

Ich betrat das Haus und hörte Tom mit einem Mann sprechen. Sie kamen soeben die Treppe vom ersten Stock herunter und verabschiedeten sich voneinander. Der Handwerker drückte sich an mir vorbei, ohne mich groß zu registrieren. Tom hingegen beachtete mich sehr wohl und sein typisches Grinsen erhellte sein Gesicht.

»Was machst du denn schon hier?«, fragte er und zog mich an sich. »Ich hatte dich frühestens heute Abend im Pub erwartet«, murmelte er in mein Haar.

Ich küsste ihn und murmelte ebenfalls: »Ich hab dich einfach vermisst.«

»So? Dabei haben wir uns erst gestern gesehen.«

»Das ist definitiv zu lange her«, antwortete ich und küsste ihn erneut. Auf die darauffolgenden Ereignisse möchte ich nicht näher eingehen. Kurz zusammengefasst: Es war leichtsinnig von uns, die Tür sperrangelweit geöffnet zu lassen. Und: Das zukünftige Lesezimmer würde ich fortan mit noch erfreulicheren Aktivitäten verbinden als mit Lesen und Ausruhen.

Später saßen wir eine Zeitlang vor dem Haus und blickten gemeinsam auf das Meer. Ich saß vor Tom und er hatte die Arme um mich gelegt.

Ich brach die Stille, indem ich sagte: »Ich habe einige Neuigkeiten für dich.«

Tom, der seine Nase in meinen Haaren vergraben hatte, grummelte vor sich hin. Ich drehte mich zu ihm, sodass ich ihm ins Gesicht sehen konnte und erwiderte: »Doch zuerst: Du hast mir gar nichts von deiner Popularität bei den hiesigen Junggesellinnen erzählt.«

Es klang wie ein Vorwurf, Tom erkannte jedoch den neckenden Tonfall in meiner Stimme. »Ähem«, machte er, und seine helle Hautfarbe näherte sich der Farbe seines roten Haares an. Grundgütiger, war dieser Mann zauberhaft. »Hm, was soll ich dazu sagen? Es war die Hölle«, grinste er und verteidigte sich, als ich ihn spielerisch in den Arm kniff. »Nein, wirklich«, sagte er. »Dass Chloe bei mir ausgezogen war und auch nicht wiederkam, sprach sich natürlich in Lichtgeschwindigkeit herum. In den nächsten Wochen kamen auffällig viele jüngere Dorfbewohnerinnen ziemlich aufgetakelt ins Pub und versuchten, mich in Gespräche zu verwickeln. Es war wirklich alles andere als schön. Ich geb's zwar zu, es war sehr schmeichelhaft für mein damals ramponiertes Ego, aber soll ich ehrlich sein? Diese Damen gingen dermaßen plump vor und ich wurde von wirklich allen Jungs im Pub aufgezogen, dass ich ernsthaft über ein Frauen-Verbot im Pub nachdachte.« Er grinste mich wieder an und ergänzte: »Ich hatte damals wirklich die Nase voll von deinen Genossinnen, das kannst du mir glauben. Hat sich auch nicht groß geändert, bis vor kurzem.«

»Ach ja?«

»Ja«, sagte Tom so ernst, dass ich mich wunderte. »Ich bin wirklich sehr froh, dass du ausgerechnet in dieses Dorf gekommen bist, Aoife. Geh nicht wieder fort.«

Unfähig zu antworten, nickte ich nur, und er küsste mich erneut.

Als wir uns wenig später etwas atemlos voneinander losrissen, fragte er mich: »Also, was sind das für Neuigkeiten, die du für mich hast?«

Ich räusperte mich und versuchte, wieder in die Realität zurück zu finden. »Sie ist tot«, sagte ich.

Tom blickte mich verwirrt an. »Wer ist tot?«, fragte er ungläubig.

»Finola.«

»Finola? Wer zur Hölle ist Finola?« Toms Ungläubigkeit verwandelte sich in Verwirrung.

»Ach Tom«, sagte ich, »jetzt sei doch mal nicht so begriffsstutzig. Finola. Unsere unbekannte Briefeschreiberin, die immer mit F unterzeichnet.«

Tom riss die Augen auf. »Was? Heißt das etwa, du hast herausgefunden, wer die Briefeschreiberin ist? Wahnsinn! Wie?«

»Warte kurz, ich hole mal eben den Zeitungsartikel«, antwortete ich und entwand mich seiner Umarmung, um meinen Rucksack zu holen. Wenige Augenblicke später hielt ich Tom den Ausdruck vor die Nase und setzte mich wieder neben ihn. »Hier, lies.«

Er nahm mir das Blatt Papier aus der Hand und seine Augen flogen nur so über die Zeilen. »Hmm«, machte er, und meine Laune sank, denn ich hörte seine Skepsis.

»Was?«, antwortete ich und schaffte es nur mit Mühe, nicht gereizt zu klingen.

»Also, erst mal wird die Frau hier nur vermisst. Wir sollten zunächst prüfen, ob sie später nicht doch wieder aufgetaucht ist. Wer weiß, vielleicht war sie ja in einen Unfall verwickelt und lag zu der Zeit im Krankenhaus.«

Ich schnaubte empört. »Das glaubst du doch selbst nicht, oder? Sie wurde seit fünf Tagen vermisst. Der Zeitraum passt. Ihr Name, sowohl Vor- wie auch Nachname beginnt mit F. Und sie hatte Angst vor ihrem Ehemann. Meinst du wirklich, das ist ein Zufall?«

»Nicht die Frau aus dem Artikel hatte Angst vor ihrem Mann. Die Frau aus den Briefen. Wir wissen nicht sicher, ob diese Personen identisch sind.« Toms Logik war unbestreitbar, und dennoch. Ich wusste einfach, dass Finola diese Briefe geschrieben hatte.

Da ich nichts sagte, fuhr Tom fort: »Vielleicht wäre es das Beste, wenn du versuchst herauszufinden, was aus dieser verschwundenen Finola wurde. Ob sie wieder aufgetaucht ist oder ob der Aufenthalt im Hotel ihr letztes Lebenszeichen war.«

Ich nickte nachdenklich. »Ja, ich denke, das ist vielleicht nicht die schlechteste Idee. Ich bin zwar überzeugt davon, dass meine Theorie stimmt – nenne es weibliche Intuition oder sonst etwas –, aber du hast recht. Ich sollte meine Theorie auch beweisen können.«

Tom faltete die Briefe gedankenverloren zusammen und fragte: »Was hast du jetzt vor?«

Ich nahm ihm die Briefe aus der Hand und ließ sie wie Spielkarten durch meine Finger gleiten. »Hm, jetzt denke ich erst einmal nach. Noch habe ich keinen Plan, aber ich verspreche dir, du wirst der Erste sein, der davon hört.«

Er grinste mich spitzbübisch an und sagte: »Das will ich doch hoffen.« Dann erhob er sich mit einem Ächzen und streckte sich. »Ich befürchte, ich muss langsam wieder ins Pub. Die Leute beschweren sich schon, dass ich meine eigenen Öffnungszeiten nicht mehr einhalte. Vielleicht sollte ich Rory ein wenig mehr Verantwortung übertragen. Er ist der zuverlässigste Mitarbeiter, den ich je hatte. Und das in seinem Alter.«

Da ich noch etwas am Strand bleiben wollte, blieb ich sitzen und sah von unten zu Tom hinauf. »Dieser Junge ist ein Goldstück. Ich glaube schon, dass du ihm auch außerhalb der Küche etwas mehr Aufgaben geben könntest.«

Tom beugte sich zu mir herab und gab mir einen Kuss auf die Stirn. »Kommst du nachher vorbei?«

»Natürlich«, erwiderte ich, und bevor er sich abwenden und zu seinem Auto gehen konnte, warf ich noch ein: »Ach übrigens, Maggie hat sich erneut erkundigt, wie es mit einem Putzjob im zukünftigen Hotel aussieht.«

»Oh Gott, dieses Hotel existiert noch nicht einmal, und schon will alle Welt einen Job darin.« Tom stöhnte.

Fragend zog ich die Augenbrauen in die Höhe.

»Miles könnte sich gut vorstellen, als Hausmeister tätig zu sein, wobei ich stark bezweifle, dass er mit seiner künstlichen Hüfte auch nur eine einzige durchgebrannte Lampe wechseln könnte. Joseph bot mir an, Gepäcktransfers zum Flughafen oder zum Bahnhof zu übernehmen. Und ich habe diverse Angebote einiger Damen, die den Telefondienst für die Buchungen machen wollen.«

Ich kicherte. »Ich sehe schon, dass wird nicht dein Hotel werden, sondern ein gemeinschaftliches Projekt von Ard Carraig.«

»Ja, ich befürchte, einige sehen das so. Die einzige Person, die ich bislang wirklich in absehbarer Zeit brauchen könnte, ist Petula für die Gartengestaltung, und ausgerechnet die reagiert eher verhalten.«

»Was? Warum denn das? Ich hätte gedacht, sie würde sonst etwas geben, um außerhalb ihres üblichen Wirkungsbereichs mitmischen zu können.«

Tom prustete. »Dachte ich auch, aber offenbar hat sie etwas vor. Was genau, wollte sie mir nicht verraten, nur dass sie sich nicht sicher sei, ob sie in den nächsten Wochen Zeit erübrigen könne.«

»Na, sie wird uns schon noch früh genug davon erzählen.«

Tom verabschiedete sich nun endgültig und ließ mich allein am Strand zurück. In der Ferne sah ich einen Mann mit seinem Hund spazieren gehen, ansonsten war niemand zu sehen. Ich nahm erneut alle Briefe zur Hand, ordnete sie, soweit das möglich war, chronologisch und las zum wiederholten Male die Korrespondenz zwischen F – nein, ermahnte ich mich selbst, nicht F, sie hatte mittlerweile einen Namen, Finola – und C.

Wer war C? Es war die Frage nach seiner Identität, die mich im Moment am meisten umtrieb. Doch eins nach dem anderen. Zunächst sollte ich, wie Tom vorgeschlagen hatte, verifizieren, dass F wirklich Finola war.

Ich ging meine Optionen durch. Internet. Zeitungsarchiv. Das Haus selbst. Überall dort konnte es Hinweise auf den weiteren Verbleib von Finola geben. Eine Internetsuche war naheliegend, also würde ich damit starten.

Ich nahm mein Smartphone zur Hand und gab den Suchbegriff »Finola Flaherty« in die Suchmaske ein. Google spuckte mir nur wenige Ergebnisse aus, und bereits beim ersten groben Scannen der Antworten sah ich, dass sie mich nicht weiterbrachten. Finola Flaherty war eine derzeit angesagte Country-Sängerin in Neuseeland, die gerade ihre nächste Tour promotete. Die schied eindeutig aus.

Die nächste Finola Flaherty war eine Frau in mittlerem Alter, die eine Safaritour durch Afrika machte und ihre Erlebnisse in einem Blog dokumentierte. Auch das, beneidenswert, aber für mich nicht relevant.

Die anderen Ergebnisse bezogen sich lediglich auf den Familiennamen Flaherty und lieferten mir genau die Bandbreite an Ergebnissen, die ich von diesem recht weit verbreiteten Namen erwartet hatte: Der Kommunalpolitiker Flaherty sprach sich gegen die Senkung der Promillegrenze im öffentlichen Straßenverkehr aus. Der Milchbauer Flaherty organisierte das jährliche Kuh-Kot-Bingo (was auch immer das sein mochte) und spendierte als Preis eines seiner preisgekrönten und mit zertifiziertem Stammbaum nicht alltäglichen Kaninchen. Schulmädchen M. Flaherty hatte im letzten Semester das naturwissenschaftliche Quiz im Schulbezirk gewonnen, und ein hochbetagter Pfarrer Flaherty bedankte sich bei seinen Schäfchen, bevor er sich zur Ruhe setzte.

Und so weiter, und so weiter. Entnervt steckte ich mein Smartphone zurück in den Rucksack. Das Internet brachte mich nicht weiter. Blieben noch das Zeitungsarchiv sowie das Herrenhaus, das im Artikel erwähnt wurde. Beim Zeitungsarchiv weiterzumachen wäre logisch gewesen, und vermutlich hätte ich nach stundenlangem Wühlen durch Berge alten Papiers auch Antworten gefunden. Ein Herrenhaus war jedoch ungleich spannender als das triste Zeitungsarchiv im Keller. Ich schloss einen Deal mit mir selbst: Wenn das Herrenhaus einen öffentlich zugänglichen Bereich hatte – und darauf spekulierte ich nach Maggies kurzer Erzählung – würde ich morgen einen Ausflug dorthin machen.

Energisch stapelte ich alle Papiere aufeinander und räumte sie zurück in den Rucksack. Mein Magen meldete sich vernehmlich. Seit einem hastig heruntergeschlungenen Müsli heute Morgen hatte ich nichts mehr gegessen. Rory hatte für heute sicher wieder etwas Köstliches geplant.

Und so öffnete ich wenig später nicht die Tür zu meinem Cottage, sondern die zum Pub. Es war früher Nachmittag und es saßen bereits einige Gäste an den Tischen und genossen ein spätes Mittagessen, ein frühes Abendessen oder ein Guinness, je nach Blickwinkel. An einem der Tische an der Fensterfront saßen Mary und Petula. Ich musste zweimal hinsehen, und tatsächlich, es war Petula, meine Nachbarin. Sie war nicht gerade als regelmäßiger Gast im Pub bekannt, sodass ich umso erstaunter war, sie hier zu entdecken. Beide Frauen hatten einen Kaffee sowie zahlreiche Dokumente und Ausdrucke vor sich und waren in ein Gespräch vertieft. Ich überlegte, ob ich sie stören und begrüßen sollte. Um ein Haar hätte ich mich wieder abgewandt, da das Gesicht meiner Nachbarin einen ihrer üblichen strengen Ausdrücke aufwies und ich ungern Opfer ihres missbilligenden Blickes werden wollte. Doch Mary entdeckte mich und winkte mir zu. Widerstrebend näherte ich mich den beiden.

Beide Damen waren früher an der ehemaligen Dorfschule beschäftigt gewesen. Mary als Lehrerin, Petula als Schulleiterin. Tatsächlich sah man ihnen ihre ehemalige Arbeit heute noch an. Sie saßen dermaßen gerade auf ihren Stühlen, dass es schon beinahe unnatürlich wirkte. Beide waren gut gekleidet in einen stilsicheren Mix aus hellen Wollhosen und dezent gemusterten Blusen. Petula trug zudem eine dünne wattierte Weste und eine dezente, aber verdammt echt aussehende zweireihige Perlenkette und balancierte ihre randlose Nickelbrille weit vorne auf der Nase.

»Hallo, Aoife«, begrüßte mich Mary warm. »Wie geht es Ihnen? Wir haben uns ja ewig nicht mehr gesehen.« Sie lächelte mich an und legte das schmale Heftchen, das sie in der Hand hielt, zur Seite.

Petula, die mich erst bemerkte, als Mary mich ansprach, blickte über ihre Brille von unten zu mir herauf. Ihr stahlgrauer Blick maß mich eine winzige Sekunde lang abschätzend, bevor auch sie sich zu einer schmallippigen Begrüßung herabließ.

Auch wenn wir während der Vorfälle der Büchermorde so manches Mal miteinander zu tun gehabt und auch einiges gemeinsam durchgemacht hatten, so richtig grün und sympathisch waren wir uns auch heute noch nicht. Ich vermutete, dass sie es mir schlicht und ergreifend übelnahm, die Autorin ihrer Lieblingsbücher zu sein. Ich – eine Person, der sie von vornherein schon nicht die größte Sympathie entgegengebracht hatte. Ich war die Urheberin ihrer ach so geliebten Lady-Huntington-Reihe. Über die sie einen Blog führte und einen Fanclub betrieb.

Dennoch, sie hatte sich in den letzten Wochen darum bemüht, mir nicht allzu sehr auf die Nerven zu gehen.

Ich trat einen Schritt näher heran und deutete auf das bunte Sammelsurium auf dem Tisch. »Was machen sie beide denn da? Sieht wie ein literarisches Puzzle aus. Wird das die neue Ausgabe der Dorfzeitung?«

Mary grinste über diesen Vergleich und antwortete: »Nein, nicht ganz. Die nächste Ausgabe wird noch ein wenig auf sich warten lassen müssen. Wir arbeiten momentan an einem größeren Projekt.«

»Mary!«, zischte Petula erzürnt und warf ihrem Gegenüber einen strengen Blick zu. »Wir wollten das doch unter uns …«

»Ach, papperlapapp«, unterbrach Mary ihre ehemalige Kollegin lachend. »Das wird doch sowieso bald jeder mitbekommen.« Sie wandte sich wieder mir zu. »Wir schreiben ein Buch!« Sie strahlte verschwörerisch.

»Ein Buch?«, echote ich. »Wow, zu welchem Thema denn?«

Petula machte Anstalten, sämtliche Papiere an sich zu reißen und aus dem Pub zu stürmen.

»Jetzt beruhige dich, Petula. Hättest du nicht gewollt, dass ganz Ard Carraig über unser Projekt Bescheid weiß, hättest du nicht vorgeschlagen, dass wir uns im Pub treffen.« Sie schenkte meiner Nachbarin über den Tisch hinweg ein wissendes Lächeln, bevor sie sich wieder zu mir herumdrehte. »Wissen Sie, wir haben über die Jahre so viele positive Rückmeldungen zu unserer Dorfzeitung bekommen, dass langsam der Entschluss in uns gereift ist, ein Buch herauszugeben. Ein Buch, in dem die komplette Geschichte Ard Carraigs zusammengefasst ist.«

Petula nippte verstimmt an ihrem Kaffee und hatte sich leicht von uns abgewandt.

Bedächtig nickte ich, räusperte mich kurz und wandte dann ein: »Oh, das ist wirklich ein überaus spannendes Projekt. Aber sagen Sie mal, gibt die Geschichte des Dorfes denn so viel her, dass Sie daraus ein ganzes Buch machen können?« Ich schickte diesen Worten ein entschuldigendes Lächeln hinterher, um sie abzumildern.

Mary zwinkerte mir zu und grinste.

Petula hingegen ließ ein entrüstetes Schnauben hören und polterte los: »Also ich glaube, Sie unterschätzen uns gewaltig. Ard Carraig mag zwar klein sein und für das Weltgeschehen vielleicht von nicht allzu großer Relevanz« – die Untertreibung des Jahres – »doch können wir dennoch auf turbulente Zeiten zurückblicken. Das ist vielleicht für jemanden von außerhalb nicht nachvollziehbar, aber für viele von uns hat es Bedeutung. Sag doch auch mal was«, raunte sie in Richtung Mary.

Diese nickte unterstützend. »Ja, Petula hat recht. Viele Dorfbewohner finden es schön, wenn wir ihre Geschichten aufschreiben und an Geschehnisse erinnern, die in kein anderes Geschichtsbuch Eingang erhielten. Und ich muss sagen, dafür, dass wir hier im Nirgendwo leben, passiert doch ziemlich viel Spannendes. Unser Dorf hat einen Diakon hervorgebracht, einen Mann, der beinahe bei den Olympischen Spielen mitgemacht hätte, hätte ihm nicht ein Blinddarmdurchbruch fast das Lebenslicht ausgepustet; wir werden bald Teil eines großen Wanderweges werden …«

»Ach, du erzählst nur das Langweilige«, unterbrach Petula verärgert. »Das sind vielleicht Dinge, die man auf einer Website schreiben würde, aber unsere Leser interessieren sich für die Dramen und Skandale, die hier passiert sind.«

»Dramen und Skandale? Hier in Ard Carraig? Na, ich weiß nicht so recht …«, warf ich ein.

»Tja, Sie sind eben nicht von hier«, begann Petula. Dann zählte sie auf: »Es gibt zum Beispiel eine hiesige Legende aus dem späten Mittelalter, nach der ein junges Mädchen sich in den Tod stürzte, weil es nicht den heimlichen Geliebten, sondern einen deutlich älteren Mann hätte ehelichen sollen. Einer anderen Überlieferung zufolge verkaufte ein Schuhmacher seine Seele an den Teufel, damit dieser ihm die Fähigkeit verlieh, die besten Schuhe zu machen. Während der großen Hungersnot wurde eine Familie samt Kleinkindern von ihren Nachbarn erschlagen, weil sie das Geld für Tickets für die Überfahrt nach Amerika zusammengespart hatte. Und der einohrige Dieb Rufus, der jahrelang in beinahe jedes Haus einbrach und letztlich von einem Wachhund totgebissen wurde. Der kleine Junge, der während des zweiten Weltkriegs im Meer ertrank, und der junge Mann, der fälschlicherweise des Mordes verdächtigt wurde. Sie sehen also, unser Dorf brachte die verschiedensten Geschichten und Schicksale zutage, und ich kann versichern, dies ist nur ein kleiner Auszug.«

Und nicht zu vergessen, die vermutlich tragisch endende, aber nicht allgemein bekannte Geschichte zwischen Finola und dem unbekannten C, dachte ich.

Petula holte nach ihrem Monolog tief Luft und sah mich herausfordernd an.

Ich hob abwehrend die Hände. »Okay, ich gebe mich geschlagen und Ihnen recht. Es sieht so aus, als ob auch ein kleiner Ort wie Ard Carraig eine sehr lebhafte Vergangenheit haben kann. Und wissen Sie was? Ich freue mich schon jetzt auf die Lektüre.«

Petula zog ihren Mundwinkel ein paar Millimeter nach oben und ihr Blick wirkte nicht mehr ganz so zitronig.

»Sagen Sie mir Bescheid, wenn Sie einen Testleser benötigen. Ich habe durchaus ... hrmpf ... etwas Erfahrung damit«, warf ich noch ein, bevor ich an die Bar floh. Ein wieder deutlich giftigerer Geschichtsausdruck von Petula verfolgte mich.

Ich ließ mich auf meinem Stammplatz nieder und verstaute den Rucksack zu meinen Füßen. Tom hatte mich natürlich längst entdeckt und mir fürsorglich ein kaltes Glas Cider eingeschenkt und vor mich hingestellt. Ein Geschenk des Himmels, dieser Mann.

»Was gibt es denn heute zu essen?«, fragte ich statt einer Begrüßung. »Ich gehe gleich ein vor Hunger.«

Tom, der soeben einige Gläser poliert hatte, warf sich sein Handtuch über die Schulter und witzelte: »Gib es zu, wenn Rory auch nur ein paar Jahre älter wäre, du hättest mich doch schon längst seinetwegen verlassen.«

Ich lachte. »Hey, du hast mir doch auch schon ganz annehmbare Gerichte vorgesetzt. Ich erinnere mich an das sagenhafte Irish Stew nach dem Rezept deiner Oma oder diese unglaublich köstlichen Muscheln ....« Nur mit Mühe konnte ich ein Sabbern unterdrücken.

Tom beugte sich zu mir herab und stützte sich mit seinen Unterarmen auf dem dunklen Holz der Theke ab. »Was hältst du davon, wenn wir bald einen Abend freimachen und gemeinsam mit einer schönen Flasche Wein etwas Leckeres zaubern? Ich garantiere auch einen sagenhaften Nachtisch ...« Er zwinkerte mir zu.

»Das hört sich gut an.«

Doch zuvor würde Rory einspringen müssen. Als ich Tom erneut und inzwischen etwas quengelig nach dem heutigen Tagesessen fragte, verwies er mit einer Handbewegung in eine der ruhigeren Ecken des Pubs. Dort waren die Tische kleiner und das Tageslicht aus dem vorderen Teil des Pubs drang kaum bis in diesen Bereich vor. Meist tummelten sich dort die Frischverliebten, weil sie so unter sich bleiben konnten.

Ich lehnte mich zurück, um besser ins Halbdunkel spähen zu können. Dort saß Rory an einem der Tische, er war also nicht in der Küche, um mir eines seiner schmackhaften Gerichte zu zaubern. Und er war nicht allein. Ihm gegenüber saß Lizzie. Soeben beugte sie sich verschwörerisch zu ihm hinüber und sprach, zwar unhörbar für mich, aber doch sichtbar leidenschaftlich auf ihn ein. Ihre Körpersprache war eindeutig. Lizzies Gesicht war von einem flammenden Rot überzogen, und auch Rory hatte etwas Farbe auf den Wangen. Ihre Hände lagen nur wenige Zentimeter voneinander entfernt auf der Tischplatte und ihre Bewegungen schienen sich zu spiegeln. Lizzie fuhr sich spielerisch durch die Haare, und wenig später zupfte auch Rory an den dunklen Fransen, die ihm ins Gesicht fielen.

»Oha«, kommentierte ich das Geschehen. »Was ist denn da los?«

Tom seufzte tief. »Ich weiß nicht, ob mir das gefällt. Lizzie sucht etwas zu sehr die Nähe zu Rory. Das läuft schon seit Tagen so. Sonst nutzt sie jede Chance, dem Pub fernzubleiben, aber seit Neuestem werden sogar die Hausaufgaben hier gemacht. Absolut untypisch. Ich glaube, sie ist ein wenig im Rory verliebt.«

»Aber du magst Rory doch.«

»Ja, natürlich mag ich Rory. Er ist ein feiner Kerl. Aber ich kenne ihn noch nicht lange, und bis auf die vagen Andeutungen über sein Leben auf der Straße weiß ich nichts über ihn. Ich habe keine Ahnung, wer er ist.«

»Tom Harding, stellst du dich gerade als Spießer heraus? Lass die beiden doch einfach mal machen. Vielleicht entwickelt sich etwas, vielleicht auch nicht. Sie sind in dem Alter, in dem sie ruhig ein wenig experimentieren dürfen.«

»Na, hör mal«, erwiderte Tom entrüstet. »Rory ist beinahe zwanzig, und Lizzie ist sechzehn.«

Nachsichtig lächelte ich. »Jetzt übertreib mal nicht. Rory ist neunzehn, und Lizzie wird nächsten Monat siebzehn. Mädchen sind in diesem Alter den Jungs weit voraus. So gesehen sind sie im gleichen Alter. Du glaubst doch wohl nicht, dass ich damals mit gleichaltrigen Jungs ausgegangen bin? Das waren gefühlt Kinder, vom Verhalten her.«

Tom grummelte etwas vor sich hin und beäugte erneut seine Tochter und seinen Koch. Mittlerweile war Lizzies Hand noch weiter zu

Rorys gewandert. Es trennten sie nur noch wenige Zentimeter von einer Berührung. So wie ich es einschätzte, ging die Initiative unmissverständlich von Lizzie aus. Bevor es jedoch zu einer Verkettung unvorhergesehener Ereignisse kommen konnte, tönte plötzlich Toms Stimme durch das Pub.

»Rory? Kommst du bitte? Ich glaube, deine Mittagspause ist vorbei, und es gibt Gäste, die würden gerne etwas essen.«

Erschrocken riss Rory seinen Kopf nach oben, der eine noch dunklere Färbung annahm. Er sprang beinahe von seinem Stuhl und hastete, ohne Lizzie noch eines Blickes zu würdigen, zu Tom.

Verlegen lächelte er uns zu und sagte: »Sorry, es war keine Absicht. Lizzie ... hat mir bei einem neuen Rezept geholfen.«

»Soso«, murmelte Tom. »Ich wusste gar nicht, dass Lizzie ein heimliches Kochgenie ist.«

Seine Tochter saß noch am Tisch, sie sah eindeutig verärgert aus und verzog die Stirn. Ihre Hand, die eben noch auf dem Weg zu Rorys Hand gewesen war, war nun zu einer festen Faust geballt.

»Würdest du einmal das Tagesessen für Aoife kochen?«, bat Tom, und Rory, froh dieser unangenehmen Situation in vertraute Gefilde entfliehen zu können, eilte mit einem Nicken in die Küche.

»Sei nicht zu streng mit dem armen Kerl«, mahnte ich Tom, »sonst stehst du nämlich bald wieder selbst in der Küche, und das neben deinem Hotelprojekt.« Tom murmelte etwas Undeutliches, und ich fügte hinzu: »Ich weiß übrigens, was dieses ominöse Projekt ist, an dem Petula momentan arbeitet und wegen dem sie dir für die Gartengestaltung noch keine Zusage gemacht hat.«

Meine Worte weckten Toms Interesse, und so setzte ich ihn, während ich auf mein Essen wartete, in Kenntnis. Er pfiff durch die Zähne.

»Ambitioniert«, kommentierte er die Pläne der ehemaligen Lehrerinnen. »Aber wenn es einer packen kann, dann die beiden. Und dass sie Talent zum Geschichten ausgraben haben, beweisen sie ja mit der regelmäßigen Dorfzeitung.«

Der restliche Nachmittag verlief ruhig. Nach einem köstlichen

Curry, das Rory mir innerhalb kürzester Zeit zauberte, half ich Tom ein wenig hinter der Theke. Es wurde betriebsam, blieb jedoch übersichtlich. Während Tom immer wieder kurz in sein Büro verschwand, um zu telefonieren oder eine vergessene E-Mail zu schreiben, schenkte ich Ale, Guinness oder Whisky aus und plauderte kurz mit dem einheimischen Volk. Ich hatte das Gefühl, mehr und mehr dazuzugehören. Dadurch, dass ich recht oft im Pub anzutreffen war, wurde ich für die Menschen zu einer Konstanten. Zwar würde ich für den Rest meines Lebens die Neue hier bleiben, aber ich war dennoch Teil von Ard Carraig. Damit konnte ich gut leben.

Obwohl ich meine Entscheidung, vorerst nicht nach Dublin zurückzukehren, nicht bereute, hatte ich mich noch nicht dazu durchgerungen, meine Zelte in meiner Heimatstadt komplett abzubrechen. Wollte ich auf ewig in Ard Carraig bleiben? Ich wusste, ich drückte mich vor einer Antwort, wo eigentlich keine Frage war. Ich schob den Gedanken von mir. Ich würde mich der Frage ein andermal stellen.

Nachdem Tom wieder hinter der Bar stand, zog ich mein Smartphone für eine weitere Google-Suche hervor. Ich wollte herausfinden, ob Durley Abbey einen öffentlich zugänglichen Bereich hatte. Davon wäre mein Plan morgen nämlich abhängig. Und tatsächlich, Durley Abbey war sogar fast komplett zugänglich – die Ausnahme bildete ein kleiner Teil des Gebäudes, in dem der Schlossherr wohnte – und beherbergte sowohl eine Ausstellung als auch eine Präsenzbibliothek. Wunderbar. Schnell überprüfte ich mittels Routenplaner den Weg dorthin. Die Reise würde mich mehr als zwei Stunden hauptsächlich über Landstraßen dorthin führen, sodass ich nicht allzu spät starten sollte.

Ich brachte Tom bezüglich meiner Pläne auf den neuesten Stand. Er befürwortete mein Vorhaben, aber ich hatte den Eindruck, als wäre er nicht ganz bei der Sache. Kein Wunder, immerhin würde morgen der Elektriker mit dem Austausch der Leitungen beginnen, und ich konnte verstehen, dass Tom ein wenig nervös war. Bislang hatte es zwar noch keine bösen Überraschungen im zukünftigen Hotel gegeben, aber ich vertraute da ganz auf das Schicksal. Es würde – zuverlässig wie immer – garantiert noch zuschlagen.

Als es im Pub deutlich ruhiger wurde, beschloss ich, nach Hause zu gehen, und verabschiedete mich von Tom.

Nachdem ich ihm einen langen Kuss gegeben hatte, sagte ich: »So leid es mir tut, aber ich denke, es ist besser, wenn ich heute bei mir daheim schlafe. Ich werde morgen zeitig aufstehen und brauche meinen Schönheitsschlaf. Gibst du mir bitte meinen Rucksack? Dann bin ich auch schon weg.« Ich hatte den Rucksack am Nachmittag unter den Barhocker gelegt, wo er sich nicht mehr befand. Tom, der Treue, rettete mein Gepäck regelmäßig vor den Gästen hinter seinen Tresen.

Tom küsste mich zurück, murmelte: »Du bist heute aber ganz schön vernünftig. Ich hasse das«, und grinste.

»Ich auch. So, und jetzt hätte ich gerne meinen Rucksack wieder.«

Er löste sich von mir und meinte: »Deinen Rucksack? Welchen denn?«

»Wie welchen denn?«, fragte ich. »Na den, den du für mich weggeräumt hast.«

Irritiert sah er mich an. »Ich habe deinen Rucksack nicht angerührt.«

Ich wich zurück. »Was?« Hastig drehte ich mich um und sah nochmals unter dem Stuhl nach. Nichts. Ich eilte hinter die Theke und blickte im Fußraum umher. Auch hier: kein Rucksack.

»Tom!«, rief ich aufgebracht. »Er ist weg. Scheiße! Der Rucksack ist weg!«

Während er sich ebenfalls umblickte, versuchte Tom mich zu besänftigen. »Jetzt mal ganz ruhig. Er muss hier doch irgendwo sein.«

Ich atmete tief durch, ohne Wirkung. »Verdammt, das gibt es doch nicht. Da waren sämtliche Briefe und Zeitungsausschnitte drin. Alle Unterlagen«, zischte ich.

Tom erblasste leicht. »Oh nein!«

»Doch. Verdammt, verdammt, verdammt. Warum war ich nur so

blöd und habe alles mitgenommen?« Verärgert schlug ich mit der Faust gegen das harte Holz der Theke.

Systematisch blickte Tom sich im Pub um. Mein Rucksack war zwar mausgrau und unscheinbar, aber dennoch weder klein noch unsichtbar. Wäre er noch im Pub gewesen, wir hätten ihn gefunden. Tief in mir drin wusste ich längst: Mein Rucksack würde verschwunden bleiben. Irgendjemand hatte ihn gestohlen.

Was für ein dummer Zufall. Weshalb ausgerechnet mein Rucksack? Viel Geld hatte ich nicht dabei gehabt, mein Smartphone steckte in der Jackentasche, sodass außer dem bisschen Bargeld und der Kreditkarte, die ich sofort würde sperren lassen, nichts zu holen war. Der Dieb würde mit den Briefen nichts anfangen können und sie vielleicht direkt entsorgen.

Frustriert stöhnte ich auf. So ein gottverdammter Mist. Die Schlüssel zum Cottage waren natürlich auch im Rucksack. Und Maggies Unterlagen. Sie würde mich umbringen.

Tom kam zu mir zurück und schüttelte den Kopf. »Nichts. Er ist tatsächlich weg.«

Ich ließ den Kopf hängen, und Tom strich mir über die Haare. »Sollen wir die Polizei rufen?«

Mir blieb nur zu nicken, und Tom trat hinter die Theke, um sein Telefon zu holen.

»Moment, was ist denn das da?«, fragte er und hob etwas hoch.

Ich blickte auf und sah, dass er einen ledernen Geldbeutel in der Hand hielt. Ich erkannte ihn sofort.

»Was?«, murmelte ich irritiert. »Wo hast du den her?«

Er deutete in die Ecke, in der auch das Pubtelefon stand. »Er lag hier. Und sieh mal, sind das nicht deine Schlüssel?«

Tatsächlich.

Verwirrt sahen wir uns an, bevor Tom das irritierte Schweigen brach: »Was soll das? Wieso klaut dir jemand den Rucksack, räumt aber vorher die Wertgegenstände aus? Das ergibt doch gar keinen Sinn.«

Leider war ich gar nicht Toms Meinung. Für mich ergab es Sinn.

Sehr sogar. »Doch, Tom«, sagte ich nüchtern. »Irgendjemand wusste von den Briefen und wollte sie unbedingt haben. Irgendjemand hat die Briefe gestohlen.«

Kapitel 6

Oder: Ein aufschlussreicher Nachmittag auf Durley Abbey

Der Diebstahl der Briefe warf mich völlig aus der Bahn, und beinahe hätte ich den Ausflug nach Durley Abbey abgeblasen. Wie sollte ich nur Maggie beibringen, dass ich ihre Dissertation auf dem Gewissen hatte? Ich war mir zwar sicher, dass sie eine digitale Kopie davon besaß, doch alle Unterlagen, alles an Vorrecherche war weg. Sie würde mich umbringen, und ich konnte das voll und ganz verstehen.

Gestern Abend war ich in Tränen aufgelöst gewesen, und wenn Tom mich nicht getröstet hätte, hätte ich wohl die ganze Nacht kein Auge zugetan. Als wir auch nach einem erneuten Rundgang durch das Pub, die Küche und sogar die sanitären Einrichtungen keinen der vermissten Briefe fanden, nahm er mich in den Arm und murmelte beruhigende Worte in mein Haar. Ich weiß nicht mehr, was er sagte, aber allein wie er es sagte, hatte eine tröstende Wirkung auf mich. Ich war dermaßen am Boden zerstört gewesen, dass er darauf bestand, mich nach Hause zu bringen, mir daheim noch einen Kräutertee zu machen und mich ins Bett zu bringen. Wo ich sonst kaum die Finger von ihm lassen konnte, war ich diesmal zu nichts anderem in der Lage, als mich unter meiner Bettdecke zu einer Kugel zusammenzurollen und zu hoffen, schnell einzuschlafen.

Was mir natürlich nicht vergönnt gewesen war. Weshalb sollte es auch? Zwei Dinge gingen mir besonders im Kopf herum. Erstens: Wieso stahl jemand diese Briefe? Es war mir völlig unklar, weshalb es jemanden da draußen gab, der Interesse daran hatte. Okay, es war eine ziemlich pikante Geschichte, die sich da abzuzeichnen schien, aber wer zur Hölle war darin involviert? Und wer hätte die Gelegenheit zu diesem Diebstahl gehabt? Wer wusste überhaupt von den Briefen? Weder Tom noch ich hatte mit irgendjemanden über unseren Fund gesprochen. Hatte Maggie irgendetwas mitbekommen? War Maggie vielleicht unsere Tatverdächtige Nummer Eins? Doch so sehr ich es auch drehte und wendete: Sie wirkte auf mich weder verdächtig, noch traute ich ihr einen Diebstahl zu. Aber wer hätte es sonst sein können?

Zweitens: Ich musste mir eingestehen, dass ich mehr als nur neugierig war, was die Briefe und deren Geschichte anging. Nein, ich hatte mittlerweile eine kleine Obsession entwickelt. In den letzten Tagen hatte ich kaum einen Gedanken an mein neues Buch und die bald anstehenden Korrekturen verschwendet. Völlig untypisch. Genauso wenig war ich damit beschäftigt gewesen, an der Handlung des Nachfolgebandes zu tüfteln, wie ich es sonst nach einem abgeschlossenen Projekt tat. Nichts. Meine Gedanken kreisten um die Briefe, um Finola, um den noch unbekannten C und um ihre gemeinsame Geschichte. Und sie kreisten darum, wie ich die Wahrheit ans Licht bringen konnte.

Jäh begriff ich, dass es mir wichtig war, herauszufinden, was passiert war. Dass mich die Worte in den Briefen so sehr berührt hatten, dass ich unbedingt wissen wollte, ob die Liebesgeschichte der Beiden in einem gemeinsamen Happy End mündete oder in Trostlosigkeit und Tod. Ich würde nicht eher an meinen Büchern arbeiten können, bevor ich nicht dieses Rätsel gelöst hatte.

Und ich stellte – zu meinem eigenen Erschrecken – ebenfalls fest, dass sich die Worte der Briefe in meiner Erinnerung langsam aufzulösen begannen, obwohl ich sie zigmal durchgelesen und mir ihren Wortlaut einzuprägen versucht hatte und der Meinung gewesen war, sie beinahe auswendig rezitieren zu können. Tatsächlich konnte ich mich nicht mehr daran erinnern, welcher Satz von Finola und welcher von C geschrieben worden war. Welche Reihenfolge ich den undatierten Briefen anhand von logischen Überlegungen und dem Beschriebenen zu geben versucht hatte. Wie die Sätze aufgebaut waren. Alles verschwamm, umso mehr wie ich mich besonders bemühte, mich zu erinnern.

Irgendwann im Laufe dieser Nacht, die ich mehr wach als schlafend verbrachte, zog ich mir genervt die Bettdecke über das Gesicht und versuchte, meinen Geist komplett zu leeren und mich nur noch auf meine Atmung zu konzentrieren, auf die Geräusche draußen und auf das leise Röcheln von Dr. Jingles, der sich am Bettende zu einer kleinen Kugel zusammengerollt hatte.

Irgendwann schlief ich dann tatsächlich für wenige Stunden ein und erwachte – mehr komatös als lebendig – im Morgengrauen. Sollte ich heute wirklich nach Durley Abbey fahren? Wollte ich das überhaupt noch? Ich fühlte mich erschlagen und spürte den Anflug von Kopfschmerzen. Und ein riesengroßes schlechtes Gewissen. Was sollte ich nur Maggie sagen? So viel Prosecco konnte ich ihr gar nicht kaufen, damit sie mir den Vorfall hätte verzeihen können.

Um meine Lebensgeister zu wecken, tappte ich zunächst in die Küche und machte mir einen – für meine normalen Verhältnisse – besonders starken Kaffee, und schlurfte dann verschlafen zurück in den ersten Stock, um unter der Dusche langsam aufzuwachen. Das warme Wasser belebte mich allmählich und ich fühlte mich wieder menschlich. Während ich mir die Haare föhnte, konnte ich bereits den Duft des frisch aufgebrühten Kaffees riechen. Gott, den hatte ich jetzt verdammt nötig. Am liebsten hätte ich mir das Gebräu intravenös einverleibt.

Zwei Tassen später hatte ich mich soweit, dass ich mich in der Lage fühlte, heute doch noch in das Herrenhaus zu fahren. Ich war einfach zu neugierig, um mit einem lähmenden Gefühl des Versagens daheim zu bleiben. Auch wenn alle Unterlagen weg waren, so würde ich dennoch das Beste daraus machen und versuchen mehr herauszufinden.

Ich schenkte mir eine weitere Tasse Kaffee ein, knabberte ein wenig an trockenen Frühstückskeksen – auf mehr hatte ich einfach keinen Appetit – und griff mir ein Stück Papier sowie einen Stift. Was wusste ich noch? Was wollte ich herausfinden?

Zunächst fand ich die Frage wichtig, ob Finola Flaherty später wieder aufgetaucht oder auf ewig verschwunden geblieben war. Die Homepage des Herrenhauses, die ich mir gestern Abend durchgelesen hatte, verriet mir, dass auch heute noch Flahertys in dem Anwesen lebten. Sicherlich Nachfahren von Simon und Finola. Sie würden mir erzählen können, ob Finola gefunden worden war. Vielleicht würden sie nicht direkt damit herausrücken, aber es gab ja sowohl eine Bibliothek als auch eine kleine Ausstellung auf Durley Abbey, und von was, wenn nicht der eigenen Familiengeschichte, sollten diese Dinge erzählen? Irgendwie würde ich schon an die notwendigen Informationen kommen.

Die wenigen Überbleibsel meines kargen Frühstücks räumte ich in die Spüle, ließ Dr. Jingles, der ebenfalls aufgewacht war, auf sein nachdrückliches Drängen hin in den Garten und griff mir dann meine Umhängetasche und meinen Autoschlüssel.

»Auf geht's«, murmelte ich mir selbst zu und holte tief Luft, um die hartnäckigen schlechten Gedanken loszuwerden.

Ich tippte die Adresse von Durley Abbey in die Navigations-App meines Smartphones ein, dann düste ich auch schon von Ard Carraig aus Richtung Nordosten. Es war gerade einmal halb acht, und der Verkehr auf den kleinen Landstraßen hielt sich in Grenzen. Gemächlich fuhr ich tiefer ins Landesinnere, vorbei an den Bergketten der kleinen Halbinsel, vorbei an zahlreichen Schafherden, die auf den Feldern neben der Straße weideten, vorbei an Hinweisschildern, die mich an touristisch interessante Orte lotsen wollten, vorbei an größeren Ortschaften, in denen es sicher turbulent und geschäftig zuging. Die Landschaft war hier weniger karg und ich erblickte weite, offene Täler.

Zweieinhalb Stunden später passierte ich das erste Schild, auf dem Durley Abbey erwähnt wurde. Zehn Kilometer danach bog ich auf einen mit Kies bedeckten, großzügigen Parkplatz ein und stellte mein kleines Auto zwischen einem Familienvan und einem Sportflitzer ab. Eine Hinweistafel sagte mir, dass ich einen Spaziergang von zwei Kilometern durch den hauseigenen Garten auf mich nehmen musste, um zum Herrenhaus zu gelangen, außer ich gehörte zur Familie oder war Lieferant oder der Postbote. Da ich zu keiner dieser Gruppen gehörte, schloss ich mein Auto ab und spazierte gemütlich den markierten Weg entlang.

Neidlos erkannte ich an, dass dieser Garten eine Hausnummer größer war als Cathys oder Petulas wunderschönes Cottagegärtchen. Das hier war kein Garten, das war ein Naturpark. Bewaldete Flächen wechselten sich ab mit offenem Gelände, das durch hohe Büsche und Blumenformationen gegliedert und strukturiert war. Kleine Holztafeln erklärten nicht nur, um welche Pflanzen es sich handelte, sondern teilweise auch, wer diese vor wie vielen Jahren woher importiert hatte oder welcher großzügige Spender sie dem Anwesen geschenkt hatte.

Allein für den Park hatte sich diese Reise schon gelohnt. Immer wieder traf ich auf Spaziergänger. Ein weit verzweigtes Netz von Wegen führte kreuz und quer durch den Garten, sodass der geneigte Naturfreund deutlich mehr als nur zwei Kilometer wandern konnte. Der Park musste sich über mehrere Hektar erstrecken. Ich hielt mich jedoch streng an die Pfeile, die mich zu meinem eigentlichen Ziel führten. Sollte ich später noch die Muße haben, konnte ich ja den Rest des Geländes nach dem Besuch des Herrenhauses besichtigen.

Die Fotos auf der Homepage hatten mir schon verraten, dass Durley Abbey nicht unbedingt ein kleines Anwesen war, aber als ich schließlich endlich davor stand, war ich dennoch baff. Ein monströser Bau aus gelblich verwittertem Sandstein ragte vor mir auf. Das Haupthaus mit seinem hervorspringenden Gebäudeteil war klar als Mittelpunkt zu erkennen. Daran schmiegten sich Anbauten, die wahrscheinlich zu einem späteren Zeitpunkt hinzugekommen waren, aber dennoch harmonisch zum Gesamtbild passten. Unzählige kleine Erker, Türmchen und Verzierungen an der Fassade ließen meine Augen von einem Punkt zum nächsten wandern.

»Wow«, entfuhr es mir ungläubig.

Ein wunderschönes Anwesen. Ach was, Herrensitz passte von der Bezeichnung her besser. Umrahmt wurde das Gebäude von gigantischen Rosenbüschen, die schon seit der Erbauung hier stehen mussten.

Es ging ziemlich quirlig zu. Ich war nur eine von vielen Besuchern heute, die sich im Inneren des Hauses umsehen und von den guten alten Zeiten träumen wollten. Brav stellte ich mich hinter eine Familie mit zwei Kindern, um an der Kasse den Eintritt zu lösen. Das Eintrittsgeld ließ mich kurz schlucken. Ein gesalzener Preis, aber vermutlich notwendig. Allein der Garten – nein, der Park, ermahnte ich mich – verlangte nach einer Armada an Gärtnern. Ich wollte gar nicht wissen, wie viele Mitarbeiter insgesamt notwendig waren, um dieses Kleinod in Schuss zu halten und für zukünftige Generationen zu bewahren.

Das junge Mädchen an der vorgelagerten Kasse, sicher eine Studentin, die sich etwas dazuverdiente, fragte mich: »Möchten Sie auch an der Führung teilnehmen oder nur das Basispaket?«

»Sehe ich denn bei der Führung mehr als im Basispaket?«, fragte ich naiv.

Emsig nickte sie. »Oh ja. Mit dem Basispaket dürfen Sie nur in bestimmte Bereiche hinein und müssen auf dem vorgegebenen Weg bleiben. Mit der Führung kommen Sie auch in Zimmer, die sonst geschlossen sind. Wenn Sie also ein wenig mehr sehen wollen, empfehle ich Ihnen die Führung. Sie beginnt in zwanzig Minuten.«

Ich ließ mich trotz des ebenfalls horrenden Aufschlags zur Führung überreden und bezahlte ohne zu murren. Mit einem kleinen Flyer mit kurzen Erläuterungen betrat ich durch ein wuchtiges, doppeltüriges Portal die Eingangshalle. Ein überdimensionierter Raum erwartete mich. Die Decke war absurd hoch, und von den Wänden grinsten mich ausgestopfte Trophäen längst vergangener Jagden an und wechselten sich ab mit düsteren Ölgemälden, die grimmig schauende Personen zeigten. Außerdem lehnten an den Wänden gemütliche, dickgepolsterte Sessel und Bänke, die jedoch nicht benutzt werden durften. Die vielen Verbotsschilder machten jedem eindeutig klar, was ihm blühte, sollte er es wagen, seinen Hintern auf die antiken Möbel niederzulassen. Puh, dachte ich mir, nicht die entspannteste Atmosphäre hier.

Meine Schritte hallten auf dem geometrisch verlegten Marmorboden, während ich langsam durch die Halle schritt. Hier also hatte Finola gelebt. Zumindest seit ihrer Hochzeit mit Simon, denn wie ich dem

Flyer entnehmen konnte, war dies hier schon immer das Anwesen der Flahertys gewesen, und ich nahm an, dass bei der Hochzeit den damaligen Konventionen nach Simon seinen Nachnamen an Finola weitergegeben hatte und nicht umgekehrt. Also war die Anlage irgendwann zu ihrem Zuhause geworden.

Hatte sie sich hier wohlgefühlt? Mich selbst erschlug bereits der Eingangsbereich, aber ich war ja auch ein Kind meiner Zeit, das in ganz normalen Verhältnissen in einer schönen, jedoch nicht überdimensionierten Wohnung in Dublin aufgewachsen war. Ich war diesen Pomp und Prunk nicht gewohnt. Finola wahrscheinlich schon. Ein Mann wie Simon, der in solchem Luxus lebte, hatte sicher nicht unter Stand geheiratet, sodass Finola diese Art zu leben gewohnt gewesen sein musste. Aber hatte sie hier ein gutes Leben gehabt? War es so, wie das Zitat von Simon im Zeitungsbericht behauptete, und sie hatten eine harmonische Ehe geführt?

Wohl kaum, denn wenn Finola meine Briefschreiberin F war, dann war sie nicht so glücklich gewesen, wie ihr Ehemann es geglaubt hatte. Und nicht einmal die ärmeren Verhältnisse, aus denen der unbekannte C stammte, wie Tom und ich vermuteten, waren für Finola ein Hinderungsgrund gewesen, sich mit ihm einzulassen. Was sagte das über die Anziehungskraft und Liebe zwischen F und C aus?

Ich blieb kurz stehen und atmete tief durch. Langsam verrannte ich mich in meinen Gedanken. Bislang war schließlich noch völlig ungeklärt, ob Finola nicht wieder aufgetaucht war und bis an ihr Lebensende hier in Durley Abbey residiert hatte. Und ob sie überhaupt meine unbekannte F war. Außer meinem Bauchgefühl hatte ich keinen Beweis.

In den nächsten Minuten durchstreifte ich weitere Räume, die sich wie die Eingangshalle ähnlich respekteinflößend präsentierten. Überall wuchtige, alte und wertvolle Antiquitäten, mehr oder weniger ansprechende Gemälde, Vasen mit üppigen Blumenbouquets, den Schritt dämpfende kunstvolle Teppiche – ich wagte kaum zu atmen. Was für ein Gegensatz zu meinem kleinen, überschaubaren und gemütlichen Cottage.

Ein leiser Gong sowie eine darauffolgende Ansage teilten mir mit, dass die Führung in fünf Minuten im Eingangsbereich starten würde und sich alle mit einem Ticket dort versammeln sollten. Also wandte ich mich um und strebte der Haupthalle entgegen. Außer mir nahmen, abgesehen von einem jungen Pärchen, ausschließlich ältere Herrschaften an der Führung teil. Samt und sonders sahen sie aus wie gut betuchte Rentner, die dem Hobby Ahnenforschung nachgingen. Ich konnte mir nicht helfen, doch sie erinnerten mich an Petula.

Wir wurden von einem jungen Burschen Mitte Zwanzig erwartet. Er war adrett gekleidet mit einer beigen Stoffhose und dazu passendem Sakko samt burgunderfarbener Krawatte und Einstecktuch und einem kleinen Pin, der das Logo von Durley Abbey zeigte. Sein Namensschild verriet uns, dass er Seamus O'Dooley hieß und einen Abschluss in Geschichtswissenschaften des Trinity College sein Eigen nannte. Nicht übel. Kompetent also.

»Willkommen auf Durley Abbey, meine Damen und Herren. In der nächsten Stunde möchte ich Ihnen einen Einblick in die faszinierende Historie dieses einmaligen Bauwerks vermitteln. Beginnen wir mit einem kurzen Überblick der Entstehungsgeschichte. Dieser Herrensitz wurde von 1821 bis 1839 nach Plänen des berühmten englischen Architekten William Green erbaut«, tönte seine markante, für Führungen wie gemachte tiefe Stimme durch den hohen Raum. Er rezitierte einen angeblich berühmten Namen nach dem anderen und warf uns diverse Jahreszahlen um die Ohren. Die älteren Semester hingen wie gebannt an seinen Lippen. Besonders die betagten Damen schienen einen Narren an ihm gefressen zu haben. Jeder noch so schlechte, auflockernd wirken sollende Witz wurde mit übertriebenem Gekicher belohnt. Kein Wunder: Seamus war der schmierige Traum einer jeden Schwiegermutter. Seine hellbraunen Haare lagen in einem akkuraten Seitenscheitel, und er hatte eine Körperhaltung, die jeden Gardesoldaten vor Neid erblassen lassen musste. Sein Lächeln förderte perfekte weiße und gesunde Zähne zutage, und sein offener Blick suggerierte Interesse an den zahlreichen Fragen, die die zahlenden Gäste hatten.

Auf mich wirkte er unecht und aufgesetzt, doch ich kam nicht umhin sein solides Fachwissen zu Durley Abbey und dessen Geschichte zu bewundern. Vielleicht konnte ich ihn nach der Führung abpassen und die eine oder andere Frage loswerden. Einen Versuch war es wert.

Er führte uns nach seiner kleinen Einführung über eine breite, gewundene Treppe in den ersten Stock, wo wir einen exklusiven Einblick in den ehemaligen Wohnbereich der Familie Flaherty erhalten würden. Er erwähnte, dass heute nur noch ein Familienmitglied auf Durley Abbey lebte. Arthur, ungefähr Mitte siebzig, bewohnte mit Hilfe seiner Pflegerin nur noch einen Bruchteil dessen, was früher von der Familie in Anspruch genommen wurde. Seinen Wohnbereich würden wir selbstverständlich nicht einsehen können, da der Hausherr auf strikte Trennung von Privatleben und dem öffentlich Zugänglichen bestand.

Im Gänsemarsch folgten wir Seamus und ließen ein »Oooooh« und »Aaaaah« nach dem anderen hören. Der großzügige Salon mit Spieltischen, Getränkeanrichten sowie Chaiselongues, das nicht minder kleinere Wohnzimmer sowie der gigantische Speisesaal, in dem auch die englische Königsfamilie standesgemäß hätte dinieren können, verschlug uns allen den Atem. Im ehemaligen Wohnzimmer hielt Seamus uns einen Monolog über die Quelle des Reichtums der Familie, den nahegelegenen Kupferminen. Ich hörte nur mit einem Ohr zu und beäugte eine Wand, die von oben bis unten mit alten Fotografien bedeckt war. Spontan kam mir das Wort Ahnengalerie in den Sinn. Hinter dicken Gläsern und hochwertig gerahmt blickten mir Generationen von Flahertys entgegen.

Schlagartig wurde mir klar, dass sich hier auch ein Bild von Finola und Simon befinden musste. Hektisch ließ ich meinen Blick von einem Bild zum nächsten wandern. Einzelportraits wechselten sich mit Abbildungen von größeren Gruppen von scheinbar der gesamten Flahertyfamilie ab. Es gab Hochzeitsfotos, und auf einem davon glaubte ich, Finola wiederzuerkennen. Sie war in ein wunderschönes, altmodisches, spitzenbesetztes Brautkleid gehüllt und stand neben einem etwas älteren Mann. Er sah attraktiv aus – dunkle Haare, markantes Kinn, glattrasiert –, trug einen gut geschnittenen Anzug und strahlte Autorität aus. Beide blickten ernst in die Kamera, aber das war mir auch schon bei den anderen Fotografien aufgefallen. Niemand lächelte, das schien zu der Zeit unüblich gewesen zu sein. Ja, das musste Finola sein. Diese Locken und die Stupsnase erinnerten mich an das Bild aus der Vermisstenanzeige.

Rasch überflog ich auch die anderen Fotos. Auf einem meinte ich ebenfalls, Finola zu erkennen. Sie stand inmitten einer Feier im Garten, vor einer Gruppe gleichaltriger Frauen und hielt ein Glas Champagner in der Hand. Sie lachte einer der Frauen zu. Sie wirkte gelöst und fröhlich. Und da, ein Bild mit der feierlich dreinschauenden Familie, mittig vermutlich Simons Eltern, daneben Simon selbst mit Finola und weiteren mir natürlich nicht bekannten Personen. Sogar der Familienhund lag zu Füßen des älteren Mannes, der Simons Vater zu sein schien. Glückliche, wohlhabende, einflussreiche Familie. So wirkten sie auf dieser Fotografie auf mich.

So sehr ich auch suchte, mehr Bilder von Finola fand ich nicht. Einige der Fotos waren älter, das sah man nicht nur an der Mode, sondern auch an der bräunlichen Patina des Fotopapiers; einige deutlich jünger und zum Teil schon mit Farbfilm aufgenommen.

Auf keinem davon konnte ich Finola entdecken. Kurz dachte ich, sie in einer fülligeren Dame mittleren Alters wiederzuerkennen. Die Locken waren ähnlich, doch die Nase krümmte sich deutlich hakenförmiger als die kleine putzige Stupsnase, die ich bei Finola so markant fand. Nein, das konnte sie nicht sein.

Seltsamerweise konnte ich auch Simon nirgendwo erkennen. Komisch, weshalb hing kein weiteres Foto von ihm an dieser Ahnenwand? Der Zeitungsartikel, den Maggie gefunden hatte, hatte in mir den Eindruck entstehen lassen, er wäre der Erbe von Durley Abbey. Sollte man da nicht annehmen, dass er im Mittelpunkt des Geschehens stand und dementsprechend oft abgelichtet wurde? Ich notierte mir gedanklich, Seamus später mit dieser Frage zu behelligen.

Die Führung war nach einem Rundgang auf der Empore, der Besichtigung der Bibliothek, die ich wirklich umwerfend fand, einem Abstecher in die ehemalige Dienstbotenetage und dem Weg zurück zum Wohnbereich beendet.

Zunächst ich kam ich jedoch nicht dazu, meine Fragen zu stellen, denn vor mir machten die Matronen ihren Anspruch auf Seamus geltend. Sie versicherten ihm, wie einzigartig und unvergleichlich seine Führung gewesen war und dass sie unglaublich viel gelernt hätten, so viel mehr, als man den trockenen Büchern entnehmen konnte. Und ob er nicht noch einen Tipp hätte, wo sie denn bei ihrer Recherche auf der Suche nach ihren Ahnen ansetzen konnten.

Mir wurde beinahe schlecht ob ihrer Einschleimversuche, und ich tippte ungeduldig mit dem Fuß vor mich hin. Doch irgendwann wurde auch die letzte Dame von ihrem entnervten Gatten davongezogen, und ich befand mich mit Seamus allein im großen Raum.

Er wollte sich gerade davonmachen, als ich ihn ansprach: »Entschuldigen Sie bitte, Mr. O'Dooley.«

Er drehte sich zu mir um und registrierte – wie ich sofort bemerkte – erleichtert, dass ich eher nicht zu seinem neu gegründeten Fanclub gehörte. »Ja?«

»Tut mir leid, dass ich Sie auch noch behellige nach diesem ... Ansturm eben. Aber ich hätte eine kurze Frage zu einer gewissen Zeitperiode dieses Hauses.«

Er warf einen schnellen Blick auf die teuer aussehende Uhr an seinem Handgelenk, bei der ich mich fragte, wie sich jemand, der Führungen in einem Museum gab, so etwas überhaupt leisten konnte, und meinte: »Ich habe leider nur noch fünf Minuten, bevor meine nächste Führung losgeht.«

Ich nickte schnell, bevor er es sich anders überlegte, und sagte: »Ich verspreche, es dauert nicht lange. Ich interessiere mich für Simon und Finola Flaherty.«

Er verbarg es schnell wieder, doch ich konnte den misstrauischen Gesichtsausdruck, der sich über seine so glattpolierte und professionelle Miene legte, sehen. »Simon und Finola?«, wiederholte er. »Weshalb ausgerechnet die beiden?«

Großartig. Diese Frage war zu erwarten gewesen. Dennoch hatte ich mir vorab keine besondere Taktik überlegt. Ich zuckte kurz mit den Schultern. »Ich las neulich die Dissertation einer Bekannten, in der unter anderem Durley Abbey ein Thema ist, und dort wurde am Rande erwähnt, dass Finola Flaherty zu ihrer Zeit vermisst wurde. Mich interessiert, ob sie wieder aufgetaucht.«

Ohne auf meine eigentliche Frage einzugehen, wiederholte er erneut: »Eine Dissertation? Welche? Von wem? Nein, warten Sie, ich bilde mir ein, sämtliche aktuellen Forschungsartikel, in denen unser Haus erwähnt wird, zu kennen.«

Unser Haus? Identifizierte er sich so sehr mit seiner Arbeitsstelle oder gehörte er tatsächlich zur Familie?

Seamus hatte die Stirn in Falten gelegt und dachte sichtbar angestrengt nach. »Handelt es sich zufällig um die Arbeit von Margaret O'Brian?«, fragte er dann.

»Äh ja, genau. Diese Arbeit meine ich«, stotterte ich irritiert.

»Hm, ich erinnere mich an einige Formfehler in ihrer Arbeit, aber nicht daran, dass dort Vermisstenfälle erörtert wurden. War das Thema nicht der Vergleich von Herrenhäusern im Südwesten Irlands?«

Mir brach der Schweiß aus, denn natürlich hatte er recht. Der Artikel, der das Verschwinden von Finola erwähnte, war in Maggies Arbeit nicht erwähnt worden. Seamus' Gedächtnis hatte ihn nicht getäuscht.

Bevor ich etwas erwidern konnte, sagte er: »Na egal, sei's drum.« Er hüstelte kurz und fuhr fort: »Ich muss gestehen, Finola ist ein Tabuthema in der Familie.«

»Was?«, rief ich aus. »Weshalb denn?«

Seamus sah immer noch misstrauisch drein, so als überlege er, was er mir erzählen durfte und was nicht. »Sie ist tatsächlich nicht wieder aufgetaucht. Sie blieb verschwunden.«

»Oh nein«, flüsterte ich schockiert. Meine schlimmsten Vermutungen wurden bestätigt. Hatte Simon ihren Ehebruch bemerkt und sie klammheimlich umgebracht?

Seamus betrachtete mich offenkundig irritiert, und mir wurde bewusst, dass ich die Augen weit aufgerissen hatte.

»Ja«, meinte er schließlich. »Und das war noch nicht alles. Denn danach lief in der Familie so einiges schief, wenn ich das so lapidar ausdrücken darf. Alles begann mit dem Mord an Simon Flaherty.«

Nun konnte ich nicht anders und riss nicht nur die Augen auf, sondern mir klappte auch der Mund auf. »Große Güte, was?«, rief ich aus. »Das gibt es doch nicht. Simon wurde ermordet?« Grundgütiger, war das möglich? Finola verschwand, wurde aller Wahrscheinlichkeit nach von Simon umgebracht, und dann tötete jemand Simon? Das konnte doch kein Zufall sein.

Seamus war mittlerweile offen argwöhnisch. »Bitte verzeihen Sie, aber Sie machen auf mich den Eindruck, als würde Ihnen diese Neuigkeit ungewöhnlich nahe gehen. Sind Sie in irgendeiner Form mit der Familie verbunden? Mir ist bewusst, dass die Flahertys ein großes Netzwerk an Familienmitgliedern haben, die wir gar nicht alle kennen.«

Hastig schüttelte ich den Kopf. »Nein. Nein, ich habe mit der Familie nichts zu tun, aber ...« In meinem Kopf ging es drunter und drüber und so griff ich nach dem erstbesten Gedanken, der mir durchs Hirn zuckte, und sagte: »Aber es gab auch in meiner Familie einen Vermisstenfall, und ich weiß, wie schwierig das ist. Ich glaube, deshalb geht es mir so nahe. Entschuldigen Sie bitte.«

Natürlich war das ausgemachter Blödsinn, ich hoffte jedoch, mit meinem hochroten Gesicht – ich sah es zwar nicht, fühlte aber die Hitze auf meinen Wangen – und meinen weit aufgerissenen Augen pure Empathie für die schwierige Situation zu vermitteln.

Seamus wirkte nicht gänzlich überzeugt, aber nickte leicht und meinte: »Okay, wenn das so ist.«

Ich unterbrach ihn hastig, da mir bewusst war, dass die fünf Minuten beinahe vorbei waren. »Wurde Simons Mörder geschnappt?«

»Nein«, erwiderte Seamus und schüttelte den Kopf. »Das Verbrechen ist bis heute nicht aufgeklärt. Es gab einen oder zwei Verdächtige, aber sie wurden mangels Beweise wieder freigelassen. So genau habe ich das nicht im Kopf.« Er blickte wieder auf seine Uhr. »Ich muss jetzt leider los. Ich werde erwartet. Wenn ich Sie bitten dürfte, diesen Bereich zu verlassen? Sie können sich selbstverständlich in den ausgewiesenen Teilen des Gebäudes umsehen, so lange Sie möchten.«

Er dirigierte mich höflich, aber bestimmt aus dem Wohnbereich heraus, und wir verabschiedeten uns.

Puh, was für ein Snob. Und doppelt puh, was waren das für Neuigkeiten. Unglaublich. Das musste ich erst einmal sacken lassen. Ich nahm die gewundene Haupttreppe zurück ins Erdgeschoss. Diverse Schilder wiesen mich zu den verschiedenen Bereichen des Hauses. Die kleine Ausstellung würde ich mir später ansehen, denn zuvor verleitete mich das Schild mit der Aufschrift »Abbey Café« zu einem kleinen Abstecher.

Rückwärtig an das Haus war eine Terrasse angebaut und dort das hauseigene Café untergebracht. Das war jetzt genau, was ich brauchte. Eine Tasse Tee und ein Stück Kuchen würden mir die Zeit geben, mich auf das Wesentliche zu konzentrieren und das soeben Gehörte zu verarbeiten.

Ich wählte einen kleinen Tisch an einer Seite der Terrasse und setzte mich. Ein fantastischer Ausblick bot sich mir und erklärte, weshalb das Café so abseits und nicht prominenter vor dem Haus gebaut worden war. Ich konnte einen Teich sehen, der die Ausmaße eines kleinen Sees hatte. Auch dort konnte man flanieren und die Botanik bewundern.

Ich bestellte einen Tee sowie eine dekadente Portion Früchtekuchen mit einem extra Klecks Sahne und genoss die warmen Sonnenstrahlen auf meinem Gesicht. Der Kuchen schmeckte hervorragend, war rasend schnell verputzt, und der Zucker sowie das Koffein in meinem Tee belebten mich. Hach, war das schön.

Neben mir saßen einige Besucher, und ich meinte, das eine oder andere Fangirl aus der Führung wiederzuerkennen. Eine füllige Frau ganz in Weiß irritierte mich. Sie sah nicht wie eine Touristin aus, eher wie jemand, der direkt aus dem Krankenhaus in Arbeitskluft hierhergekommen war. Hatte wohl keine Zeit gehabt, sich umzuziehen.

Ich beschloss, Tom anzurufen und ihm von den neuesten Entwicklungen zu erzählen. Das konnte unmöglich bis heute Abend warten. Ich hoffte nur, dass es auf der Baustelle reibungslos lief.

Ich wählte seine Nummer, und wenig später hörte ich seine Stimme.

»Aoife, hallo. Was gibt's denn?«

»Du wirst nicht für möglich halten, was ich herausgefunden habe«, begann ich zu erzählen, stoppte mich dann aber gleich, weil mein schlechtes Gewissen sich bemerkbar machte. Also fragte ich zunächst nach, wie es auf der Baustelle lief.

»Bislang gut. Keine größeren Katastrophen in Sicht. Der Elektriker ist im Zeitplan. Bisher bin ich ganz zufrieden.«

Erleichtert atmete ich aus. Ich freute mich für ihn und konnte nun zum Grund meines Anrufs kommen. »Also, wie gesagt, ich habe heiße Neuigkeiten für dich, die du nicht glauben wirst ...«

Natürlich musste ich kurz innehalten, damit Tom Zeit hatte, leicht ungeduldig zu erwidern: »Spann mich nicht auf die Folter.«

»Simon ist ebenfalls tot!«, posaunte ich heraus.

Tom hüstelte kurz und antwortete trocken: »Na, das sollte man doch annehmen, von einem Mann, der während des zweiten Weltkriegs bereits erwachsen war. Oder?«

»Oh Tom«, grummelte ich, »missverstehst du mich eigentlich absichtlich? Ich meinte natürlich damals. Finola ist nach ihrem Verschwinden nicht wieder aufgetaucht, und wenig später wurde Simon ermordet.«

Damit hatte ich seine volle Aufmerksamkeit. »Das hätte ich jetzt nicht erwartet. Was ist passiert?«

»Das weiß ich leider nicht. Ich war gerade eben noch bei einer Führung dabei, und der Mitarbeiter erwähnte nur, dass er ermordet wurde, nicht, wie es passiert ist. Ich werde versuchen, später mehr herauszufinden. Vielleicht gibt es hier irgendwo Informationen darüber.«

»Ja, mach das unbedingt. Weiß man denn, wer ihn umgebracht hat?«

»Nein, der Täter wurde nie gefunden. Es gab wohl Verdächtige, aber denen konnte man nichts nachweisen.«

»Hm. Das wird ja immer mysteriöser. Erst verschwindet Finola. Es gibt einen Brief, in dem sie zugibt, Angst vor ihrem Ehemann, also vor Simon, zu haben, und dann ist auch Simon tot? Das kann kein Zufall sein.«

»Genau meine Rede, Tom. Das ist irgendwie verdächtig.«

»Also hat sich dein Ausflug auf jeden Fall gelohnt.«

»Definitiv. Und ich habe nicht vor aufzuhören. Da muss es noch mehr geben.«

Im Hintergrund hörte ich einen fremden Mann rufen. »Du, ich muss auflegen«, sagte Tom. »Der Elektriker braucht meine Hilfe. Sehen wir uns heute Abend?«

»Natürlich«, hauchte ich und schmatzte einen Kuss ins Telefon.

Einen weiteren Tee später war ich soweit, mich wieder ins Museum zu begeben und mich umzusehen. Doch noch bevor ich aufstehen konnte, setzte sich die Frau im weißen Krankenhausoutfit zu mir an den Tisch. Verdutzt sah ich sie an.

»Hallo?«, fragte ich.

Sie blickte sich kurz um, beugte sich zur mir vor und flüsterte: »Ich kam nicht umhin, Ihr Gespräch soeben mitanzuhören. Sie interessieren sich für Simons Geschichte?«

Unbewusst hatte ich mich ebenfalls zu ihr vorgelehnt, um sie besser zu verstehen. Nun schnellte ich nach hinten und sagte irritiert: »Ja. Was? Wieso ...«

Sie unterbrach mich schnell: »Bitte, ich habe nicht viel Zeit. Das, was Ihnen hier offiziell erzählt wird, ist nur die halbe Wahrheit. Natürlich sind die Eigentümer dieses Hauses bestrebt, keine allzu großen Skandale publik zu machen.« Hastig warf sie einen Blick auf ihre Armbanduhr, die deutlich billiger aussah als jene am Handgelenk des jungen Schnösels. »Ich muss jetzt los zu Arthur, für seinen täglichen Spaziergang. Doch danach könnte ich eine Viertelstunde Zeit entbehren. Wenn Sie mehr wissen wollen, dann treffen Sie mich in ungefähr einer Stunde. Sagen wir einfach hier im Park. Hinter dem See gibt es eine kleine Bank in der Nähe eines großen Hortensienbusches. Die können Sie nicht verfehlen.«

Sie verschwand, bevor ich etwas erwidern konnte. Ich sah nur noch ihre breite, weiße Gestalt ins Innere des Hauses eilen. Was war denn das gewesen? Wer war diese Person? Hatte sie tatsächlich mehr zu Simon zu sagen als der Museumsführer? Auf was für Skandale spielte sie an?

Ein junger Kellner kam auf mich zu und wollte das Geschirr abräumen. Ich nutzte die Chance und fragte ihn: »Sagen Sie bitte, hier war gerade eine Frau, die aussah, als käme sie direkt aus dem Krankenhaus ...«

Der Kellner nickte wissend. »Ja, das ist Rosie.«

»Arbeitet Sie hier?«

»Sie ist die Pflegerin des alten Flaherty.«

Mir ging ein Licht auf. Hatte Seamus nicht erzählt, dass heute nur noch Arthur hier lebte? Ein Pflegefall? Das erklärte Rosies Kluft.

Wie elektrisiert setzte ich mich auf. Rosie arbeitete hier! Das bedeutete, dass sie einen tiefen Einblick in die Familiengeschichte haben musste. Sie kannte die Flahertys. Sie kam sozusagen in das Allerheiligste, den Bereich, der für die Öffentlichkeit nicht zugänglich war. Die privaten Wohnräume der Eigentümer.

Ach du meine Güte, war das spannend. Und sie hatte von sich aus Kontakt zu mir aufgenommen, weil sie mitbekommen hatte, dass ich versuchte, die Geschichte von Simon und Finola aufzudecken. Moment. Weshalb war sie bereit, mir solch interne und private Details ihres Arbeitgebers zu verraten? Plötzlich kam mir das verdächtig vor, und ich wusste nicht, was ich davon halten sollte. Fest stand jedoch, dass ich mir das Treffen unter keinen Umständen entgehen lassen wollte.

Um auch ja pünktlich zu sein, spazierte ich nach dem Bezahlen nicht mehr durch das Museum, sondern wandte mich direkt dem Park zu.

Rosie hatte als Treffpunkt einen großen Hortensienbusch hinter dem Teich vorgeschlagen. Glücklicherweise gehörten Hortensien zu den wenigen Pflanzen, die sogar ich erkannte. In Cathys Garten standen ebenfalls einige dieser Exemplare herum, und mittlerweile war ich in der Lage, die einzelnen Arten zu unterscheiden. Ich botanisches Genie.

Ich umrundete den Teich, beobachtete zahlreiche Libellen, die die Seerosen umschwirrten, und entdeckte schließlich besagte Bank. Um zu vermeiden, dass andere Spaziergänger sie in Beschlag nahmen, setzte ich mich, obwohl ich deutlich zu früh dran war und auf Rosie würde warten müssen.

Nun gut, das Wetter war schön, der Park war schön, die Aussicht auf das Haus war schön. Von weitem sah ich Rosies auffällige Gestalt. Ihre weiße Arbeitskleidung machte sie weithin gut sichtbar. Sie schob einen Rollstuhl, in dem ein alter Mann saß. Das musste Arthur Flaherty sein, die einzige Person, die heute noch auf Durley Abbey lebte. Er sah gebrechlich aus und hatte eine dicke Decke auf seinen Beinen liegen. Immer wieder beugte Rosie sich vor, um einige Worte mit ihm zu wechseln oder auch auf etwas in der Ferne zu deuten. Ihr Umgang mit ihrem Schützling schien fürsorglich und mütterlich.

Es dauerte länger als eine Stunde, bis sie endlich zu mir kam. Etwas atemlos setzte sie sich und streckte mir eine Hand entgegen. »Hi, ich bin Rosie MacDonald. Und bevor Sie fragen, nein, ich bin keine Schottin. Mein Mann ist Schotte.« Sie zwinkerte mir zu, und ich ergriff ihre Hand und schüttelte sie.

»Aoife Sullivan. Ich gestehe, ich bin etwas verwirrt, seitdem Sie mich angesprochen haben.«

Sie nickte. »Das glaube ich Ihnen gern. Aber als ich Sie vorhin telefonieren hörte und Sie Simons Namen erwähnten und dass Sie mehr herausfinden möchten ... Tja, ich denke, es kam einfach spontan über mich.«

»Ich befürchte, ich verstehe Sie immer noch nicht.« Das war untertrieben. Warum interessierte sich diese Frau dafür, dass ich hinter der Story von Simon und Finola her war?

»Hören Sie, ich fange am besten am Anfang an«, sagte Rosie. »Ich arbeite hier auf Durley Abbey als Pflegerin für Arthur Flaherty. Arthur sitzt im Rollstuhl und benötigt bei vielen alltäglichen Dingen Hilfe. Dafür bin ich da. Ich mache das bereits seit fast zwanzig Jahren, und ich kann behaupten, dass mir Arthur sehr ans Herz gewachsen ist.«

Ich unterbrach sie. »Ja, ich habe Sie vorhin mit ihm zusammen gesehen. Sie wirken sehr fürsorglich. Aber was hat das mit Simon zu tun?«

Rosie lächelte nachsichtig. »Sehr viel. Arthur ist Simons Sohn.«

Mir hätte klar sein müssen, dass es eine Verbindung gab, und dennoch war ich überrascht, als ich das hörte.

»Simon wurde – wie Sie ja mitbekommen haben – ermordet, und sein Tod konnte nie wirklich aufgeklärt werden. Zuvor verschwand auch noch seine Ehefrau Finola. Vielleicht wurde auch sie umgebracht. Zwei Unglücksfälle in sehr kurzer Zeit. Das hat die Familie damals extrem aufgewühlt und verändert. Ich habe den Eindruck, dass vieles danach für die Flahertys nicht mehr gut lief.« Sie machte eine Armbewegung Richtung Haus. »Nicht finanziell gesehen. Soweit ich es einschätzen kann, hatte und hat die Familie kluge Berater, die ihnen eine gewisse finanzielle Stabilität ermöglichen. Dennoch war es notwendig, das Haus für den Publikumsverkehr zu öffnen, ansonsten hätte man sich dieses Anwesen hier nicht mehr leisten können. Es ist doch sehr aufwändig im Unterhalt.« Sie unterbrach sich kurz. »Ich schweife ab. Ich wollte eigentlich sagen, dass die Familie danach einige persönliche Dramen durchleben musste. Erst verschwand Finola, dann wurde der Erbe Simon ermordet, sein Vater hat daraufhin mehr oder weniger den Verstand verloren, und Simons Mutter musste die Zügel an sich nehmen und sich in die Verwaltung des Guts einarbeiten. Ein entfernter Cousin beging Selbstmord, und Arthur ... er saß natürlich nicht immer im Rollstuhl. Er hatte als junger Mann einen schweren Autounfall, den er zwar überlebte, dafür jedoch mit der Querschnittslähmung bezahlen musste.«

Mitfühlend verzog ich das Gesicht. Ein hartes Schicksal.

»Und das ist noch nicht alles.« Rosie seufzte. »Letztes Jahr wurde bei ihm Alzheimer diagnostiziert. Eine leichte Form, aber dennoch. Über kurz oder lang wird er weder meinen Namen wissen, noch was ihn mit diesem Anwesen verbindet. Er wird seine Vergangenheit vergessen.«

»O nein, das ist ja furchtbar«, antwortete ich und meinte es auch so. Dennoch. »Aber ich verstehe immer noch nicht so ganz, was das mit ...«

»Was das mit Simon zu tun hat«, vervollständigte Rosie meinen Satz. »Ja. Ab hier wird es kompliziert und hat mehr mit Gefühlen als mit Fakten zu tun. Wissen Sie, ich arbeite gern für Arthur, und ich mag ihn als Menschen wirklich sehr. Ich bin nicht nur seine Pflegerin, sondern auch seine Freundin. Eine Vertraute. Und es graut mir vor dem Tag, an dem er mich nicht mehr erkennt und sich nicht mehr an unsere gemeinsamen Erlebnisse erinnert. Das als Hintergrund zu meiner Motivation.« Sie hielt erneut inne und steckte sich eine Haarsträhne, die der Wind ihr ins Gesicht geblasen hatte, hinters Ohr. »Arthur hat seit Jahren einen Spleen. Er ist der festen Überzeugung, dass auf seiner Familie eine Art Fluch liegt. Ein Fluch, der mit dem Verschwinden Finolas und dem Mord an Simon begonnen hat. Und weil beide Fälle bis heute nicht aufgeklärt sind, passieren der Familie ständig diese Unglücksfälle. Arthur hat sogar, kurz bevor er letztes Jahr die Diagnose bekam, einen Privatermittler beauftragt, mehr über Simons Tod herauszufinden. In alten Akten zu wühlen, alte Artikel zu suchen.«

Gespannt beugte ich mich zu ihr vor, doch sie schüttelte den Kopf.

»Leider hat er nicht sehr viel Neues herausgefunden. Arthur hatte fest darauf gebaut, dass der Fall aufgeklärt würde, und damit die Schicksalsschläge aufhörten, doch das Gegenteil trat ein. Er bekam Alzheimer und einer seiner Enkel verschwand kurze Zeit später ebenfalls. Das hat ihm sämtlichen Willen mehr herauszufinden genommen. Seitdem hat er sich in sein Schicksal gefügt.«

Das war ja furchtbar. Mir fehlten die Worte.

Rosie fuhr fort: »Als ich Sie am Telefon hörte, wie Sie darüber sprachen, dass Sie auf der Suche nach weiteren Details sind, fand bei mir eine Art Kurzschlussreaktion statt. Ich habe nicht groß nachgedacht, ich konnte nicht anders, als Sie anzusprechen. Ich habe, im Gegensatz zu Arthur, noch nicht aufgegeben und glaube fest daran, dass da Dinge versteckt sind, die dringend ans Tageslicht müssen. Und irgendwie machen Sie auf mich den Eindruck, als könnten Sie sich in ein Thema verbeißen.« Sie warf mir ein vorsichtiges Lächeln zu, was sie mir auf Anhieb sympathisch machte.

»Wow«, entfuhr es mir, »das ist wirklich überwältigend. Ich versuche gerade, die tausend Gedanken in meinem Kopf zu ordnen.«

»Ich helfe Ihnen gern damit.« Arthurs Pflegerin grinste, diesmal etwas sicherer.

»Tja, also ... erst einmal muss ich sagen, dass ich es mehr als faszinierend finde, dass Sie mit all diesen Informationen an eine wildfremde Frau ...«

Rosies lautes Lachen unterbrach mich. »Ja, ich gestehe. Eine meiner größten Schwächen. Ich bin zu offen und viel zu vertrauensselig. Fragen Sie nicht, wie ich meinen Mann kennengelernt habe oder zu diesem Job gekommen bin. Das würden Sie mir nicht glauben.«

Ich stimmte in ihr Lachen ein. »Okay, also nochmal für mich zum Mitschreiben. Warum lebt Arthur allein hier? Das Haus ist doch riesig. Wo sind seine Kinder? Er muss doch Kinder haben. Sie erwähnten einen Enkel, der verschwunden ist.«

Ein betrübter Gesichtsausdruck huschte über ihr Gesicht. »Ja, sein Lieblingsenkel. Seine Kinder, er hat zwei, eine Tochter und einen Sohn, leben beide auf dem Kontinent und wollen mit der Verwaltung von Durley Abbey nichts zu tun haben. Der Sohn ist Wirtschaftsberater irgendwo in der Schweiz, und sie spielt reiche Ehefrau eines Weingutbesitzers in Frankreich. Das Verhältnis zu Arthur ist eher gespalten, könnte man sagen. Sie besuchen ihn einmal im Jahr an Weihnachten. Dann versammelt sich hier die ganze Familie, aber ich kann Ihnen sagen, harmonisch geht es dabei nicht gerade zu.«

»Was ist denn mit dem Enkel passiert?«

»Tja, schwierige Sache. Er war eines Tages einfach weg. Hat einen Brief hinterlassen, dass ihm alles zu viel wird und man nicht nach ihm suchen solle. Er war volljährig, also konnte die Polizei nicht viel machen. Das hat Arthur wirklich erschüttert. Er hatte gehofft, ihn als Nachfolger für die Gutsverwaltung aufbauen zu können. Er wollte ihn als Erben einsetzen. Wenn er nicht wiederkommt, muss er das Gut an seine Kinder überschreiben, und was die mit Durley Abbey machen, steht in den Sternen.«

»Okay. Unschöne Konstellation. Aber was hat denn nun dieser Privatdetektiv herausgefunden?« Diese Frage war tatsächlich die wichtigste für mich. So leid mir Arthur auch tat, mit seiner Krankheit, der undankbaren Brut und dem Enkel, der davonlief – trotzdem war ich hier, weil ich mehr über Finola herausfinden wollte.

Rosie zuckte mit den Schultern. »Wirklich nicht besonders viel. Finola verschwand im Spätsommer '47, und knapp zwei Monate später wurde Simon der Schädel eingeschlagen.«

»Hätte das nicht auch ein Unfall sein können?« Ich glaubte nicht daran, wollte es jedoch ausschließen.

»Ich glaube, anfangs war das durchaus eine Theorie der Polizei. Aber es meldeten sich wohl kurz darauf Zeugen, die einen Mann vom Tatort hatten weglaufen sehen.«

Ich setzte mich auf. Jetzt wurde es aufregend. »Wer war der Mann? Seamus meinte, es hätte Verdächtige gegeben?«

Ein abfälliger Ausdruck huschte über Rosies Gesicht. »Sie haben mit Seamus gesprochen?«

Ich nickte verwirrt. »Ja. Wer ist er?«

»Ein entfernter Verwandter der Familie. Großneffe von Arthur dritten Grades oder so. Würde alles dafür tun, das Haus zu übernehmen. Ist extrem ehrgeizig. Ich kann ihn nicht leiden.«

Verschwörerisch beugte ich mich zu ihr rüber und zischte: »Ich auch nicht. Zu schmierig.« Wir kicherten beide, dann wurde sie wieder ernst.

»Wegen der Verdächtigen. Einer davon war Landarbeiter hier auf dem Gut. Er konnte recht schnell beweisen, dass er unschuldig war. Allein, dass er verdächtigt wurde, zeigt jedoch eines der Probleme mit Simon. Ich weiß ja, dass man nicht schlecht über Tote sprechen soll, aber Simon muss ein ziemlich unangenehmer Zeitgenosse gewesen sein. Dominant, herrschsüchtig, arrogant. Seine Mitarbeiter hatten es nicht leicht mit ihm. Eine der Theorien der Polizei damals lautete, dass sich die Mitarbeiter verschworen hätten, ihn gemeinsam um die Ecke zu bringen, weil ein Leben unter seiner Verwaltung wohl unschön geworden wäre. Das konnte allerdings nicht bewiesen werden.«

»Und der andere Verdächtige?«, hakte ich nach, als Rosie schwieg.

»Hm, daran erinnere ich mich nicht mehr genau. Es ist schon eine Weile her, dass ich mit Arthur darüber gesprochen habe. Aber wenn ich mich nicht täusche ... Ja, es gab da eine Sache, die ich mir gemerkt habe, weil ich das so ungewöhnlich fand.«

»Ja?« Irgendetwas klang in Rosies Stimme, das mich aufhorchen ließ.

»Simons Frau Finola verschwand ja kurz vor seinem Tod. Sie war auf Kur in einem Hotel an der Küste gewesen. Ich weiß nicht, wie der Ort hieß, das steht sicher irgendwo in den Unterlagen. Aber ich erinnere mich, dass der andere Verdächtige aus dem Dorf kam, in dem das Hotel lag. Und kurze Zeit später hielt er sich am gleichen Ort auf, an dem Simon umgebracht wurde. Wenn das nicht verdächtig ist, dann weiß ich auch nicht.«

Schockiert lehnte ich mich nach hinten. »Wissen Sie, wie der Mann hieß?«, fragte ich mit brüchiger Stimme.

Rosie schüttelte den Kopf. Sie hatte sich den Namen nicht gemerkt. Natürlich kannte auch ich den Namen nicht, aber ich hätte schwören können, dass er mit einem C begann.

Kapitel 7

Oder: Eine brüske Abweisung und ein neues Paar

Rosie hatte mir nicht mehr viel zu sagen. Immer häufiger blickte sie auf ihre Armbanduhr und entschuldigte sich wenig später. »Tut mir leid, aber ich muss wieder zu Arthur. Es ist Zeit für sein Mittagessen, und dafür braucht er meine Hilfe.« Sie griff nach einem Kugelschreiber, den sie an ihre weiße Pflegerinnenkluft geklippt hatte, und holte aus ihrer Hosentasche ein zerknittertes Stück Papier hervor. »Geben Sie mir doch Ihre Adresse. Vielleicht kann ich einige der Unterlagen, die der Ermittler damals zusammengetragen hat, für Sie kopieren.«

»Das würden Sie machen?«, fragte ich ungläubig.

Sie schenkte mir lediglich ein trauriges Lächeln, was sofort ein schlechtes Gewissen bei mir weckte. Natürlich würde sie das machen. Hatte sie das nicht schon bewiesen, indem sie hier bei mir saß und so viel preisgab?

Sie notierte sich meine Adresse und Handynummer, dann stand sie auf und streckte mir eine pummelige, beringte Hand entgegen. »Es war mir ein Vergnügen. Bitte halten Sie mich doch auf dem Laufenden, falls Sie etwas herausfinden sollten. Es würde mir, und natürlich Arthur, viel bedeuten.«

Ich nickte, und wir verabschiedeten uns voneinander, dann eilte sie zurück zum Anwesen. Ich blieb überwältigt zurück. Hatte ich das soeben wirklich erlebt? Es musste ein Wink des Himmels sein, der mich darin bestärken sollte, unbedingt herauszufinden, was damals mit Finola und Simon passiert war.

Kurz zog ich eine Grimasse, als mir bewusst wurde, dass ich mir hier in die eigene Tasche log. Tatsache war, dass mich niemand hätte davon abhalten können, weiter nachzuforschen. Nicht einmal in meinen kühnsten Träumen hätte ich mir ein solches Szenario ausdenken können.

Aus meiner Umhängetasche entnahm ich das kleine Notizbuch, in dem ich alles bezüglich Finola und der Briefe notiert hatte. Wenigstens das besaß ich noch. Als ich die Unterlagen in den Rucksack gepackt hatte, hatte ich das Büchlein daheim liegen gelassen. Glück im Unglück.

Ich schlug eine neue Seite auf und schrieb:

Simon kurz nach Finolas Verschwinden tot aufgefunden. Unfall unwahrscheinlich. Mord? Verdächtige = Landarbeiter und unbekannter Mann aus Ard Carraig. Unbekannter Mann = C??? Ungeklärt bis heute.

Ich tippte unentschlossen mit dem Stift gegen das Papier. Was sollte ich von dem angeblichen Fluch halten? Ich glaubte nicht an so etwas, Tatsache war jedoch, dass die Flahertys vom Pech verfolgt schienen. Zynisch dachte ich, dass selbst großer Reichtum nicht vor dem Leben an sich schützte.

Mir fiel ein, welche Worte Rosie benutzt hatte, um Simon zu beschreiben. Dominant, herrschsüchtig, arrogant. Ein Mann mit diesen Charaktereigenschaften würde es nicht hinnehmen können, dass seine Frau ihn mit einem anderen betrog. Er würde nicht nur mit einer Scheidung drohen, falls das überhaupt in Frage kam, sondern die Angelegenheit im Privaten regeln. Ich konnte mir gut vorstellen, dass dazu auch körperliche Maßregelung gehört hatte. Passte das nicht hervorragend zu Finolas Worten? *Ich habe Angst, dass er mich umbringen wird.*

Ich spann den Gedanken weiter. Angenommen, Finola war tatsächlich von Simon umgebracht worden. Ihr heimlicher Geliebter, C, hätte sicherlich den wütenden und cholerischen Ehemann im Verdacht gehabt. War es da zu naiv zu glauben, dass C Simon getötet hatte? War das nicht eher schon zwingend logisch? Nicht zu vergessen die Tatsache, dass einer der Mordverdächtigen ein Mann aus Ard Carraig gewesen war. Das konnte unmöglich ein Zufall sein. Ard Carraig lag nicht mal ansatzweise in der Nähe von Durley Abbey. Heute hatte ich mehr als zwei Stunden benötigt, um auf hervorragend ausgebauten Straßen mit einem halbwegs gut motorisierten Gefährt herzufahren. Wie musste das damals gewesen sein, als noch nicht jeder ein Auto besaß und der öffentliche Nahverkehr ein Witz gewesen war.

Einmal mehr wurde mir klar, dass ich dringend die Identität von C herausfinden sollte. Doch wie?

Sicher war, das Sitzen auf der Parkbank würde mich der Lösung des Rätsels keinen Schritt weiterbringen. Also warf ich mir meine Tasche über die Schulter und spazierte gemächlich durch den Park zurück zum Parkplatz. Es war nun früher Nachmittag und das Besucheraufkommen hatte sich vervielfacht. Der Parkplatz war gerappelt voll und die Autos standen eng an eng, sodass ich meine liebe Mühe hatte, meinen Wagen aus der Parklücke heraus zu manövrieren.

Der Rückweg verlief ohne Probleme, und schneller, als ich gedacht hatte, sah ich das Ortsschild von Ard Carraig und die mittlerweile vertraute Silhouette der Häuser an der Hauptstraße. Ich stellte das Auto daheim ab, prüfte kurz, ob Dr. Jingles irgendwo zu sehen war – Fehlanzeige – und machte mich dann auf, um Tom zu treffen. Ich glaubte ihn an der Baustelle, sodass ich nicht Richtung Dorfzentrum spazierte, sondern zum Strand. Ich hatte schon die halbe Strecke hinter mir, als mir jäh ein Satz durch den Kopf ging: »Der junge Mann, der fälschlicherweise des Mordes verdächtigt wurde«. Abrupt blieb ich stehen. O mein Gott! Wie hatte ich das vergessen können. Ich biss mir vor Aufregung auf die Unterlippe. Genau, das hatte ich doch erst vor kurzem gehört. Von Petula! Im Pub! Sie hatte bei ihrem Treffen mit Mary beinahe schon stolz sämtliche besonderen Vorkommnisse aus Ard Carraigs Vergangenheit aufgezählt. Irgendwas mit einem Schuster und dem Teufel, einem Dieb und Hunden, einer Familie, die erschlagen wurde, einem Jungen, der im Meer ertrank, und ja, einem jungen Mann, der des Mordes verdächtigt worden war. Des Mordes!

Das passte perfekt zur Geschichte von Rosie: Simon und ein potentieller Täter, der aus Ard Carraig kam.

Der junge Mann aus Petulas Erzählung musste der Tatverdächtige im Fall Simon sein. Er musste! Mochte Petula Ard Carraig für den Nabel der Welt halten, wie sie mochte – das Örtchen konnte doch unmöglich mehr als einen Mörder in seiner Geschichte hervorgebracht haben. Hier passierte doch nichts! Hier war Ard Carraig und nicht Chicago.

Ich drehte mich auf den Absätzen um und rannte durch den weichen Sand zurück ins Dorf. Ich musste zu Petula. Wenn jemand etwas wusste, dann sie. Der kurze Sprint zurück führte mir einmal mehr vor Augen, dass ich alles andere als fit war. Ich japste nach Luft und verspürte erste Anzeichen von Seitenstechen. Tief Luft holend hielt ich kurz inne, bevor ich Petulas Gartentürchen öffnete und den gepflasterten Weg zur Haustür entlangging.

Ich klingelte und hörte wenig später, wie jemand zur Tür kam. Petula öffnete mir. In einer Hand hielt sie ein aufgeklapptes Buch, in das sie in Ermangelung eines Lesezeichens einen Finger hielt. Mit der anderen rückte sie ihre schmale Brille zurecht. Auch heute überraschte sie mich mit der ausgesuchten Eleganz ihrer Kleidung. Wo kaufte diese Frau nur ein? Die Leinenhose mit kleingemustertem Druck passte stilsicher zur mauvefarbenen Bluse. Hatte Petula in ihrer Familie einen heimlichen Modedesigner? Wie schaffte sie es nur, stets so verboten elegant auszusehen?

Wie immer, wenn ich mich ihrer alles überstrahlenden textilen Weltgewandtheit gegenübersah, wurde mir mein eigener Aufzug mehr als bewusst. Meine abgetragene Jeans, die zwar einen ansehnlichen Hintern zaubern konnte, aber am Saum deutlich ausgefranst und insgesamt schon ausgewaschen war, und meine legere Bluse, die farblich irgendwo zwischen mausgrau und trostlos beige lag, stanken gegen Petulas katalogreifen Auftritt ab.

»Oh, Sie sind es«, begrüßte sie mich wenig begeistert.

Ich konnte es ihr nicht verübeln. Ein Treffen mit ihr gehörte auch nicht unbedingt zu meinen persönlichen Highlights. »Ja, entschuldigen Sie bitte, dass ich Sie störe. Sie sind vermutlich beschäftigt«, begann ich mit einem demonstrativen Blick auf das Buch in ihrer Hand. Vielleicht konnte ich mit diesem Blick das Machtgefälle, das momentan eher zu meinen Ungunsten stand, etwas korrigieren. Sollte sie ruhig noch einmal verdeutlicht bekommen, dass ich die Autorin ihrer Lieblingsbücher war, auch wenn das Buch, das sie jetzt umklammert hielt, eher nach Geschichtswälzer denn nach leichter Lektüre aussah.

Als sie nicht antwortete, sondern mich weiter starr beäugte, fuhr ich hüstelnd fort: »Äh, ja. Ich habe eine kurze Frage an Sie. Neulich im Pub, als Sie und Mary zusammensaßen bezüglich Ihres Projekts, da erwähnten Sie einige Vorfälle, die in der Vergangenheit hier im Dorf passiert sind.«

»Ja?«, sagte sie misstrauisch und ließ mich nicht aus den Augen.

»Ich interessiere mich für einen davon. Können Sie mir mehr zu diesem Mordfall sagen?«

»Mordfall?«, echote sie, immer noch argwöhnisch.

»Mordfall ist vielleicht nicht ganz das richtige Wort dafür. Wenn ich mich jedoch richtig erinnere, erzählten Sie, dass es mal einen jungen Mann gab, der des Mordes verdächtigt wurde.«

Was dann geschah, hätte ich mir nicht ausmalen können. Aus Petulas Gesicht wich sämtliche Farbe, sie wurde kreidebleich und ihre Unterlippe begann unkontrolliert zu zucken. Sie wich einen Schritt zurück ins Innere des Hauses, griff mit einer Hand nach der Tür, zischte ein »Wie können Sie es wagen« und warf mir dann mit einem ohrenbetäubenden Knall die Tür vor der Nase zu. Der Blumenkranz, der zur Dekoration an der Außenseite hing, schaukelte hin und her und zitterte noch einige Sekunden lang nach.

Ich blinzelte die Verwirrung weg. Was war denn das gewesen? Völlig ratlos stand ich vor Petulas Haus und wusste erst einmal nicht, was ich tun sollte. Erneut klingeln und nachfragen, was ihr Verhalten sollte? Nach Hause gehen? Ins Pub?

Ich war es ja gewohnt, dass ich Petulas Art nicht immer verstand, aber das eben? Das war eine neue Dimension. Ich hatte nichts anderes getan, als um mehr Informationen zu einem Thema zu bitten, das sie selbst auf den Tisch gebracht hatte.

Kurzentschlossen drückte ich erneut auf die Klingel. Ich hörte es durch das Haus läuten, doch Petula reagierte nicht darauf. Ein weiteres Klingeln blieb ebenfalls unbeantwortet.

Wütend drehte ich mich um und stapfte zurück zu meinem Haus. Blöde Kuh. Was sollte das? Wieso behandelte sie mich so? Na warte, dachte ich erbost, ich würde sie einfach als unsympathische Person in mein nächstes Buch hineinschreiben. Jawohl. Das hatte sie nun davon.

Entnervt warf ich mich auf mein Sofa und legte die Füße hoch. Natürlich konnte ich auch zu Mary gehen. Erstens war sie deutlich netter und wir mochten uns, und zweitens wusste sie vielleicht ebenfalls von der Verdächtigung. Immerhin schrieben sie ja am selben Buch.

Guter Plan, ich würde einfach morgen bei ihr vorbeischauen. Heute wollte ich außer Tom keiner Menschenseele mehr begegnen. Dumm nur, dass Tom ein Pub betrieb ...

Beinahe wäre ich auf der Couch weggedöst, als das Klingeln meines Handys mich aus dem Dämmerzustand riss. Ich grapschte danach, ohne einen Blick auf das Display zu werfen.

»Ja?«, meldete ich mich verschlafen.

»Hallo, Aoife, hier ist Maggie«, meldete sich die promovierte Putzfrau mit einer unerträglich gutgelaunten Stimme.

»Oh, hallo Maggie«, antwortete ich kurz angebunden. Weshalb rief mich denn Maggie an?

Schlagartig setzte ich mich auf. Oh nein, Maggie! Die Unterlagen! Der Diebstahl! Wie sollte ich ihr das nur beibringen?

»Ich wollte Sie nur kurz fragen, ob Sie sich sicher sind, dass Sie sie nicht mehr benötigen. Sind Sie wirklich schon durch? Sie hätten sie von mir aus ruhig länger behalten können, ich brauche sie gerade echt nicht.«

»Äh, wie?«, fragte ich. »Was?«

»Na, die Unterlagen. Ich habe im Moment wirklich keine Verwendung dafür. Es stört mich nicht, wenn Sie noch länger darin lesen möchten. Lassen Sie sich ruhig Zeit damit.«

Irritiert fuhr ich mir durch die Haare. »Moment«, unterbrach ich sie, »die Unterlagen? Die sind bei Ihnen?«

Maggie ließ sich einen Moment Zeit, bevor sie antwortete: »Aoife, alles okay bei Ihnen? Sie wirken verwirrt.« Das war noch untertrieben. »Ja, die Unterlagen sind bei mir. Sie haben sie doch heute früh bei mir in den Briefkasten geworfen, oder etwa nicht?«

»Alle Unterlagen?«, fragte ich hastig nach. »Oder fehlt etwas?«

»Aoife, jetzt machen Sie mir aber Angst. Klar, alle Unterlagen. Was ist los? Sie klingen seltsam.«

»Äh«, war mein äußerst geistreicher Kommentar dazu.

Maggies Stimme änderte sich von besorgt zu misstrauisch. »Jetzt mal raus mit der Sprache. Was ist los?«

Hastig überlegte ich auf der Suche nach einer halbwegs logischen Ausrede. »Ach so, die Unterlagen. Das war ein großes Missverständnis. Ich hatte sie bei Tom im Pub liegen gelassen und ihn gebeten, sie zurückzugeben. Er hat das wohl missverstanden und hat sie nicht mir, sondern Ihnen gebracht. Ahahahaha.« Mein künstliches Lachen klang selbst in meinen Ohren viel zu aufgesetzt und falsch.

»Soso.« Verständlicherweise klang Maggie nicht überzeugt. Wie hätte ich ihr das verübeln können? »Na gut. Also, wie gesagt, sollten Sie nochmal einen Blick hinein werfen wollen, dann gerne. Ich muss wieder los. Machen Sie es gut.« Und damit legte sie auf.

Zittrig nahm ich das Smartphone vom Ohr und legte es zurück auf den Tisch. Ich war fassungslos. Die Unterlagen waren wieder da. Wie konnte das sein? Niemand anderes als der Dieb konnte es gewesen sein, der wohl festgestellt hatte, dass er damit nicht viel würde anfangen können.

Das war doch mehr als seltsam. Der Dieb hatte auch meinen Geldbeutel und meine Hausschlüssel zurückgelassen. Und nun die Papiere zurückgegeben. Lediglich die Briefe blieben verschwunden. Er musste es von vornherein nur auf sie abgesehen haben. Was bedeutete, dass jemand von den Briefen und deren brisantem Inhalt wusste. Aber wie konnte das sein?

Ich atmete tief durch und versuchte, mir einen Reim aus allem zu machen. Ein gewöhnlicher Dieb schied aus. Es musste jemand sein, der Bescheid wusste. Der mich vielleicht schon tagelang beobachtet hatte. Der die Chance im Pub genutzt hatte, als ich den Rucksack viel zu nachlässig hatte liegen lassen. Es musste jemand gewesen sein, der ebenfalls im Pub gewesen war.

Der Nachteil war nur, dass das Pub einer der meist frequentierten Orte in Ard Carraig war. Ich wagte sogar zu glauben, der frequentierteste Ort. Es waren viele Einheimische an diesem Tag im Pub gewesen. Keinem von ihnen traute ich zu, einen Diebstahl zu begehen. Andererseits, ich kannte die meisten ja doch nur vom gelegentlichen Treffen im Pub, mehr als ein Hallo und ein kurzes Gespräch über das Wetter, das liebe Vieh und die idiotischen Politiker in Dublin hatte ich mit kaum jemandem je gewechselt. Wer wusste schon, was in den Köpfen der Leute hier so vor sich ging.

Hm, auch Petula war im Pub gewesen. Und ihr traute ich dann doch mehr zu als den anderen. Sogar einen Diebstahl, wenn sie sich dadurch einen Vorteil verschaffen konnte. Zwar gab es objektiv betrachtet keine Hinweise darauf, dass Petula die Diebin war. Denn meine persönlichen Gefühle für sie musste ich außen vor lassen. Und dennoch, dieses seltsame Verhalten eben. Wieso schlug sie mir die Tür vor der Nase zu, nur weil ich nach etwas gefragt hatte, worauf sie selbst mich gebracht hatte? Hätte sie im Pub nicht mit der Geschichte von Ard Carraig angeben wollen, ich hätte doch niemals um die Mordverdächtigung gewusst. Weshalb war es so ein Drama, wenn ich Fragen stellte? Was verheimlichte sie?

Grübelnd zog ich die Augenbrauen zusammen, als würde mir diese

Bewegung beim Nachdenken helfen. Es ergab keinen Sinn. Petula hatte diesen Vorfall erwähnt, und sie hatte ganz sicher vorgehabt, ihn im Buch zu behandeln. Warum also nun dieses merkwürdige Verhalten mir gegenüber? Sollte ich die Einzige sein, die nichts davon erfahren durfte? Würde ich nur zensierte Versionen ihres Buches kaufen können? Ich streckte meiner Nachbarin, die mich glücklicherweise nicht sehen konnte, die Zunge heraus.

Ich war unentschlossen. Was sollte ich jetzt tun? Ich hatte so viele Informationen erhalten, dass ich mich hilflos fühlte. Wie sollte ich das alles richtig einsortieren und vor allem interpretieren? Für mich stand fest, dass ich als nächstes herausfinden musste, wer C war. Wie der Mordverdächtige hieß. Und ob die beiden ein- und dieselbe Person waren.

Alles Grübeln brachte mich jetzt nicht weiter, und ich beschloss, so wie ursprünglich geplant, zu Tom zu gehen. Vermutlich hatte er das Pub längst geöffnet. Und so schlug ich den mittlerweile gewohnten Weg ein.

Als ich die schwere Holztür des Pubs öffnete, schallte mir ein für diese Uhrzeit ungewohnter Lärm entgegen. Ein großer Pulk Männer, von jungen Hüpfern bis zu betagten Rentnern, hatte sich um den einzigen Fernsehbildschirm versammelt und verfolgte gebannt, wie eine mir unbekannte Fußballmannschaft gegen eine mir ebenso unbekannte andere Fußballmannschaft gewann. Oder verlor. Mir war es gleich. Tom befand sich glücklicherweise nicht darunter, auch wenn ich wusste, dass er Fußballspiele durchaus gern sah. Er stand an der Bar und polierte mit finsterem Gesicht ein Pintglas.

Er sah mich näherkommen, verzog das Gesicht zu einem angedeuteten Lächeln, nur um es dann in Sekundenschnelle wieder in die grimmige Maske zu verwandeln.

»Okay, lass mich raten«, begann ich betont gutgelaunt. »Entweder hat der Elektriker Murks gemacht und Strom im neuen Haus kannst du dir abschminken oder dein Club verliert gerade. Ich hoffe sehr, es ist letzteres.« Ich versuchte ihm mit einer Grimasse ein Lächeln abzugewinnen. Leider Fehlanzeige. Das Polieren wurde hartnäckiger, und ich bekam Angst, dass das Glas in Toms großen Händen gleich zu Bruch gehen würde.

Als die Antwort ausblieb, versuchte ich es erneut. »Hm, wenn also im Haus alles ok ist und dein Club auch nicht verliert, dann kann es sich nur noch um einen nationalen Notstand handeln. Was ist es? Kommt Chloe zurück und will sich als Bardame versuchen?« Dieser Scherz kam an, endlich stellte Tom das Glas beiseite und warf sich das Handtuch über die Schulter. Mit einer Hand fuhr er sich müde über die Augen.

»Sorry, Aoife. Ich wollte dich nicht ignorieren. Aber ich hatte heute einen ziemlich fiesen Streit mit Lizzie.«

Mitfühlend legte ich ihm meine Hand auf seine und drückte sie. »Was ist denn passiert? Worüber habt ihr euch gestritten?«

Er holte tief Luft und seufzte auf. »Ach, der Grund war eigentlich total unbedeutend. Ich hab überreagiert.«

»Na los, rück mit der Sprache raus«, forderte ich ihn auf, weil er nicht weitersprach. »So schlimm kann es doch nicht sein, oder?«

»Doch, ich verhalte mich gerade wie ein Vater aus dem vorletzten Jahrhundert. Ich habe Lizzie dabei erwischt, wie sie Rory fragte, ob er am Wochenende mit ihr ins Kino gehen möchte.«

»Oha«, rief ich in Ermangelung einer eloquenteren Ausdrucksweise aus. »Wird es also langsam ernst?«

Empört sah Tom mich an. »Du fällst mir in den Rücken«, sagte er vorwurfsvoll. »Ich habe Lizzie erklärt, dass ich Rory für zu alt für sie halte und dass sie ihn doch gar nicht kennen würde. Das hat sie gar nicht verstanden, und am Ende haben wir uns nur noch angebrüllt.« Verlegen sah er zu Boden. »Das ging so weit, dass ich ihr Hausarrest gegeben habe.«

Empört riss ich den Mund auf. »Du hast was?«, fragte ich ihn. »Lizzie bekommt Hausarrest, nur weil sie Rory nach einem Date gefragt hat? Das ist wirklich sehr viktorianisch, Tom. Vielleicht baust du statt einem Hotel einen großen, uneinnehmbaren Turm und sperrst sie dort so lange ein, bis sie alt und runzelig ist?«

»Ja, ich weiß. Ich habe übertrieben. Aber was soll ich machen? Alles in mir sträubt sich bei dem Gedanken an sie und Jungs ...«

»Pff«, machte ich. »Lizzie ist sechzehn. Du willst mir doch nicht weismachen, dass sie noch nie einen Freund hatte und du diese Erfahrung gerade zum ersten Mal machst?«

»Ja. Nein. Ich weiß auch nicht. Vielleicht liegt es an Rory.«

»An Rory?«, wiederholte ich. »Wieso denn das? Ich dachte, du magst ihn. Du hast ihm in einer Notsituation geholfen. Er arbeitet für dich. Der Junge ist clever und er kocht wie ein französischer Gott. Was zur Hölle spricht gegen ihn?« Empört und ein wenig in Rage hatte ich mich zu Tom hinübergebeugt und beäugte ihn quer über die hölzerne Theke.

»Ach, ich weiß doch auch nicht. Es ist alles okay mit ihm, ich mag ihn ja wirklich sehr, aber dennoch. Ich kenne ihn doch eigentlich nicht.«

»Kommt es mir nur so vor oder haben wir dieses Gespräch nicht erst vor kurzem geführt? Ich habe gerade so ein starkes Déjà-Vu. Tom, noch einmal: Lass Lizzie ihre Erfahrungen sammeln. Dass du Rory nicht kennst, ist einfach kein Argument. Du kennst doch auch nicht alle Jungs aus ihrer Schule, oder?«

»Nein«, grummelte Tom, und ich hatte schon das Gefühl, ihn endlich argumentativ geschlagen zu haben. Doch er fügte hinzu: »Aber ich kenne ihre Familien. Die meisten jedenfalls.«

»Das gibt es doch nicht«, jammerte ich. »Tom, du bist ja ein schöner Kleingeist.«

»Ja, ich weiß. Ich sage doch, ich habe überreagiert. So bin ich ja eigentlich nicht.«

»Nein, normalerweise nicht«, bekräftigte ich. »Ich schlage vor, du suchst Lizzie, entschuldigst dich bei ihr und nimmst den Hausarrest zurück, okay? Und wenn sie tatsächlich eine Beziehung mit Rory eingeht und er sie schlecht behandelt, dann – und erst dann – darfst du dich einmischen. Ist das klar?«

Er nickte geknickt. »Du hast ja recht, Aoife. Ich bin ein Idiot, was das angeht. Wärst du so lieb und könntest mal nach Lizzie sehen? Ich werde mich später bei ihr entschuldigen, wenn ich genug Mut dafür gesammelt habe.« Endlich verzog sich sein Gesicht zu dem gewohnt entwaffnenden und offenen Lächeln, das ich so sehr mochte.

Ich runzelte die Stirn. »Hmm, na gut. Ausnahmsweise. Eigentlich möchte ich mich nur ungern in eure Vater-Tochter-Beziehung einmischen, aber bevor du noch mehr Blödsinn verzapfst, greife ich mal ein.« Wir grinsten einander zu, dann trat ich hinter die Bar, um in den Wohnbereich zu gelangen. Diesen Teil des Hauses bekam so gut wie kein Pubbesucher zu sehen, denn von hier aus kam man direkt in Toms private Räumlichkeiten. Das Licht aus der Küche erleuchtete den kleinen, schmalen Flur, an den sich die Treppe in den ersten Stock anschloss. Sie knarzte leicht, als ich sie hinaufstieg.

Ich war eher selten bei Tom zu Hause. Aus mehreren Gründen. Mein kleines Cottage war schöner als Toms Wohnung im ersten Stock. Ich hatte einen Wintergarten, einen wunderhübschen Garten, ein großzügiges Schlafzimmer. Und ich lebte allein. Ein entscheidender Vorteil. Keine pubertierende Jugendliche, die mit den Türen warf, ununterbrochen am Telefon klebte, um sich mit ihren Freundinnen auszutauschen, oder gleichzeitig mit einem selbst ins Bad wollte. Und niemand, auf den man Rücksicht nehmen musste, wenn man nachts, nur mit einem Bettlaken bekleidet, noch schnell eine Flasche Sekt aus dem Kühlschrank holen wollte …

Dennoch kannte ich mich natürlich aus in Toms Wohnung. Der erste Stock bestand aus einer geräumigen Küche, die neben einer Standard-Einbauküche in einem hellen Grau noch einen imposanten Glastisch mit dazu passenden verchromten Kunstlederstühlen beherbergte. Das Wohnzimmer nebenan dominierte ein gigantisches Sofa, ebenfalls in Kunstlederoptik in gewagtem Senfgelb, sodass nichts, aber auch wirklich nichts farblich dazu passen konnte. Die Regale und Schränke im Wohnzimmer taten ihr Bestes, doch ihr eigentlich angenehm dezentes Braun ging neben der Couch einfach unter.

Glücklicherweise wusste ich, dass nichts davon Toms Handschrift war. Seine Exfrau Chloe hatte einen eigentümlichen Geschmack für Inneneinrichtung gehabt, gepaart mit einer sturen Haltung, sodass

Tom damals nicht viel übrig blieb, als ihre Entscheidungen bezüglich des Dekors schlichtweg abzunicken. Mittlerweile nahm er gar nicht mehr wahr, in welchem Einrichtungsalbtraum er lebte. Behauptete er. Dennoch war er immer lieber bei mir als bei sich selbst.

Lizzies Zimmer lag am Ende des Flurs. Ihre Tür war geschlossen, sodass ich vorsichtig klopfte und rief: »Lizzie? Bist du da? Können wir kurz reden?«

Es kam keine Reaktion, sodass ich nochmals etwas lauter anklopfte. Vielleicht schlief sie ja oder hörte Musik und hatte Kopfhörer auf. Immer noch keine Reaktion. Vorsichtig drückte ich die Klinke herunter und spähte ins Zimmer. Keine Lizzie zu sehen. Eigentlich hätte sie da sein sollen, laut Tom. Sie hatte ihm erzählt, sie mache ihre Hausaufgaben, und auf dem kleinen Holztisch vor dem großen Fenster lagen tatsächlich aufgeschlagene Schulbücher. Ein kariertes Heft mit einem Füller wartete darauf, beschrieben zu werden, und die Schreibtischlampe war an. Vielleicht hatte Lizzie sich eine kurze Pause gegönnt und war frische Luft schnappen gegangen?

Ich warf einen letzten Blick durch das Zimmer. Es hatte sich seit meinem letzten Aufenthalt nicht viel geändert. Obwohl ich damals sehr aufgewühlt gewesen war – nicht nur, dass an dem Abend der Buchmörder in Toms Pub zugeschlagen hatte, ich hatte auch Tom eingeweiht und meine eigentliche Identität aufgedeckt –, war mir Lizzies Zimmer nachhaltig im Gedächtnis geblieben. Die scheußliche rosa Farbe hielt sich immer noch hartnäckig an der Wand und biss sich mit der eigentlich sehr hübsch gemusterten Tagesdecke auf dem Bett. Die Musiker auf den Postern schienen mittlerweile durch andere, mir ebenfalls unbekannte Bands ausgetauscht worden zu sein, aber ich hätte mich auch täuschen können. Die sahen doch alle irgendwie gleich aus. Lizzies Handy lag auf dem kleinen Beistelltisch neben dem Bett, sie konnte also nicht allzu weit entfernt sein. Welches Teenie-Mädchen ging schon ohne sein Handy nach draußen? Unvorstellbar.

Ich zog die Tür hinter mir zu und verließ die Wohnung. Tja, da musste Tom wohl alleine durch. Im Halbdunkeln tappte ich die Treppe hinab. In der Pubküche war es eigentümlich still. Die übliche Geräuschkulisse aus Töpfen, in denen gerührt, Geschirr, das gestapelt, Besteck, das sortiert wurde, und dem Radio, das ununterbrochen die neuesten Hits dudelte, war verstummt. Legte etwa auch Rory eine kurze Pause ein? Oder besorgte er sich vielleicht in dem kleinen Garten, der sich hinter der Küche an das Haus anschloss, einige der frischen Küchenkräuter, die Tom dort zog? Die Tür nach draußen war jedenfalls nur leicht angelehnt, sodass ich hindurch schlüpfte und mich umsah.

Das kleine Beet mit der dunklen Erde und Kräutern in den verschiedensten Grünschattierungen war erst vor kurzem frisch gegossen worden – ein betörender Duft stieg davon auf, und die metallene Gießkanne stand daneben. Der hintere Bereich mit den Mülltonnen und dem großen Stapel Feuerholz für den offenen Kamin im Pub war zwar schlechter einzusehen, da er unter einem kleinen Dachvorsprung versteckt lag. Dennoch erkannte ich sofort, dass sich außer mir noch zwei weitere Personen hier aufhielten, die mich nicht bemerkten. Und die froh sein konnten, dass ich nicht Tom war.

Oje, schoss es mir durch den Kopf, das wird Tom gar nicht gefallen. Es waren Rory und Lizzie, die dort am Holzstapel knutschten. Rory stand mit dem Rücken an das Holz gedrückt, während Lizzie sich an ihn presste, die Arme um seinen Hals geschlungen. Es hätte nicht einmal ein Stück Papier zwischen sie gepasst. Rorys dunkler Haarschopf beugte sich über Lizzies flammend rote Lockenmähne. Ein schönes Bild.

Verdammt, wie sollte ich das Tom beibringen? Er bekam ja schon bei dem Gedanken an einen unschuldigen Kinobesuch einen Herzstillstand, und nun hatten ihm die zwei einen Strich durch die Rechnung gemacht und die gesellschaftlich anerkannte Vorstufe zur Anbahnung einer Beziehung einfach übersprungen. Nicht auszumalen, wie Tom darauf reagieren würde. Andererseits, er hatte ja versprochen, sich zu entschuldigen. Er hatte eingesehen, dass er überreagiert hatte. Vielleicht würde er ganz vernünftig mit Lizzie sprechen? Gegen eine Beziehung zwischen Lizzie und Rory war nichts einzuwenden. Beide waren alt genug, und die Chemie zwischen ihnen schien zu stimmen. Auch wenn ich bei erneutem Hinsehen einräumen musste, dass die Initiative von Lizzie auszugehen schien. Zwar wirkte Rory nicht so, als wäre ihm die Nähe zu Lizzie unangenehm, dennoch schien er eher passiv. Ich konnte mir gut vorstellen, dass sie es gewesen war, die nur darauf gewartet hatte, dass er in den Garten musste, um ihn dort dann mehr oder weniger zu überfallen.

Während ich noch überlegte, wie ich möglichst unauffällig aus dieser Sache herauskam, stieß ich beim vorsichtigen Rückwärtsgang ziemlich unvorsichtig mit dem Fuß an die Metallgießkanne. Mist, die hatte ich vergessen.

Die beiden stoben bei dem unerwarteten Lärm auseinander, als wäre eine Bombe zwischen ihnen explodiert. Es hatte beinahe etwas Komödiantisches. In dem Moment, in dem sie mich sahen und feststellten, dass sie erwischt worden waren, reagierten sie völlig unterschiedlich.

Rory lief rot an, hatte den Mund weit aufgerissen und brachte kein Wort heraus. Sein Blick ging von mir zu Lizzie und wieder zurück, bevor er fluchtartig an mir vorbei ins Innere des Hauses lief. Lizzie hingegen sah ihm zunächst bestürzt nach, bis sich ihr Gesichtsausdruck von Verwirrung zu Trotz wandelte.

Sie verschränkte die Arme und sagte: »Na los, geh schon und erzähl es meinem Vater. Dann haben wir es alle hinter uns.« Aus ihrem Gesicht war alle Farbe gewichen, und die vielen kleinen Sommersprossen kamen so noch stärker zur Geltung. Sie sah aus wie eine rachsüchtige keltische Kriegsgöttin. Einfach bezaubernd.

Um etwas Zeit zu schinden, stellte ich die schuldige Gießkanne betont sorgfältig zur Seite, ehe ich mich wieder Lizzie zuwandte. »Hör zu, Lizzie. Tut mir wahnsinnig leid, dass ich so hereingeplatzt bin. Das war keine Absicht, glaub mir. Ich war nur auf der Suche nach ... dir.«

Lizzies verschränkte Arme blieben, wo sie waren, ihr Gesichtsausdruck wurde drängender. »Nach mir? Vermutlich, um nachzusehen, ob ich auch schön brav in meinem Zimmer bleibe. Tja, dann kannst du ja meinem Vater auch gleich erzählen, dass ich seinen Hausarrest missachte.«

Abwehrend hob ich die Hände. »Hey, jetzt tust du uns aber Unrecht. Erstens hatte dein Vater vor, sich zu entschuldigen und den Hausarrest wieder aufzuheben. Er hat eingesehen, dass er übertrieben hat. Und zweitens bin ich auf deiner Seite.« Ich versuchte ein entwaffnendes Lächeln. »Rory ist ein klasse Typ.«

Das zog. Sie entspannte sich leicht und löste ihre Hände aus der verkrampften Verschränkung. »Was wirst du ihm sagen?«, fragte sie nun mit einem ängstlichen Unterton.

»Ich? Gar nichts. Das ist eure Sache. Ich will mich da gar nicht einmischen.« Und das meinte ich ernst. Wenn ich jetzt Partei ergriff, wäre ich geliefert. Das sollten die beiden schön unter sich ausmachen. Ich hatte nichts dagegen, zu vermitteln und Tom mit Argumenten auf den Boden der Tatsachen zurückzuführen, aber aktiv in diesem Drama aus erster großer Liebe, eifersüchtigem, klammerndem Vater und unüberlegten Streitgesprächen mitmischen? Nein danke. Ohne mich.

Lizzie atmete tief durch. »Okay«,, sagte sie langgezogen und etwas verwirrt. »Danke. Ich ...« Sie unterbrach sich kurz und fuhr dann fort: »Ich gehe dann mal. Hab noch einen Haufen Hausaufgaben zu machen.« Und damit drückte sie sich an mich vorbei, um hastig die Treppe hinauf zu poltern.

Puh, dachte ich, und atmete tief durch. Was sollte ich jetzt tun? Zu Tom gehen und vorgeben, es wäre nichts gewesen? Mit Rory sprechen? Er hatte ausgesehen, als würde er am liebsten vor Scham im Boden versinken. Vielleicht sollte ich ihm sagen, dass ich alles für mich behalten würde. Es wäre denkbar ungünstig, sollte er mit einer Entschuldigung zu Tom laufen, obwohl Lizzie noch gar nicht mit ihm gesprochen hatte.

Langsam schlich ich um die Ecke und spähte in die Küche. Rory stand am großen Geschirrspüler und bestückte diesen lautstark. Er hatte mir den Rücken zugewandt, aber ich konnte beinahe körperlich spüren, dass ihm die Situation äußerst unangenehm war. Ich verstand ihn nur zu gut.

Ich räusperte mich und fragte: »Rory, können wir kurz sprechen?«

Er drehte sich ergeben zu mir um und sah mich mit seinen hellen Augen an. »Glaub mir, das habe ich nicht gewollt. Ich ... ich ...«

»Du meinst, du wolltest Lizzie gar nicht küssen? Na, so ganz unglücklich sahst du dabei nicht aus«, erlaubte ich mir einen Scherz. Der ging leider in die Hose, denn Rory ließ ermüdet seinen Kopf hängen. »Sorry, ich wollte mich nicht lustig machen. Du meinst, die Initiative ging eher von Lizzie aus, richtig?« Er nickte unglücklich, und ich fuhr fort: »Das habe ich mir beinahe gedacht. Sie schleicht ja schon seit Tagen um dich herum.«

Das entlockte ihm ein vorsichtiges Lächeln. »Ich mag sie ja, wirklich, das tue ich. Aber ich möchte es mir mit Tom nicht verscherzen. Wenn er es erfährt, bin ich meinen Job los, und dabei bin ich sehr gerne hier. Und ich brauche den Job.«

»Hey, keine Angst. Von mir erfährt er nichts, versprochen. Das soll Lizzie mit ihrem Vater allein klären, und ich bezweifle, dass sie ihm gleich von eurem Kuss erzählen wird. Vermutlich will sie ihm eher die Erlaubnis abschwatzen, mit dir ins Kino zu gehen. Du wirst sehen, sobald er dazu einmal sein Okay gibt, wird er auch die Beziehung zwischen euch nicht mehr so eng sehen.«

»Meinst du?«

»Ja, meine ich. Ich an deiner Stelle würde jetzt einfach die Füße still halten und abwarten, wie sich die Lage entwickelt. Und hey, sollte er wirklich den besten Koch des County feuern, dann feuere ich ihn«, scherzte ich. Diesmal stimmte Rory in mein Lachen ein.

»Danke«, sagte er, »das weiß ich wirklich zu schätzen. Du hast was gut bei mir.«

Ich zwinkerte ihm zu und wollte die Küche verlassen. Doch bevor ich durch die Tür ging, blieb mein Blick an etwas hängen. Neben der Tür stand eine metallene Anrichte, auf die üblicherweise die fertigen Gerichte gestellt wurden, damit Tom sie zu seinen Gästen bringen konnte. Das Pub war zwar schon gut besucht, doch da das Fußballspiel die Aufmerksamkeit aller Anwesenden beanspruchte, hatte noch niemand etwas zu Essen bestellt und die Anrichte war leer. Mit einer Ausnahme.

Dort lag ein vergilbtes Stück Papier. Den Farbton hätte ich auch vom Mond aus erkannt. Ebenso die Faltung. Ich hatte es so oft in der Hand gehabt, so oft aufgefaltet und wieder sorgfältig zusammengelegt, dass ich es unmöglich würde vergessen können.

Nur, wie kam einer der Briefe hierher? Ich war mir sicher, dass es einer der Briefe war, dennoch griff ich zittrig danach, faltete ihn auf und blickte auf die geschwungene Handschrift von Finola. Mit dem Brief in der Hand drehte ich mich zu Rory um. Der hatte sich wieder dem Geschirrspüler zugewandt und verstaute systematisch dreckiges Geschirr.

»Wo hast du das her?«

Meine Worte, die etwas barscher klangen, als ich es wollte, schreckten ihn auf, und er wandte sich zu mir um. Ich hielt ihm den entfalteten Brief anklagend entgegen und wiederholte: »Wo. Hast. Du. Das. Her?«

Er blinzelte mehrmals erschrocken und stammelte dann: »Äh, ich ... äh. Der lag vor kurzem auf dem Parkplatz. Ich habe ihn nach meiner Schicht gefunden.«

»Gefunden?«, echote ich. »Und warum ... ?«

Ja, warum was? Warum hast du nichts gesagt? Warum hast du ihn nicht mir gegeben? Warum hast du ihn behalten? Hastig musste ich mir selbst auf die Zunge beißen, denn der arme Rory wusste ja nichts von den Briefen und dass sie mir gestohlen worden waren.

»Und warum hast du ihn behalten?«, fragte ich stattdessen, weil ich das Gefühl hatte, dies wäre die wichtigste Frage von allen.

Er zuckte mit den Schultern. »Warum denn nicht?«

Ein wenig aufgebracht sahen wir uns beide über den Brief hinweg an. Ich war aufgewühlt, weil einer der verschwundenen Brief ausgerechnet bei Rory wieder auftauchte, und er war vermutlich aufgewühlt, weil er nicht verstand, weshalb ich, die gerade noch so fürsorglich und verständnisvoll gewesen war, ihn nun wegen eines alten Stücks Papier so anfuhr.

Nach einer Weile gestand Rory verlegen: »Ich stehe auf alten Kram. Jaja, nenn das ruhig weltfremd, aber ich liebe alte Postkarten, alte Fotografien, Antiquitäten. Es stecken viele Erinnerungen in alten Dingen. Ich fand es schade, dass so etwas Altes scheinbar beiläufig von jemandem entsorgt wurde.«

»Hmm«, machte ich und faltete den Brief nachdenklich wieder zusammen. »Ich verstehe dich, mir geht es da nicht anders. Würde es dir etwas ausmachen, wenn ich den Brief vorerst behalte?«

Deutlich sah ich die Frage nach dem »Warum« auf seinem Gesicht, doch er unterdrückte sie und schüttelte kurz den Kopf.

»Danke. Ich glaube, damit sind wir quitt.« Ich versuchte, die plötzlich entstandene negative Atmosphäre abzumildern, doch scheinbar hatte ich Rory verstimmt, denn er nickte nur und wandte sich dann wieder seinem Geschirr zu.

Ziemlich verwirrt verließ ich die Küche. Das war mehr als seltsam gewesen. Hatte der Dieb tatsächlich einen der Briefe verloren? Konnte das die Erklärung sein? Und ausgerechnet Rory fand ihn? Ich konnte mir nicht helfen, aber irgendetwas war doch faul an der Sache. Ich hatte kein gutes Gefühl dabei.

Kapitel 8

Oder: Ein DVD-Abend mit Sherlock Maggie

Die folgenden Tage brachten mich zu der Erkenntnis, dass Kinder zwar die schönste Sache der Welt sein mochten, sie einem aber auch alles an Nerven abverlangten. Und mein Nervenkostüm wurde in dieser Zeit erheblich angekratzt.

Nachdem Lizzie festgestellt hatte, dass Rory am nächsten Tag nicht zur Arbeit kam, sie ihn auf seinem Mobiltelefon nicht erreichen konnte und er auch am darauffolgenden Tag unauffindbar blieb, wechselten ihre Launen von todunglücklich zu rasend wütend und irrational anklagend. Und das im Minutentakt. Sie weinte herzzerreißend, lamentierte, dass ihre große Liebe auf ewig verschwunden sei, knallte ihrem Vater sämtliche Vorwürfe an den Kopf, die ihr einfielen, und schmiedete Pläne, wie sie Rory auf einem Road-Trip quer durch Irland folgen und dann ein neues Leben mit ihm beginnen würde.

Selbstverständlich hatte ich nicht das Glück, von ihren emotionalen Ausbrüchen verschont zu werden. Auch mir wurden allerlei Dinge vorgeworfen. Angefangen bei der hirnrissigen Idee, ich hätte sie tagelang verfolgt, um sie und Rory endlich bei einem Kuss zu erwischen, bis hin zum Vorwurf, doch selbst in Rory verliebt zu sein und aus purer Eifersucht eine Beziehung der beiden verhindert zu haben.

Sie war nicht mehr wiederzuerkennen, die arme Lizzie. Rory schien ihre erste große Liebe zu sein, und er verschwand einfach so von einem Tag auf den anderen ohne ein Wort der Vorwarnung.

Bei allem Verständnis für ihre Situation, irgendwann platzte Tom der Kragen, und er drohte damit, sie zu ihrer Mutter nach Dublin zu schicken, sollte sie sich nicht beruhigen. Das wirkte. Obwohl sie litt wie ein Hund und am liebsten auf der Stelle mit einem Rucksack ganz Irland abgesucht hätte, behagte ihr die Vorstellung wenig, den Ort verlassen zu müssen, an dem Rory zuletzt gesehen worden war. Vielleicht kam er ja zurück? Und was wäre, wenn sie dann in Dublin feststeckte? Die seltsame Ironie darin, dass ein Leben in der Großstadt früher immer ihr Wunsch gewesen war und sie nun um nichts in der Welt ihr kleines Dorf verlassen wollte, bemerkte sie nicht.

Tom selbst war völlig durch den Wind. Das eingespielte Team aus ihm als Servicekraft vorne im Pub und Rory hinten in der Küche war zerbrochen und er stand erneut vor dem Problem, keinen Koch zu haben und somit nicht mehr als nur ein Tagesessen anbieten zu können. Ganz zu schweigen von der zusätzlichen Belastung auf der Hotelbaustelle. Er war sowohl wütend als auch ziemlich verwirrt.

Mir ging es nicht anders. Allerdings überwogen bei mir die Verwirrung und ein überwältigendes Schuldgefühl. War am Ende ich der Auslöser für Rorys Flucht gewesen? Zum einen hatte ich ihn und Toms Tochter beim Knutschen erwischt. Das konnte für eine Flucht schon ausreichend gewesen sein. Immerhin hatte Rory Anzeichen von Angst gezeigt. Er hatte nicht einschätzen können, wie Tom auf diese Neuigkeit reagieren würde. Zum anderen hatte ich Rory völlig unverhältnismäßig angeblafft, und das nur aufgrund eines Stückchens alten Papiers. Ich befürchtete, dass beides in Kombination dafür gesorgt hatte, dass er die Füße in die Hand genommen und Ard Carraig den Rücken gekehrt hatte.

Dennoch kam mir die Flucht andererseits ziemlich seltsam vor. Hatte er nicht gesagt, dass er den Job brauchte? Eine eventuelle Auseinandersetzung und ein kurzer Moment der Unfreundlichkeit von mir genügten doch nicht, um einen Menschen, der zuvor monatelang als Vagabund auf der Straße gelebt hatte und dort abgehärtet worden war, zu vertreiben. Das passte hinten und vorne nicht zusammen. Wie ich es auch drehte und wendete, ich konnte mir auf Rorys Verschwinden keinen Reim machen.

Natürlich hatte ich Tom alles erzählen müssen. Noch am selben Abend, als Tom das Pub abschloss und wir gemütlich zu meinem kleinen Cottage spazierten, berichtete ich ihm vom Kuss und vom Brief. Über beides war er mehr als schockiert. Ich versuchte ihm klarzumachen, dass die Initiative nicht von Rory ausgegangen war. Das brachte ihn zunächst dazu, minutenlang zu schweigen. Er musste wohl erst akzeptieren, dass seine kleine, süße und unschuldige Tochter sich allmählich das nahm, was sie wollte, und dass darunter auch Jungs fielen. Dass einer der gestohlenen Briefe wieder aufgetaucht war, erstaunte ihn ebenfalls, doch diese Tatsache konnte er leichter akzeptieren und hatte dafür auch recht schnell eine Erklärung. Der Dieb sei einfach unvorsichtig und es sei reiner Zufall gewesen, dass Rory den Brief fand. Das klang logisch, trotzdem hatte ich das Gefühl, dass es nicht die ganze Wahrheit war.

Um Tom in dieser unschönen Situation zu unterstützen, beschloss ich, im Pub auszuhelfen. Mittlerweile war ich ziemlich geübt im Ausschenken von Bier und Cider, sodass Tom bei Bedarf in der Küche herumfuhrwerken konnte.

Neben dem Ausschenken, Abkassieren und den Live-Vorführungen aus Lizzies Gefühlswelt hatte ich genug Zeit, meine Gedanken schweifen zu lassen. Was vielleicht keine sehr gute Idee war, denn ich bastelte mir die eine oder andere abstruse Theorie zusammen. Eine Tatsache ging mir besonders durch den Kopf: das plötzliche Auftauchen von Rory in unserem Dorf und der Fund der Briefe in Toms Hotel hatten zeitlich sehr nah beieinander gelegen. Natürlich wusste ich, dass beides rational nicht zusammenzubringen war. Rory wurde rein zufällig nach Ard Carraig geweht, und hätte Tom nicht nach einem Koch gesucht, wir hätten Rory niemals kennengelernt. Auch der Fund der Briefe war rein zufällig erfolgt. Hätte Tom nicht diese eine spezielle Wand einreißen wollen, hätten wir sie niemals gefunden. Das Eine hatte mit dem Anderen absolut nichts zu tun.

Trotzdem. War es nicht seltsam, dass ein junger Weltenbummler wie Rory ausgerechnet im verschlafenen Ard Carraig hängen blieb? Gut, er hatte händeringend nach einem Job gesucht, aber was hielt einen jungen Menschen, der seinen Platz im Leben noch nicht gefunden zu haben schien, hier? In einem Dorf, in dem nichts los war?

Ich wusste, ich tat Rory unrecht. In all der Zeit, die er bei uns verbracht hatte, war er immer sehr höflich, sehr zuvorkommend, fleißig und offen gewesen. Er hatte es geschafft, sich seinen Charakter und sein freundliches Wesen zu erhalten, trotz des vermutlich ziemlich abgebrühten Lebens auf Irlands Straßen. Er hatte nichts an sich, was an einen umherstreifenden Obdachlosen oder Vagabunden erinnerte: Ihm fehlte dieses harte und herausfordernde Auftreten, das stets mehr wollte.

Ich konnte es drehen und wenden wie ich wollte, ich fand keine Lösung. Im Gegenteil. Die seltsamen Vorgänge der letzten Zeit lähmten mich. Petulas eigenartiges Verhalten, der Diebstahl der Briefe, Rorys Verschwinden, Lizzies Ausbrüche – all das sorgte dafür, dass ich mich beinahe nach der längst fälligen, gnadenlosen Korrekturfahne aus meinem Verlag sehnte.

Ich seufzte und polierte wohl zum gefühlt hundertsten Mal an diesem Tag die hölzerne Theke, in der Befürchtung, das Holz bis auf den Kern herunter zu schleifen. Wir steckten fest, und ich hatte keine Ahnung, wie es weitergehen sollte. Alles, was ich bislang herausgefunden hatte, kam mir nichtssagend vor. Ich brauchte dringend einen neuen Impuls, eine neue Idee, irgendeinen Ansatz, an dem ich festhalten konnte. Gut, es gab natürlich immer noch die offene Frage nach dem jungen Mann von damals, der des Mordes verdächtigt worden war. Das war auf jeden Fall eine heiße Spur, und ich sollte ihr dringend nachgehen. Würde Mary mir helfen können oder hatte Petula sie bereits instruiert – wahlweise erpresst, bedroht – mir nichts zu sagen?

Als es auf halb neun abends zuging, das Pub verhältnismäßig ruhig schien und es keine Anzeichen dafür gab, dass uns gleich eine Meute hungriger und durstiger Dorfbewohner überfallen würde, beschloss ich, mir eine kleine Auszeit zu nehmen. Irgendwie kam mir Maggie in den Sinn. Ihre rationale, überlegte Art, den Dingen auf den Grund zu gehen, hatte mir imponiert, und mir würden eine neutrale Meinung und ein Blick von außen guttun.

Ich knotete die schwarze Schürze mit dem Werbedruck der Guinness-Brauerei auf und legte sie auf einen Hocker. »Tom?«, rief ich in die Küche, »macht es dir was aus, wenn ich mich heute Abend verkrümele? Ich habe mir überlegt, Maggie zu besuchen. Ich schulde ihr sowieso noch ein paar Flaschen Prosecco für ihre Hilfe.«

Toms Kopf erschien in der Küchentür, und er warf einen schnellen Blick in die Gaststube des Pubs. »Na, wirkt ja recht übersichtlich heute. Du bist entlassen.« Mit einer hoheitsvollen Geste scheuchte er mich raus, nicht ohne einen Luftkuss hinterher zu schicken.

Gemächlich schlenderte ich in der Abendstimmung nach Hause, um dort einen kleinen Rucksack mit zwei Flaschen Prosecco zu packen. Die hatte ich neulich bei Mr Murphy auf Vorrat erstanden, da ich nicht wusste, wie oft ich noch auf Maggies Hilfe zurückgreifen musste.

Maggies Häuserzeile lag komplett im Dunkeln, als ich ankam. Im Erdgeschoss ihres kleinen Reihenhauses brannte allerdings Licht, sodass ich sicher sein konnte, dass sie zuhause war. Da ich jedoch nicht wusste, ob ihr Sohn schon schlief, klopfte ich zunächst vorsichtig an die Tür. Wenig später hörte ich, wie von innen ein Riegel zurückgezogen wurde, dann ging auch schon die Türe auf. Maggie blickte mich erstaunt an.

»Nanu?«, sagte sie. »Was wollen Sie denn hier?« Sie verschränkte ihre Arme vor der Brust und verlagerte ihr Gewicht auf ein Bein, während sie sich mit dem Rest des Körpers an den Türrahmen lehnte. »Oder sind Sie etwa gekommen, um mir zu erklären, was Ihr komisches Verhalten von neulich zu bedeuten hat?« Herausfordernd blickte sie mich mit einer hochgezogenen Augenbraue an.

Grundgütiger, diese Frau hatte wirklich ein Talent, Situationen richtig einzuschätzen, um dann wie ein scharfer Pitbull loszugehen. Ich musste ihr irgendwie den Wind aus den Segeln nehmen. Mit einem schnellen Griff beförderte ich beide Flaschen aus dem Rucksack und hielt sie ihr vor die Nase. »Ich bin gekommen, um meine Schulden abzuzahlen«, sagte ich, wedelte ein wenig damit herum und fügte hinzu: »Und um das alberne Sie abzulegen. Wir sind doch annähernd gleich alt und ich bin nicht Ihr Boss. Warum also nicht zum Du übergehen?«

Ich hatte es wohl geschafft, sie zu überrumpeln, denn sie griff zögerlich nach den Flaschen und stammelte: »Okay ... Wollen Sie – willst du reinkommen?«

Das ließ ich mir nicht zweimal sagen und drückte mich mit einem strahlenden Lächeln an ihr vorbei ins Innere des Hauses. Da ich schon vom letzten Besuch wusste, dass Maggie – nicht nur durch ihren Job als Putzfrau – auf Sauberkeit stand, streifte ich mir schnell die Straßenschuhe von dem Füßen und folgte ihr barstrümpfig ins Wohnzimmer.

Auf dem Couchtisch stand eine fast leere Schüssel Popcorn und ein nicht ganz ausgetrunkenes Saftglas, das sie beiläufig wegräumte.

»Dylan und ich haben uns eben *König der Löwen* angesehen – zum vielleicht millionsten Mal in diesem Monat. So langsam kann ich den Film auswendig mitsingen«, kommentierte sie, während sie das dreckige Geschirr in die kleine Küche direkt daneben brachte. »Wenn du nichts dagegen hast, dann genehmige ich mir jetzt einen Schluck Sekt. Mein Tag war lang. Möchtest du auch einen?«

»Ähm, ja gerne«, antwortete ich. Mir war heute zwar so gar nicht nach Alkohol, aber da ich ja versuchen wollte, Maggie ein wenig auszufragen, würde es nicht schaden, wenn wir uns verschwesterten.

»Kannst du mal eben was rübertragen?«, rief sie aus der Küche, sodass ich zu ihr ging. Sie drückte mir zwei Gläser Sekt in die Hand und steckte dann eine Packung Popcorn in die Mikrowelle. »Außer Popcorn habe ich nichts mehr zum Knabbern da, das muss also reichen«, meinte sie angriffslustig, fast so, als erwartete sie von mir, nach Lachshäppchen und Kaviar zum Champagner zu fragen.

»Ich liebe Popcorn«, erwiderte ich. »Vor allem Salziges.«

»Es ist Süßes.«

»Das mag ich am zweitliebsten.«

Das charakteristische »Ping« der Mikrowelle befreite mich aus der unangenehmen Situation. Maggie füllte das frische, duftende Popcorn in eine Glasschüssel und bedeutete mir mit einer Handbewegung, wieder zurück ins Wohnzimmer zu gehen. Nebeneinander nahmen wir auf der geblümten Couch älteren Datums mit deutlich zu weichen Polstern Platz. Ich sank tief ein und hatte die Befürchtung, nie wieder aufstehen zu können.

Maggie schlug die Beine übereinander, nahm ihr Glas an sich und prostete mir zu.

Der Fernseher im Hintergrund war an, doch das Bild eingefroren. Sie hatten wohl eine DVD geschaut. Eben nahm Maggie die Fernbedienung in die Hand, aktivierte den Film und fragte mich beiläufig: »Du hast doch nichts dagegen? Ich hab mir die DVD nur geliehen und muss sie im Laufe der Woche zurückgeben.« Ich schüttelte schnell den Kopf. »Vermutlich kennst du die Folge schon, also nicht spoilern«, sagte sie noch, bevor sie sich gänzlich dem Film widmete.

Na, das lief ja großartig. Verbrachte ich wirklich den Abend mit einer mir eigentlich unbekannten Frau auf einer unbequemen Couch, mit Snacks und Getränken, die mir kaum schmeckten, und einem Film, den ich vielleicht kannte oder auch nicht, nur um ein wenig mehr Licht ins Dunkel um Finolas das Geheimnis zu bringen? Das war so nicht geplant gewesen.

Über den gigantisch großen Flachbildfernseher, der nagelneu schien und sicher genauso viel gekostet hatte wie die Pressspanmöbel zusammen, flimmerte jetzt eine in übertriebenen Farben gefilmte Strandszene, bei der einem blutjungen Mädchen von einer für den Zuschauer nicht erkennbaren Person der Schädel mit einer Weinflasche eingeschlagen wurde. Schnitt und Kamerafahrt auf das türkisblaue Meer. Erneuter Schnitt und ein wenig ansehnlicher Mann mit karottenroten Haaren und einer nervtötend coolen Sonnenbrille betrat die Szenerie. Beinahe beiläufig beugte er sich über das tote Opfer und die Mordwaffe daneben, nahm seine Sonnenbrille kurz ab, um die Weinflasche genauer zu beäugen, und setzte die Brille dann mit einer fließenden Bewegung wieder auf. Sein Kopf nickte kurz zu seinem Partner, der unbeteiligt hinter ihm stand, und er raunte: »Das war wohl die letzte Flasche Wein in ihrem Leben.« Schnitt und ein Intro begann. Eine schnelle Abfolge von Laborsequenzen und dem rothaarigen, bebrillten Mann in diversen Lebenslagen folgte, bevor der Titel der Serie dramatisch eingeblendet wurde.

»Oh nein«, entfuhr es mir.

Maggies Kopf ruckte zu mir herüber. »Was? Du kennst die Folge also schon?«

»Ähm, nein«, versuchte ich mich zu retten. »Ich bin erstaunt, dass ich sie noch nicht kenne.«

Das Schicksal hatte es wohl so gewollt, dass ich mir *CSI Miami* ansehen musste, die Serie, die beim ersten Aufeinandertreffen von Maggie und mir als Ausrede für meine Neugier an einem angeblichen Mord hatte herhalten müssen. Das war wohl die Rache.

Ergeben nahm ich einen Schluck Sekt und ließ mich schwer in die Polster sinken. Was soll's, dachte ich. Die eine Folge würde ich schon überleben.

Die Episode war kurzweilig, aber übertrieben amerikanisch mit Superlativen an jeder Ecke und markigen Sprüchen, futuristisch-moderner Laborausstattung und einer Sonnenbrille, die eindeutig die Hauptrolle spielte, so oft wie sie auf- und wieder abgesetzt wurde.

Maggie seufzte dann und wann, besonders, wenn der karottige Schauspieler ins Bild kam. »Ist er nicht absolut cool?«, murmelte sie.

»Einmalig«, antwortete ich trocken und verglich im Geheimen das wunderschöne tief kupferfarbene Rot von Toms Haar mit dem grellen Ton dem des Ermittlers. Ich war froh, als der Abspann einsetzte, auch wenn ich nicht umhin kam, mir einzugestehen, dass ich am Ende doch etwas mitgefiebert hatte bei der Suche nach dem Mörder.

Maggie griff sich erneut die Fernbedienung, um die DVD zu pausieren. Das letzte Bild fror ein, sodass uns der Schauspieler über seine Sonnenbrille hinweg zu beobachten schien. Es war ein wenig gruselig. Meine Gastgeberin schenkte uns beiden aus der Flasche Prosecco nach, bevor sie mich unumwunden anstarrte und sagte: »Also, warum bist du wirklich hier?« Auch heute trug sie wieder markante Ohrringe, lange, glitzernde, herunterhängende Spiralen, an denen sie herumspielte.

Um etwas Zeit zu gewinnen, nahm ich noch einen großen Schluck und stellte das Glas übertrieben vorsichtig ab. »Tja, also, wie soll ich das sagen«, begann ich, wurde aber recht schnell unterbrochen.

»Nein, halt. Lass es mich mal versuchen. Es hat etwas mit dem Haus am Strand zu tun, eurem zukünftigen Hotel, richtig? Und dieser Leiche, die irgendwann '47 gefunden wurde. Ich glaube, dass du denkst, das alles hat etwas mit dieser anderen Person zu tun, dieser verschwundenen Frau aus Durley Abbey. Habe ich soweit recht? Wobei ich nicht verstehe, wie das zusammenpassen soll, denn die Unbekannte Tote vom Strand war schon tot, bevor diese andere reiche Lady verschwand. Sie können also nicht ein- und dieselbe Person sein. Und was hat das alles mit dem Hotel zu tun? Weshalb also siehst du da einen Zusammenhang?«

Langsam nickte ich. »Du bist echt gut«, murmelte ich beeindruckt.

Und ich weiß nicht genau weshalb, aber ich beschloss, Maggie einzuweihen. Sie war wirklich smart, eine kluge Person, wenn sie sich auch etwas prollig gab und einen etwas zweifelhaften Kleidungsstil pflegte. Aber sie schien eine organisierte, unabhängige Frau zu sein, die etwas Authentisches an sich hatte, das es mir leicht machte, sie ins Boot zu holen.

Ich beugte mich zu ihr vor und begann: »Also, hör zu, aber ich bitte dich, behalte alles erst einmal für dich.« Sie wirkte zunächst skeptisch, doch dann nickte sie nüchtern. »Tom hat ja vor kurzem das alte Haus am Strand gekauft und möchte es zum Hotel umbauen. So weit, so bekannt. Dafür waren einige Renovierungen nötig. Unter anderem haben wir eine Wand eingerissen, und dabei fanden wir eine alte Schatulle mit Briefen.«

Maggies Augen wurden größer.

»Die Briefe stellten sich als Liebesbriefe heraus. Sie sind recht alt, aber leider undatiert. Aus dem Inhalt schließen wir, dass sie kurz nach dem zweiten Weltkrieg geschrieben sein müssen. Sie auch nicht unterschrieben, alles, was wir haben, sind Kürzel, ein F und ein C. Tom und ich denken, dass C ein Mann war und F eine …«

»Finola!«, unterbrach Maggie mich aufgeregt.

»… Frau«, brachte ich den Satz zu Ende, bevor ich sie irritiert ansah. »Woher zur Hölle weißt du das?«, schnaubte ich kurze Zeit später, empört darüber, wie schnell sie einen Zusammenhang gefunden hatte.

»Na, hör mal«, erwiderte sie, ebenfalls leicht aufgebracht. »Ich bin zwar nur 'ne Putze, habe aber meine Doktorarbeit mit Summa cum laude abgeschlossen. Ich bin also nicht ganz auf den Kopf gefallen.« Sie zwinkerte, um die Schärfe in ihrer Stimme abzumildern. »Das ist doch ganz einfach. Der Zeitungsartikel, den wir neulich zum Verschwinden von Finola Flaherty fanden, und dein Verhalten waren schon verdächtig genug. Noch dazu passt die Zeit ganz gut, Finola verschwand '47, also kurz nach dem Zweiten Weltkrieg. Und natürlich der Name, der mit F beginnt. Das alles sind für mich Indizien, dass die Briefe und das Verschwinden dieser Finola irgendwie zusammenhängen. Ich verstehe nur noch nicht, was diese andere Leiche am Strand damit zu tun hat.«

Anerkennend nickte ich ihr zu. »Wirklich brillant. Deine Auffassungsgabe ist echt gut.« Ich strich mir eine lose Haarsträhne hinters Ohr. »Bei der Toten vom Strand bin ich mittlerweile der Meinung, dass sie in keinem Zusammenhang mit den Briefen und Finolas Verschwinden steht. Sie könnte beim Baden ertrunken sein oder hatte einen Unfall. Leider habe ich noch nichts zu ihrer Identität herausfinden können. Allerdings gibt noch weitere Informationen aus den Briefen. Zum einen ist das Briefpapier, das Finola verwendet hat, deutlich hochwertiger als das Papier von C. Das könnte darauf hindeuten, dass sie aus einer anderen, einer reicheren Gesellschaftsschicht stammte. Das eigentlich Interessante weißt du aber noch gar nicht.« Ich pausierte kurz für einen dramatischen Effekt, was mir nur ein genervtes Augenrollen von Maggie einbrachte. »In den Briefen schreibt Finola, dass sie Angst hat, ihr Mann könnte ihr etwas antun. Sie war eine verheiratete Frau, die eine heimliche Liebesbeziehung zu C unterhielt, und befürchtete, dass ihr Ehemann es herausfinden könnte. Tja, und wie der Zeitungsausschnitt, den wir beim *Kerry Daily Mirror* gefunden haben, eindeutig beweist, ist sie später verschwunden.«

Triumphierend lehnte ich mich zurück. Maggie nickte bedächtig. »Ja, da könnte es eine Verbindung geben. Hast du schon versucht, etwas mehr über Finolas Ehe und ihr Zuhause herauszufinden?«

»Ja«, antwortete ich und setzte mich wieder auf. »Ich war vor kurzem auf Durley Abbey und habe dort tatsächlich ziemlich viel Neues erfahren. Finola ist nie wieder aufgetaucht, sie blieb verschwunden. Ihr Ehemann Simon wurde kurze Zeit später ermordet aufgefunden. Eingeschlagener Schädel.«

»Nein!«, hauchte Maggie ungläubig.

»Doch.«

»Das gibt's doch nicht. Das ist ja wie im Krimi.«

»Genau, aber warte ab. Da ist noch etwas. Der Mörder wurde nie gefasst, es gab jedoch Verdächtige. Und einer davon – und jetzt halt dich fest – einer der Verdächtigen kam aus Ard Carraig.«

»Nicht wahr!«, rief Maggie und hüpfte beinahe auf der Couch auf und ab.

»Wie hieß der Mann?«

Ich verzog das Gesicht. »Das weiß ich nicht. Meine Kontaktperson hatte keine Infos dazu. Sie wusste nur, dass es jemand aus dem Ort war, in dem Finola Kurgast war.«

»Deine Kontaktperson?«

»Ja, ich habe auf Durley Abbey eine ziemlich nette Krankenpflegerin getroffen, die ein paar Infos hatte. Die anderen Dinge weiß ich von einem der Museumsführer, Seamus O'…«

»… Dooley«, vervollständigte Maggie meinen Satz. »Mist verdammter«, fluchte sie dann plötzlich los.

»Wie? Was? Du kennst diesen schmierigen kleinen Arschkriecher?«

»Leider viel zu gut. Wir haben zusammen studiert, und er wollte unbedingt mein Doktorarbeitsthema haben. Er hatte wohl ein privates Interesse an Herrenhäusern. Na ja, jedenfalls habe ich ihm das Thema natürlich nicht überlassen. Er hat später versucht, mir so viele Steine wie nur möglich in den Weg zu legen. Behauptete, ich hätte nicht korrekt zitiert und wollte mir ein Plagiat unterstellen. Hat sich anonym – pah, anonym, als hätte ich das nicht sofort durchschaut – bei der Universerwaltung über mich beschwert. Solche Dinge. Ich dachte, ich bin ihn auf ewig los, aber Pustekuchen.« Sie kippte den Rest ihres Proseccos mit einem Schluck hinunter und stand dann auf. »Auf diesen Schock brauche ich noch einen Schluck. Ich hole die zweite Flasche. Du bist vermutlich nicht mit dem Auto da, oder?«

Ich verneinte, und sie eilte in die Küche. Ich hörte sie nebenan schimpfen und wusste, dass sie sich ärgerte, einem Geist aus der Vergangenheit wieder begegnet zu sein. Ein kurzer Plopp, dann war sie mit der geöffneten zweiten Flasche zurück und schenkte uns nach.

»Ich fand ihn auch sehr unangenehm«, nahm ich den Faden auf. »Mir wurde gesagt, er habe entfernt mit der Familie von Durley Abbey zu tun und sei extrem ehrgeizig. Vermutlich hofft er, die Gutsverwaltung übernehmen zu können.«

»Das erklärt sein Interesse an meinem Thema«, meinte Maggie. »Na gut, schieben wir das mal beiseite. Wichtiger ist es herauszufinden, wer der Verdächtige aus Ard Carraig war.« Sie hielt kurz inne, drehte ihr Glas nachdenklich in der Hand und sinnierte laut: »Wenn ich Filmproduzent wäre oder Drehbuchschreiber und ich müsste mir eine spannende Geschichte ausdenken, dann würde ich behaupten, dass der Verdächtige unser unbekannter Briefeschreiber C ist.«

Spontan hielt ich ihr mein Glas zum Anstoßen hoch. »Genau das war mein Gedanke, Maggie. Diese Vorfälle müssen zusammenhängen. Ich glaube, dass C nach dem Verschwinden von Finola ihren Mann im Verdacht hatte, sie umgebracht zu haben, und aus Rache dafür ermordete er ihn.«

»Es klingt zumindest ziemlich logisch und menschlich. Der Ehemann hatte Finola ja offenbar gedroht. C muss gedacht haben, dass Simon für ihr Verschwinden verantwortlich war.«

Aufgeregt sprang Maggie auf, lief aus dem Zimmer und ließ mich ratlos zurück.

»Äh, Maggie?«, rief ich ihr nach.

Wenige Augenblicke später kam sie mit einem dicken Packen Karteikarten zurück. »Wenn ich im Studium nicht weiterwusste, habe ich mir alle Fakten notiert, um einen besseren Überblick zu bekommen. Das werden wir jetzt auch so machen«, erklärte sie und kritzelte eilig ein Kärtchen nach dem anderen voll.

F = Finola
C = Mann aus Ard Carraig
C = Mörder von Simon?
Simon bedroht Finola

und viele weitere Informationen hingen wenige Minuten später in wildem Durcheinander mit Tesafilm an der spiegelglatten Oberfläche des Flachbildfernsehers. Maggie stand davor, die Arme in die Seiten gestemmt und sagte: »Oberste Priorität hat nun herauszufinden, wer C war.«

Ich stellte mich zu ihr, und wir betrachteten gemeinsam das Sammelsurium auf dem Fernseher. »Hör mal, da gibt es noch eine Info, die ziemlich interessant ist. Ich habe neulich im Pub Petula und Mary getroffen. Die beiden schreiben gerade an einem Buch über die Geschichte des Dorfes. Ich kam ins Gespräch mit ihnen, und Petula erzählte am Rande, dass es hier im Dorf mal einen jungen Mann gab, der des Mordes verdächtigt wurde.«

»Oh, das klingt vielversprechend. Weiter.«

»Tja, nichts weiter. Als ich Petula darauf ansprach, weil ich die vage Hoffnung hatte, dieser junge Mann könnte unser C sein, da schlug sie mir wutentbrannt die Tür vor der Nase zu und schrie, wie ich es wagen könne.« Ich setzte mich wieder. »Ich weiß ja, dass diese Frau ziemlich eigenwillig und exzentrisch ist, trotzdem kann ich mir ihr Verhalten nicht erklären. Immerhin hat sie ja von ganz allein mit dem Thema angefangen und ich habe nur nachgehakt.«

Maggie kritzelte zwei weitere Karteikarten voll und hängte sie zum Rest hinzu. Petulas Name prangte auf einer davon.

Maggie drehte sich zu mir um und strahlte plötzlich. »Ich muss schon sagen, dass ist der interessanteste Abend seit langem. Ich würde mir am liebsten einen Deerstalker aufsetzen, eine Pfeife in den Mund schieben und mit einem Vergrößerungsglas den Boden absuchen. Komme mir ein bisschen vor wie Sherlock Holmes.« Sie klatschte in die Hände. »Los, wir werden dieses Rätsel lösen.« Euphorisch hüpfte sie zur Couch und setzte sich neben mich. Gemeinsam starrten wir auf die vielen Zettel und versuchten Ordnung in unsere Köpfen und das Papier-Wirrwarr zu bringen.

»Also«, begann sie nochmals. »Wir müssen herausfinden, wer C ist beziehungsweise war. Petulas seltsames Verhalten könnte darauf hindeuten, dass dieser Mordverdächtige jemand aus ihrer Familie war. Vielleicht ihr Vater, Großvater, Onkel oder ein ehemaliger Freund der Familie. Jemand aus ihrer Vergangenheit. Es gibt sonst keinen Grund, weshalb sie so empfindlich reagieren würde. Sie muss eine private Beziehung zu ihm haben.«

»Diesen Gedanken hatte ich auch schon«, log ich, um nicht komplett blöde dazustehen. Denn tatsächlich war mir das noch nicht durch den Kopf gegangen. Aber Maggie hatte recht. Es war eine einleuchtende Erklärung.

Sie fuhr fort: »Ich denke, es ist recht unwahrscheinlich, dass Petula uns freiwillig Auskunft über ihre Familie geben wird. Wir müssen also anderweitig an die Informationen herankommen. Spontan fällt mir da das Geburts- und Taufregister unserer Kirche ein. Damit könnten wir recht schnell zumindest die Namen von Petulas Verwandten herausfinden.«

Ich hatte es gewusst: Maggie war wirklich eine Naturgewalt im Recherchieren und kam auf Ideen, die ich nicht im Traum gehabt hätte.

»Gute Idee«, meinte ich. »Wenn du morgen Zeit hast, könnten wir das gleich in aller Frühe erledigen.«

»Morgen früh?«, fragte sie. »Weshalb denn morgen früh? Das erledigen wir gleich.«

Mein verwirrtes Gesicht sprach wohl Bände, denn sie ergänzte: »Nein, wir gehen natürlich nicht in die Kirche, wecken den Pfarrer und stöbern in verstaubten Archiven. Heutzutage macht man so etwas online. Mittlerweile interessieren sich ziemlich viele Menschen für Ahnenforschung, sodass viele Kirchenbücher längst digitalisiert sind. Warte kurz, ich hole meinen Laptop.«

Sie brachte einen grellpinken – überraschte mich das wirklich? – kleinen Laptop an und klappte ihn auf.

»Sieh her«, sagte sie, googelte unsere Pfarrgemeinde und Kirchenbücher und erzielte diverse Treffer. »Da hätten wir eine dieser Datenbanken. Hier kann man den Namen der Person eingeben und bekommt dann unter anderem das Geburts- und Taufdatum sowie gegebenenfalls das Sterbedatum.« Sie tippte Petulas Namen in das kleine Suchfenster ein und erhielt mehrere Treffer: der letzte Eintrag war der Tag ihrer Hochzeit und zeigte uns, wen sie geheiratet hatte sowie ihren Mädchennamen. Petula Finnigan. So weit, so gewöhnlich.

»Okay, das heißt, wir suchen jetzt nach Petula Finnigan, schauen nach, wer ihre Eltern waren, und arbeiten uns so Stück für Stück zurück, bis wir jemanden finden, dessen Name mit C beginnt?«, fragte ich.

»Genau«, bestätigte Maggie und hatte bereits den Mädchennamen von Petula eingegeben. Ihre Eltern hießen Mary und Seamus. Maggie kritzelte nebenbei einen kleinen Stammbaum auf ihren Block, um den Überblick zu behalten. Die Suche ergab, dass Marys Eltern Patrick und Margaret geheißen hatten und Seamus' Eltern Anne und Sean.

Sackgasse. Auch Petulas Großeltern schieden somit aus. Maggie ließ sich nicht beirren und reihte feinsäuberlich jeden Namen mit einem dünnen Ast an den nächsten. Sie nahm sich die Urgroßeltern vor, doch auch hier keine Übereinstimmung.

»Okay«, murmelte sie. »Probieren wir es doch mal mit einer weiträumigeren Suche aus.«

Sie gab nun den Nachnamen Finnigan in die Suchmaske ein. Wie vorherzusehen war, ergab das ziemlich viele Treffer. Rasch scrollten wir durch die Suchliste, bis mir ein Name mit C ins Auge fiel: Cillian. Aufgeregt stupste ich Maggie an und deutete auf das Suchergebnis. Sie klickte darauf, ebenfalls atemlos vor Spannung. Doch die Ernüchterung folgte direkt: Cillian Finnigan starb 1843. Danach gab es keinen Männernamen mit C mehr. Wir fanden noch ein paar Cathys und Catrionas, doch das passte alles nicht.

Enttäuscht lehnte ich mich zurück. »Hmm«, machte ich. »Es sieht wohl so aus, als würde unser ominöser C doch nicht zu Petulas Familie gehören.«

»Nicht so voreilig.« Maggies Augen klebten immer noch am Bildschirm, und ihre Finger flogen über die Tastatur. Mittlerweile hatte sie etliche Tabs nebeneinander geöffnet und browste parallel auf verschiedenen Seiten. »Es könnte auch einfach nur bedeuten, dass C nicht im hiesigen Register steht. Vielleicht gehörte er zu einer anderen Pfarrei, zu einer anderen Gemeinde. Petulas Familie könnte ursprünglich woanders als in Ard Carraig gelebt haben oder nur ein Teil der Familie zog irgendwann hierher. Es gibt so viele Möglichkeiten. Ich werde mir die Verbindungen der Eltern und Großeltern genauer ansehen. Vielleicht gab es ja einen Onkel, Cousin, Bruder, der nicht in Ard Carraig geboren oder gestorben ist«, erklärte sie. Sie wandte sich mir kurz zu. »Aber das werde ich heute nicht mehr schaffen.« Sie blickte auf ihre Uhr. »Ich muss morgen leider früh raus. Mein erster Putzjob ist um sieben, davor muss ich noch Dylan fertig machen.« Sie gähnte demonstrativ. »Ich befürchte, ich muss ins Bett.«

Eilig begann ich, meine Habseligkeiten zusammenzusuchen. »Aber klar doch. Warum hast du das nicht früher gesagt? Ich will dich auf keinen Fall aufhalten. Es war schon nett genug, dass du mir überhaupt zugehört hast.«

Sie winkte ab. »Ach, hör auf. Das ist ein Riesenspaß. Es ist schon zu lange her, dass ich geistig arbeiten durfte.«

Ich half ihr, die Gläser und Sektflaschen in die Küche zu bringen, dann verabschiedeten wir uns an der Haustür.

»Ich halte dich auf dem Laufenden«, versprach sie und zog mich spontan zu einer Umarmung heran. »Den DVD-Abend sollten wir wiederholen«, sagte sie noch, bevor sie mit einem letzten Winken die Türe hinter sich schloss.

Ich verließ die dunkle Nebenstraße und atmete die kalte Nachtluft ein. Puh, das war ein ziemlich überraschender Abend gewesen, in mehrfacher Hinsicht. Ich ertappte mich dabei, dass ich Maggie mittlerweile ziemlich sympathisch fand.

Meine Uhr zeigte mittlerweile halb zwölf an, und weil das Pub erst in einer halben Stunde schloss, schlug ich den Weg in die Dorfmitte ein.

Außer Tom saßen nur noch zwei ältere Männer an der Bar, schwiegen sich an und tranken stoisch an einem letzten Pint dunklen Bieres. Tom wechselte eben die Kerzen aus, die in alte Whiskeyflaschen gesteckt und an den kleinen Holztischen verteilt waren. Ich ging zu ihm und drückte ihm einen Begrüßungskuss auf die Wange.

»Na, wie war dein Abend?«, fragte er mich.

»Ziemlich interessant.« Ich winkte ab, als er mir noch etwas zu trinken anbieten wollte. »Danke, mir ist etwas schummrig, wenn ich ehrlich bin. Ich musste die beiden Flaschen Sekt mit Maggie leeren. Und eine etwas übertriebene amerikanische Serie mit ihr ansehen. Aber abgesehen davon hatte sie eine wirklich gute Idee.« Ich brachte ihn auf den neuesten Stand.

Er nickte bedächtig. »Das ergibt Sinn. Vielleicht führt dich dieser Ansatz zu C. Hör mal, ich hatte heute ebenfalls ein recht interessantes Gespräch. Mary war hier.«

Er führte mich zu einem der Tische am Fenster, die etwas abseits standen, um außer Hörweite der verbliebenen Gäste zu sein, und wir setzten uns einander gegenüber.

»Es war ein wenig seltsam. Mary erschien, kurz nachdem du weg warst, und saß erst einmal eine halbe Stunde alleine herum. Dann kam sie zu mir und fragte, wo denn Rory sei.«

»Was?«, fragte ich und schnappte nach Luft. »Was wollte sie denn von Rory?«

»Die beiden hatten wohl eine Verabredung.« Das Wort Verabredung setzte er dabei mit seinen Händen in Gänsefüßchen.

»Eine Verabredung«, wiederholte ich skeptisch.

»Guck nicht so«, zog er mich auf. »Ja, eine Verabredung im weitesten Sinne. Rory hatte sie vor ein paar Tagen gefragt, ob sie mal eine halbe Stunde Zeit für ein Gespräch hätte. Er wollte mit ihr über das Dorf sprechen.«

»Bitte was?« Perplex starrte ich Tom an. »Warum interessiert sich Rory denn für unser Dorf?«

Tom zuckte mit den Schultern. »Was weiß denn ich? Bislang hat er mir nicht das Gefühl gegeben, dass in ihm ein kleiner Historiker steckt. Na ja, jedenfalls, als Rory nicht kam, fragte Mary, wo er steckte. Sie nahm an, dass er noch in der Küche arbeitete. Sie wusste nicht, dass er das Dorf verlassen hat.«

»Huh!«, entfuhr es mir. »Hat sie verraten, was er mit ihr besprechen wollte?«

»Nein, sie wusste es nicht. Er hat wohl nur gesagt, ihn interessiere etwas zur Geschichte des Dorfes und dass er mitbekommen habe, dass Mary einen guten Überblick darüber hätte. Sie war natürlich irritiert, dass er abgehauen ist.«

Ich schüttelte den Kopf. »Das kann doch kein Zufall sein, Tom.« Ich wusste, diesen Satz hatte ich in der Vergangenheit schon öfter gesagt, aber ich konnte nicht anders, denn alles in mir war davon überzeugt, dass die jüngsten Vorfälle zusammenhingen.

»Nein, ich bin ganz deiner Meinung. So langsam kommt mir das seltsam vor. Bislang habe ich geglaubt, Rory sei abgehauen, weil er Angst vor meiner Reaktion bezüglich des Kusses zwischen ihm und Lizzie hat. Aber jetzt denke ich, dass mehr dahinter steckt.«

»Definitiv. Erst findet sich einer der Briefe ganz plötzlich in seinem

Besitz wieder – wohlgemerkt, nur einer –, dann ist er weg. Kurz vorher bittet er Mary um Hilfe. Und überhaupt: seine ganze Anwesenheit hier. Wie kam er überhaupt hierher? Warum ausgerechnet Ard Carraig?«

»Ich weiß auch nicht. Hättest du mich vor ein paar Tagen zu Rory befragt, ich hätte ihm ein einwandfreies Zeugnis ausgestellt. Der Junge ist gut. Ich konnte mich auf ihn verlassen. Dass er jetzt so hastig abgehauen ist, passt nicht zu dem Rory, den ich aus der Küche kenne. Er war immer solide und pragmatisch. Unaufgeregt. Die Flucht hat etwas Emotionales, etwas Irrationales. Ich verstehe es nicht.«

»Ich auch nicht.« Müde stützte ich meinen Kopf auf meine Arme und seufzte tief. Minutenlang saßen Tom und ich uns gegenüber und wurden erst dann wieder aufgeschreckt, als die beiden Männer sich gleichzeitig vom Acker machten. Mit einem kurzen Lupfen ihrer Schiebermützen verabschiedeten sie sich stumm von uns und verschwanden in die Nacht.

»Was nun?«, fragte Tom.

»Tja, ich habe keine Ahnung. Ich weiß nur, dass ich langsam ins Bett muss. Mir fallen die Augen zu, und ich kann keinen klaren Gedanken mehr fassen. Lass uns morgen nochmal nachdenken.«

»Okay, einverstanden. Zu mir oder zu dir?« Tom schickte seiner Frage ein freches Grinsen hinterher.

Einschub: Ard Carraig, 1946

Das einzige Licht, das ihn auf seinem Weg begleitete, war das des Mondes, das sich an der Wasseroberfläche des Meeres brach. Es herrschte Ebbe, und es war ruhig am Strand. Das Meer zog sich zurück, und der Sand knirschte unter seinen Schuhen.

Als er das Dorf verließ, hatte er darauf geachtet, dass niemand mehr auf den Straßen unterwegs war. Mitternacht war längst vorbei, die Straßenlaternen seit kurzem gelöscht. Dennoch wusste er, dass es immer den einen oder anderen Herumtreiber geben konnte. Er hatte zwar für den Fall der Fälle eine plausible Erklärung, weshalb er so spät noch unterwegs war, doch er wollte jedes Gerede vermeiden. Nur nicht auffallen. Nur keinen Gesprächsstoff liefern.

Das große Haus hob sich imposant gegen den mondhellen Sternenhimmel ab. Zwei kleine Lampen über der Haupttür brannten noch, doch er wusste, sie brannten die ganze Nacht, damit jeder Besucher spätnachts noch das Hotelschild lesen konnte. Cliff House Hotel. Erst letzte Woche hatte er dabei geholfen, das Schild zu versetzen. Der Besitzer fand, dass es direkt über der Haustür deutlich besser zur Geltung kam. Und er hatte recht. Schild und Tür konnte man dank der beiden Lampen bereits von weitem erkennen.

Langsam setzte er seinen Weg fort, umrundete in großem Bogen das Hotel, um sich ihm von hinten zu nähern. Der hoteleigene Garten im hinteren Bereich lag völlig im Dunkeln. Aus keinem der Fenster schien Licht nach draußen. Dennoch wusste er, dass das Hotel voll belegt war. Zu dieser Jahreszeit lief das Geschäft gut. Er blieb kurz stehen und ließ seinen Augen Zeit, sich an die Dunkelheit zu gewöhnen.

Das zweite Fenster von links. Das war es. Er wusste, sie war da. Sie erwartete ihn, auch wenn es kein Anzeichen dafür gab. Er schlich sich vorsichtig näher ans Haus heran. Das Fenster war nicht verriegelt, es stand wenige Millimeter offen, sodass er es von außen öffnen konnte.

Gott, was hatte er sie vermisst. Ihr letztes Treffen lag Wochen zurück, und zwischendurch hatte es nur zwei Briefe gegeben, um die Zeit bis zum nächsten Wiedersehen zu überbrücken. Mittlerweile spürte er ihre Abwesenheit beinahe körperlich. Er ertappte sich dabei, dass er in seinem Alltag zu den unpassendsten Zeiten von einer Sehnsucht überrollt wurde, die ihm den Atem nahm. Wie sollte er nur ohne sie sein?

Er lauschte auf Anzeichen, dass seine Anwesenheit von einem anderen Gast entdeckt worden war, doch alles war ruhig. Vorsichtig drückte er die beiden Fensterhälften auseinander, wohl wissend, dass der rechte Fensterflügel etwas quietschte, wenn man ihn zu schnell bewegte.

Die Gardinen im Inneren wurden beiseite gezogen, und ein blasses Gesicht sah auf ihn herab. Ihr Gesicht! Wie schön sie doch war. Er musste schlucken, zog sich dann mit einer kraftvollen Bewegung am Fensterbrett hoch und sprang ins Innere des Zimmers. Kurz hielten beide den Atem an, horchten, ob jemand den dumpfen Aufprall gehört hatte und herbeieilte. Doch es blieb still.

Ihre Körper fanden im Dunkeln zueinander. Sie drückte sich an ihn, und er strich ihr durch die Haare, sah ihr in die Augen.

»Du bist endlich hier«, flüsterte sie. »Ich wusste nicht, ob du meine Nachricht bekommen hast.«

Er zog sie näher zu sich und küsste sie hart. »Wie könnte ich nicht spüren, dass du in meiner Nähe bist«, keuchte er. »Ich habe dich so vermisst. Ich weiß nicht, wie lange ich das noch aushalten kann.«

»Ssssch«, machte sie und verschloss seinen Mund mit ihrem. »Still. Lass uns nicht jetzt darüber reden«, sagte sie und streifte ihm seine dünne Jacke von den Schultern. »Lass uns unsere Zeit nutzen.«

Kurz darauf lagen sie erschöpft und aneinander geschmiegt auf dem großen Bett und lauschten gegenseitig dem Atem des anderen. Er hielt ihre Hand, die sie auf seine Brust gelegt hatte, und spielte gedankenverloren mit ihren Fingern und dem Ring, den sie an einem davon trug.

»Er schöpft langsam Verdacht«, unterbrach sie die Stille.

Er atmete scharf ein, sagte jedoch nichts.

»Erst neulich fragte er mich, ob er mich nicht beim nächsten Besuch begleiten soll. Die frische Luft würde auch ihm guttun.«

Er erstarrte. Das wäre ihr Ende.

»Ich konnte es verhindern, zumindest für dieses Mal. Ich sagte ihm, dass ich durch die vielen Spaziergänge am Strand und das rustikale Essen hier jeden Abend wie tot ins Bett fallen würde und dass ich keine gute Gesellschaft wäre. Außer Lesen, Essen und Spazierengehen könne man hier nicht viel tun.«

»Und hat er dir geglaubt?«

»Ja, und er hat nicht viel übrig für Provinznester wie dieses hier. Am liebsten bliebe er dauerhaft in unserer Stadtwohnung in Dublin, wenn ihn die Verpflichtungen von Durley Abbey nicht für den Großteil des Jahres ans Landgut binden würden.«

»Dein Husten ist viel besser geworden. Ich kann verstehen, dass er deine Kuraufenthalte hier langsam überflüssig findet.«

»Ja«, flüsterte sie. »Mir graut vor dem Tag, da er mir einen weiteren Besuch verwehrt.«

Er küsste ihren lockigen Haarschopf. »Ich darf nicht daran denken. Ich wüsste nicht, wie ich ohne dich weitermachen sollte.«

Sie richtete sich auf, um ihm in die Augen zu sehen. Eine einzelne Träne löste sich aus ihrem Auge und rollte ihr Gesicht hinab. »Ich will nicht so weitermachen. Wenn ich könnte, ich würde mich lieber heute als morgen von ihm scheiden lassen. Aber du kennst ihn. Das wird er mir – das wird er uns – nie vergessen, er würde uns nachstellen. Denk daran, was er dem armen Stallburschen angetan hat. Der Junge ist mittlerweile ein Krüppel und muss von seiner Mutter gepflegt werden. Und das alles nur, weil er es gewagt hat, sich auf Simons Lieblingspferd zu setzen. Wenn er herausfindet, dass ich ihn wegen eines anderen Mannes verlassen habe, dann sind wir beide unseres Lebens nicht mehr sicher. Simon ist zu jähzornig, zu gewalttätig. Und zu reich, als dass er so einen Vorfall nicht unter den Teppich kehren könnte.«

Jäh setzte er sich auf und nahm ihr Gesicht in seine Hände. »Dann lass uns fortgehen. Irgendwo hin, wo er uns nicht aufspüren kann. Nach England. Oder Amerika. So weit kann sein Arm nicht reichen. Ich habe ein paar Ersparnisse, die für die Überfahrt reichen könnten. Und du könntest vielleicht etwas Schmuck veräußern, damit wir für die erste Zeit ein wenig Geld haben. Sind wir erst einmal fort, finde ich leicht eine Arbeit. Ich kann für uns beide sorgen.«

Sie küsste ihn. »Das weiß ich. Du bist ein guter Mann. Ich würde nichts lieber tun, als mein Leben mit dir zu leben. Doch wenn wir von hier weg wollen, dann müssen wir das gut vorbereiten. Wir müssen es planen. Wenn ich einfach verschwinde, wird er nichts unversucht lassen, mich aufzuspüren. Wir könnten niemals ein friedliches Leben führen, ohne immerzu einen Blick über die Schulter zu werfen. Ich würde stets Angst haben, er lauere mir auf.«

Er atmete tief durch. »Was also schlägst du vor?«

»Ich weiß es noch nicht. Vielleicht können wir mein Verschwinden wie einen Unfall aussehen lassen? Wenn er mich für tot hält, dann haben wir ein neues Leben gewonnen.«

»Aber wie sollen wir das anstellen?«, fragte er aufgeregt. »Wie kann dein Tod vorgetäuscht werden?«

Plötzlich brach sie in Tränen aus. »Bei Gott, Liebster. Ich weiß es nicht. Ich klammere mich an jeden Strohhalm, den ich finden kann.«

»Sssssch«, machte nun er. »Ruhig, Finola. Wir werden eine Lösung finden. Bestimmt.«

Er küsste ihr die Tränen fort, wiegte sie im Arm, bis er selbst von einer großen, bleiernen Müdigkeit umfangen wurde und schließlich einschlief.

Finola hingegen lag noch eine lange Weile wach und dachte nach. Schließlich küsste sie ihren schlafenden Liebhaber auf die Stirn und flüsterte, mehr zu sich selbst als zu ihm: »Wir müssen hier weg. Alle drei.«

Kapitel 9

Oder: Der Druide mal wieder …

Ganze zwei Wochen lang tat sich nichts bei meiner kleinen privaten Ermittlung. Keine neuen Erkenntnisse, wo die Briefe abgeblieben waren. Kein Hinweis darauf, wer der ominöse C gewesen war. Keine Spur zu Rory.

Maggie hatte zwar nach unserem Sekt-und-DVD-Abend fleißig weiter recherchiert, aber leider ohne Erfolg. Sie wäre in der Lage gewesen, einen exakten Überblick über Petulas Genealogie inklusive fein säuberlich gezeichnetem Stammbaum zu geben, doch es fand sich einfach niemand, der zeitlich zu unserer gesuchten Person passte. Sie war jedoch völlig gefangen in dem Rätsel um Finola und versprach mir weiterzumachen. Weil sie allerdings auch ein Privatleben und einen kleinen Sohn besaß, hatte ich seit beinahe einer Woche nichts mehr von ihr gehört.

Die zweite Person, von der ich mir einiges an Wissen und Hilfe erhofft hatte, war plötzlich wie vom Erdboden verschluckt. Mary machte sich rar. Sie war zwar weder im Urlaub noch außer Landes, das beteuerte mir George, ihr Ehemann, stets, wenn ich ihn sah und nach ihr fragte. Doch sie war trotzdem nicht greifbar. Mal beanspruchte ein Kaffeeklatsch mit Freundinnen ihre Anwesenheit, mal arbeitete sie mit Petula an dem geplanten Buch über die Dorfgeschichte – und Petula war momentan der letzte Mensch, den ich sehen wollte.

So blieb mir nichts übrig, als mich anderen Dingen zuzuwenden. Donna und ihr Team in Dublin hatten eine heftige Grippewelle hinter sich, sodass die Korrekturfahnen meines Romans immer noch auf sich warten ließen und mir quasi Urlaub ermöglichten.

Selbstverständlich war es Tom, der sich meine freie Zeit sofort zunutze machte. Und natürlich fuhren wir nicht etwa an einen karibischen Ort mit tollen Sonnenuntergängen, exotischem Essen und farbenfrohen Cocktails, sondern raus ins Hotel, wo mich graue Schuttberge, jede Menge Werkzeug und viel Chaos erwarteten. Dennoch war ein gutes Stück Arbeit bereits getan. Der Elektriker hatte in Rekordzeit die gesamte marode Elektrik ausgetauscht und dafür gesorgt, dass wir nun nicht mehr jedes Mal, wenn wir einen Schalter drückten, befürchten mussten, von einem Lichtblitz erschlagen zu werden. Der Fensterbauer hatte parallel gearbeitet. Solide, hübsch anzusehende – und, wie Tom nicht müde wurde zu erwähnen, horrend teure – neue Holzfensterrahmen, die den alten optisch ähnelten, verliehen dem Hotel ein wenig vom alten Glanz. Noch waren ein Maurer und sein Gehilfe dabei, die restlichen Verputzarbeiten im Erdgeschoss vorzunehmen, doch auch die würden in den nächsten Tagen fertig sein.

Danach ging es an die Schönheitsarbeiten. Tom wollte alle Holzböden abschleifen und neu versiegeln. Sie waren noch gut in Schuss, bedurften aber dringender Pflege. Wir ließen uns im Baumarkt ausführlich beraten, liehen uns das nötige Werkzeug und kauften Pflegeutensilien. Meine völlige Naivität wurde mir am dritten Tag bewusst, als wir gerade beim vierten Schleifvorgang waren und uns immer noch drei Körnungen bevorstanden, ganz zu schweigen vom Ölen und Polieren. Am fünften Tag hasste ich einfach alles: Holz, Atemschutzmasken gegen den Staub, noch mehr Holz und ganz besonders Tom.

Der verfügte nicht nur über einen scheinbar niemals endenden Energievorrat, sondern auch über die enervierende Eigenschaft, mir keine Pause zu gönnen. Jedes Mal, wenn ich mich nur kurz hinsetzen und einen Schluck Wasser zu mir nehmen wollte, stand Tom mit einer neuen Aufgabe bereit. Ein wahrer Sklaventreiber, und doch hatte er recht. Denn nachdem wir allen Böden den notwendigen Spa-Aufenthalt genehmigt hatten, wirkten die Räume des Hotels einfach nur wunderbar.

Die Holzdielen waren größtenteils aus Eiche und strahlten nach der Politur in einem warmen, honigfarbenen Ton. Tom wollte das Hotel möglichst naturnah und authentisch gestalten und schrille Farben und Materialien, die nicht zu diesem Landstrich passten, vermeiden. Es sollte ein Mix aus ländlich-rustikal mit modernen Elementen werden. So hatten die Maurer beispielsweise dort, wo es ihnen möglich war, alte Holzbalken freigelegt und andere Wände in der traditionellen irischen Art gekalkt. Zusammen mit den nun aufbereiteten Böden war die Wirkung grandios. Warm, behaglich und klar.

»Wow«, war das erste, das mir entfuhr, als wir nach dieser Mammutaufgabe ermattet nebeneinander im großen zukünftigen Speisezimmer auf dem Boden saßen und die frischen Farben und den intensiven Duft nach Holz und Öl auf uns wirken ließen.

Tom lächelte mich müde an. »Hat sich doch gelohnt, oder?«, fragte er.

»Definitiv. Es ist atemberaubend.«

»Es wird noch besser. Stell dir das Ganze mit den richtigen Vorhängen, Möbeln und Bildern vor.«

Skeptisch sah ich ihn an. »Vorhänge?«, wiederholte ich. »Na dann, leg mal los.« Ich dachte an das Einrichtungs-Wirrwarr bei ihm zu Hause. Das war zwar auf dem Mist seiner Exfrau gewachsen, aber wer wusste schon, für welche Geschmacksverwirrungen Tom gut war.

»Äh ja, also, ich glaube, ich hätte gerne Vorhänge aus diesem einen speziellen Stoff. Dieser stabile da, du weißt schon«, stammelte er.

»Dieser spezielle Stoff«, wiederholte ich erneut. »Jetzt ist mir alles klar.«

Über sein Gesicht legte sich ein leichter Rotton, der nicht von der Anstrengung kam. »Ich habe dir ja schon zu Beginn gesagt, dass du mir in diesem Punkt vielleicht ein klitzeklein wenig helfen musst. Ich habe ein gewisses Bild vor Augen, aber mir fehlt das notwendige Vokabular.«

Ich lachte laut auf und sagte: »Ich kann ja mal versuchen, meine spontanen Ideen in Worte zu fassen, und du sagst mir, ob es für dich in die richtige Richtung geht, okay?« Er nickte eilig und so fuhr ich fort: »Also, bezüglich der Bilder: Was hältst du davon, einige Fotografien von Ed zu kaufen? Ich finde seine Naturaufnahmen grandios. Und vielleicht können wir irgendwo her alte Aufnahmen des Hotels auftreiben und die ebenfalls unterbringen. Als eine Art Hommage oder Erinnerung an die alten Zeiten des Hauses.«

Tom klatschte in die Hände. »Perfekt. Genau so etwas will ich. Gut, weiter. Was ist mit den Vorhängen?«

»Die haben es dir irgendwie angetan, oder?«, feixte ich. »Wie wäre es mit etwas Simplem, nicht zu Verspieltem? Sie sollten nicht allzu sehr von der guten Grundstruktur ablenken. Ich würde eine Art Bauernleinen wählen, solide, kein großes Chichi. In gedeckten Cremetönen oder vielleicht auch in Grau. Dafür kannst du dann bei den Lampen dicker auftragen. Was hältst du zum Beispiel von schweren Messinglampen?«

Tom sagte nichts, sodass ich ihn fragend ansah. Hoffentlich fand er schimmerndes Organza und pseudo-moderne Halogenstrahler nicht doch auf einmal schöner.

»Gut«, brachte er hervor. »Was ist mit Möbeln?«

»Hm, Möbel. Das ist gar nicht so einfach, aber auch hier solltest du auf Naturmaterialien setzen. Holztische, Korb- oder Rattanstühle, vereinzelte Polstermöbel. Die dürften für meinen Geschmack ruhig ein wenig Tradition versprühen. Karomuster oder ein dezenter Blumenprint. Vielleicht sogar den einen oder anderen Ohrensessel aus Leder. Nicht zu viel, aber doch etwas fürs Auge. Das Wichtigste wird es sein, dass die Ausstattung Gemütlichkeit ausdrückt. Die Leute sollen nach einem Wandertag hierher zurückkommen und gar nicht mehr gehen wollen. Sie sollen sich wohlfühlen.«

Tom schüttelte nun den Kopf.

Oh Gott, nein, dachte ich. Er hatte wohl doch Organza, Glastische, Chrom-Leder-Sofas und Wandtattoos im Sinn. Das alles hier war zwar sein Projekt, aber ich würde so einiges tun, damit dieses Hotel bekam, was es verdient hatte. Und das war definitiv kein Organza.

Da Tom immer noch nichts sagte, sondern sinnierend in die Ferne starrte, stupste ich ihn vorsichtig an. »Erde an Tom! Bist du noch da? Liege ich so völlig daneben, dass es dir die Sprache verschlagen hat?«

Satt etwas zu sagen, beugte er sich plötzlich zu mir herüber und küsste mich stürmisch. Wenig später kullerten wir kichernd wie zwei Teenager über den frisch polierten Boden und hatten vor lauter Spaß und Lachen Freudentränen in den Augen.

»Halt, halt«, brachte ich japsend heraus. »Bedeutet das, du findest meine Ratschläge so gut, dass du mich gleich vernaschen willst, oder so schlecht, dass du mich ablenken musst?«

Tom wischte sich eben einige Lachtränen aus den Augen und antwortete: »Ersteres natürlich. Ernsthaft, Aoife. Du hast so ziemlich ins Schwarze getroffen. So in etwa stelle ich mir das vor. Naturnah, simpel, aber von guter Qualität. Vielleicht etwas traditionell und einige moderne Elemente, sofern das überhaupt zusammenpasst. Ich hätte das niemals so gut beschreiben können wie du.«

»Puh, da bin ich aber beruhigt. Ich hatte schon die Befürchtung, dass dein neues Hotel so aussehen soll wie dein Wohnzimmer.«

»Na warte«, rief er grollend, da rollten wir auch schon wieder über den Fußboden.

Prustend lösten wir uns ein zweites Mal voneinander und lehnten uns wieder nebeneinander an die Wand. »Nein, im Ernst, was hältst du denn davon, mir dabei zu helfen? Könntest du dir ein paar konkrete Gedanken zur Einrichtung machen? Ich würde dir einen Grundriss mitgeben, in den du einfach alles hinein zeichnen kannst. Und dann klappern wir diverse Einrichtungsläden und Online-Shops ab.«

Sein Gesichtsausdruck war dermaßen enthusiastisch, dass ich unmöglich nein sagen konnte, auch wenn ich, anders als Tom, alles andere als überzeugt von meinem Geschmack war. Einen Versuch war es jedoch wert. Und Zeit hatte ich ja momentan, da weder mein Autorenjob noch meine neue Detektei mit Maggie nach mir verlangten.

»Okay, abgemacht. Wird eine neue Erfahrung sein, nicht ausschließlich für mich zu shoppen.« Ich küsste ihn auf die Nasenspitze. »Und nicht mein eigenes Geld auszugeben.«

»Ha, ha«, machte er, wirkte aber dennoch belustigt. Plötzlich stand er auf, reckte seinen hünenhaften, schlanken Körper und gähnte laut. »Ich denke, wir können für heute Feierabend machen.«

Ich machte Anstalten, ebenfalls aufzustehen, doch er hinderte mich mit einer Handbewegung daran. »Nein, nein, bleib sitzen. Ich habe eine kleine Überraschung für dich.«

Meine Augenbrauen wanderten fragend nach oben, doch Tom lächelte nur vage. »Abwarten. Ich bin in«, er blickte nebenbei auf seine Armbanduhr, »ungefähr einer Viertelstunde wieder da. Bis dahin rührst du dich nicht vom Fleck, okay?«

Ich salutierte und posaunte: »Sir, aye Sir.«

Tom verdrehte gespielt die Augen und huschte aus dem Zimmer. Ich war äußerst gespannt, was er vorhatte. Wie befohlen, blieb ich zunächst sitzen, genoss die Ruhe, die frischen Farben und den harzigen Duft, nach fünf Minuten wurde mir allerdings langweilig. Die Sonne warf letzte Strahlen ins Zimmer, die merklich schwächer wurden. Bald würde es dämmern. Mit einem Schmerzenslaut und dem Gefühl, Knochen einer Achtzigjährigen zu besitzen, erhob ich mich und vertrat mir die Beine. Ich schlenderte langsam durch den Flur und äugte in jedes Zimmer.

Doch, das Hotel war auf einem guten Weg. Einige der Räume sah ich bereits eingerichtet vor meinem inneren Auge. Die kleine Bibliothek, oder eher das Lesezimmer, sollte viele indirekte Lichtquellen bekommen, ein großes kuscheliges Sofa und mehrere Sessel. Dazu ein paar Beistelltischchen, fertig. Um einen Grundstock an Literatur zu erhalten, hatte ich mir überlegt, eine Sammlung im Dorf zu organisieren. Bestimmt besaßen einige Dorfbewohner das eine oder andere Buch, das sie zwar nicht wegwerfen wollten, aber vielleicht nie wieder lesen würden. So etwas wäre einfach perfekt fürs Hotel. Vielleicht konnte ich sogar Bildbände und Wanderführer über die Region ergattern.

Weil Tom immer noch nicht zurück war, stieg ich die Treppe in den ersten Stock hinauf. Dort würden die acht Gästezimmer hinkommen, vier auf jeder Seite des Flurs. Da sie alle annähernd gleich groß waren, konnten wir sie entweder identisch einrichten, oder – und ich musste ehrlich sein, dieser Gedanke gefiel mir besser – jedem Raum ein eigenes Thema geben. Etwas aus der Natur würde sich anbieten. Auf meinem inneren Notizzettel vermerkte ich Begriffe wie Wasser, Steine, Gräser, Schafe, Flüsse. Ed hatte sicher etliche Naturfotografien, die diese Themen aufgriffen. Ja, das würde gut aussehen. Verschiedene großformatige Fotos über dem dominierenden Bett, dazu die klaren Farben und Naturmaterialien. So eine Einrichtung wäre doch wie gemacht für die zahlreichen Wanderer, die Tom sich erhoffte.

Aus dem unteren Stockwerk drang ein Poltern zu mir herauf. Tom war offensichtlich wieder da. Da ich vorhatte, ihn direkt an meinem Plan teilhaben zu lassen, rief ich laut: »Tom? Kommst du mal eben nach oben? Ich habe da eine Idee …«

Ich horchte meiner lauten Stimme nach, erhielt allerdings keine Reaktion. Weder ein schnelles »komme gleich«, noch sonst etwas. Ein weiteres Poltern verriet mir jedoch, dass sich außer mir definitiv noch jemand im Hotel befand.

»Tom?«, rief ich erneut, diesmal deutlich fragender. Und auch zögerlicher. Wenn das nicht Tom war, wer konnte es sonst sein? Wer kam am helllichten Tag in ein fremdes Haus hereinspaziert, von dem jeder im Dorf wusste, dass es außer einer Baustelle nichts beherbergte?

Ich entschied, dass es nichts brachte, wenn ich im ersten Stock darauf wartete, dass mich jemand überraschte. Langsam stieg ich die Treppe wieder hinab.

»Hallo? Ist hier jemand?« Kaum hatte ich die Worte ausgesprochen, wurde mir bewusst, dass jeder Horrorfilm genau diesen Satz enthielt. Und dass diesen Worten meist nichts Gutes folgte. Im Gegenteil, normaler Weise setzten hier Sequenzen mit bemerkenswert viel Blut, Gekreische, Verfolgungen und im fahlen Licht aufblitzenden Messern ein.

Blödsinn, sagte ich mir, dass passierte nicht im realen Leben. Und außerdem musste Tom jeden Moment hier sein.

Das Poltern wiederholte sich. Ich blieb stocksteif stehen. Das Geräusch kam aus dem zukünftigen Speisezimmer im vorderen Bereich. Ich schlich mich vorsichtig heran. Vielleicht hatte mich der Einbrecher ja gar nicht gehört.

Etwas kitzelte plötzlich meine Nase. Ein unerwarteter Geruch. Ich kannte ihn, kam aber nicht sofort darauf. Es roch vertraut, aber hier im Hotel seltsam unpassend. Irgendwie assoziierte ich den Duft mit ... Kirchen. Ja, genau. Das roch man sonst doch nur in Kirchen. Es war Weihrauch. Wieso zum Teufel roch es in Toms Hotel nach Weihrauch?

Ein paar Meter weiter wurde mir der Grund klar. Das konnte doch wohl nicht wahr sein. Nicht schon wieder!

»Das gibt's doch nicht«, rief ich laut und deutlich. »Ed!« Meine Stimme klang wie die einer gestrengen Lehrerin. »Was machen Sie hier? Doch nicht etwa schon wieder eine Aura-Reinigung? Hier kann überhaupt nichts verschmutzt sein. Hier hat die letzten zehn Jahre niemand gelebt.«

Ich hatte meine Arme fest in die Hüfte gestemmt und fand mich ziemlich dominant. Das hatte jedoch kaum Auswirkungen auf Ed. Der drehte sich kurz zu mir um, seine stechend blauen Augen blitzten vor Schalk kurz auf. Wir alle waren die seltsamen und eigenwilligen Outfits von Ed gewöhnt, und auch heute enttäuschte er mich nicht. Die abgeschnittene alte Cordhose kannte ich bereits – Modell Hippie –, und auch die grell orangefarbene Tunika hatte ich schon mal an ihm gesehen. Zur Krönung des Tages war er barfuß, das war immerhin etwas Neues. Bildete ich mir das ein oder glänzten seine Zehennägel etwa rosa? Er hatte doch wohl nicht ...? Offenbar doch, denn als ich genauer hinsah, konnte ich eindeutig Nagellack erkennen. Seine grauen Haare führten wie immer ein Eigenleben und richteten sich in sämtliche Himmelsrichtungen. Dichte, graue Nebelschwaden umhüllten ihn. Gemeinsam mit den letzten einfallenden Sonnenstrahlen schien es beinahe, als würde ihn ein Heiligenschein umgeben.

»Hallo, Aoife«, sagte er, unbeeindruckt von meinem Auftritt, und wandte sich wieder seiner Tätigkeit zu. Ich umrundete ihn, um zu sehen, was er in der dürren Hand hielt. Es war ein kleines messingfarbenes Schälchen, aus dem der Weihrauchduft aufstieg. Mit der anderen Hand wedelte er ihn soeben in Richtung des Fensters, ging ein paar Schritte Richtung Zimmerecke, wo er seine Handbewegung wiederholte.

Ich folgte ihm, verblüfft darüber, dass er mich so völlig ignorierte. »Äh, Ed«, begann ich. »Ihnen ist schon klar, dass Sie nicht einfach in fremdem Eigentum auftauchen können, wie es Ihnen beliebt? Was auch immer Sie da treiben ... aber das geht so nicht.«

»Ssssch«, machte er nur und schritt zur nächsten Zimmerecke, wo er erneut seine Schale schwenkte.

»Ssssch?«, wiederholte ich, allmählich wütend. Ich mochte Ed, keine Frage, aber er konnte doch nicht einfach so hier hereinspazieren.

»Ssssch«, antwortete er mir, und noch bevor ich mich sorgen konnte, ob wir auf ewig so weiter machen würden, fügte er hinzu: »Ich versuche, die Verunreinigungen, die Sie und Tom hier hinterlassen haben, zu beseitigen. Ansonsten kann ich im Haus nicht lesen.«

Ich öffnete meinen Mund zu einem Protest, doch ich wusste schlichtweg nicht, was ich sagen sollte. Ed konnte hier nicht lesen, weil wir die Aura verunreinigt hatten? Weshalb sollte er hier lesen? Was hatte das mit uns zu tun?

»Ähm«, begann ich geistreich. »Was, bitteschön, haben wir denn verunreinigt? Und wann?« Ich eilte ihm hinterher, da er nun in den nächsten Raum ging und sich auch dort in eine Ecke stellte und das Ritual wiederholte. »Und überhaupt! Wir haben jedes Recht, hier irgendetwas zu verunreinigen. Das Haus gehört Tom ja schließlich.«

Ed ignorierte mich auch im zukünftigen Lesezimmer, dem Empfangsbereich, dem Wirtschaftsraum, dem Flur und der Küche. Ich blieb ratlos im Flur stehen, unfähig zu entscheiden, was ich tun sollte. Die Entscheidung wurde mir glücklicherweise abgenommen, denn plötzlich tauchte Tom auf, der argwöhnisch schnupperte und fragte: »Was treibst du hier? Wieso riecht es so komisch?«

Ich verzog das Gesicht und deutete mit dem Daumen über die Schulter auf Ed, der soeben, äußerst elegant und das Räuchergefäß mit beiden Händen wie eine Reliquie vor sich her tragend, die Treppe hinaufstieg. Nebelschwaden zogen hinter ihm her. Sehr imposante Vorstellung, die Tom den Kiefer herunterklappen ließ.

»Jupp«, sagte ich nüchtern. »Wir erhalten hier scheinbar eine gratis Säuberung. Er kann ansonsten nicht lesen. Wir haben hier zu viel verunreinigt.«

Toms Augenbrauen bildeten ein verkehrtes V auf seiner Stirn, was sehr niedlich aussah, mich zum Kichern und Tom einen finsteren Gesichtsausdruck brachte. Er wollte Ed die Treppe hinauf folgen, doch ich hielt ihn mit einer Handbewegung auf.

»Warte, es hat keinen Sinn. Ich habe ihn im gesamten Erdgeschoss verfolgt, ohne Erfolg. Er wird mit uns reden, wenn er oben fertig ist. Wann auch immer das sein mag.«

Tom grummelte vor sich hin, blieb aber an meiner Seite, und schweigend warteten wir darauf, dass unser Dorfdruide zu uns stieß. Dieser spazierte wenige Minuten später seelenruhig und ebenso anmutig wie auf dem Weg nach oben die Treppe herunter und schenkte uns ein breites Lächeln.

»Dia duit, meine Lieben.«

»Spar dir das, Ed«, sagte Tom grollend. »Du weißt, was wir vor einiger Zeit über persönliche Grenzen vereinbart hatten? Du kannst nicht einfach fremdes Eigentum betreten, wann es dir passt, und dort ... Dinge tun, die wir Normalsterblichen nicht so ganz verstehen.«

Eds blaue Augen waren konzentriert auf Tom gerichtet und zeigten keine Spur von Reue. Kein Hinweis darauf, dass Toms Worte eine Wirkung auf ihn hatten.

»Hast du mir zugehört?«, fragte Tom, als von Ed keinerlei Reaktion kam.

Ed löste sich aus seiner Erstarrung und seufzte tief. »Als ich letzte Woche hier war, hatte keiner von euch etwas dagegen.«

Tom klappte kurz der Mund auf, dann sagte er: »Wie? Du warst letzte Woche schon mal hier? Warum? Ah, ich erinnere mich ...«

Ich zupfte an Toms Pullover, als er nicht weitersprach. »Klär mich auf, worum geht's?«

Er wandte sich mir zu. »Erinnerst du dich nicht mehr an die Aura des Todes?« Die letzten Worte sprach er in bedrohlichem Timbre.

»Oh«, machte ich, und fragte mich gleichzeitig, wie ich das hatte vergessen können. »Ja, stimmt. Ed, Sie wollten hier räuchern, um diese seltsame Aura zu vertreiben, richtig?«

Ed nickte vehement und seine Augen lächelten wieder.

»Und das haben Sie letzte Woche getan?«

Erneutes Nicken.

»Was also haben Sie heute hier zu suchen? Doppelt hält besser, oder wie?«

Tom verschränkte seine Arme demonstrativ vor der Brust und richtete sich auf. Er überragte den nur mittelgroßen Ed um Einiges. Ich an Eds Stelle würde reden. Doch er schwieg immer noch, sodass Tom nachhakte: »Ed, versteh mich nicht falsch. Ich bin dankbar für – was auch immer du hier tust. Aber, du MUSST mir vorher sagen, wenn du in mein Haus willst. Stell dir vor, ich hätte noch Handwerker hier drin. Die kennen dich nicht. Die wissen nicht, was du hier treibst. Denk doch nur an den Vorfall im alten Schulhaus. Willst du, dass es wieder so endet wie vor ein paar Jahren?«

Ich sah Tom fragend von der Seite an, und er machte mir mit einer kurzen Handbewegung klar, dass er mir später alles erklären würde.

Ed hingegen erwachte aus seiner Starre. Er seufzte nochmals auf und sagte: »Es ist kompliziert. Ich verstehe es selbst nicht ganz.« Er sah abwechselnd von mir zu Tom. »Könnten wir das vielleicht draußen besprechen? Dieses Haus lenkt mich ab.«

Tom zuckte mit dem Schultern, dann folgten wir Ed vor das Hotel. Die Sonne ging soeben in einer Farbexplosion aus Orange, Tiefrot und

Violett über dem Meer unter. Ein wahres Postkartenmotiv. Kurz blickten wir schweigend auf all diese Farben, dann setzte Ed an: »Ich habe einen Freund aus alten Tagen. Ich habe ihn zu lange weder gesehen, noch an ihn gedacht, und ich weiß nicht, weshalb ich diese Verbindung habe, aber ich spüre, dass er irgendwie zu diesem Haus gehört. Es gibt einen Zusammenhang, den ich allerdings nicht finde.« Er wandte sich uns zu, den Rücken zur Sonne. »Als ich letzte Woche das Haus gereinigt habe, da verspürte ich urplötzlich diese Verbindung. Ich kenne das Haus nun schon etliche Jahre. Immer wieder wandere ich daran vorbei, aber noch nie habe ich außer vagem Unwohlsein etwas verspürt. Und nun das. Ich denke, dass ich bei der Reinigung etwas freigelegt habe, das vorher zu tief verborgen war. Letzte Woche konnte ich mich einfach nicht genug darauf konzentrieren, um es zu verstehen. Deshalb bin ich heute nochmal hergekommen, nur um festzustellen, dass ihr beide eine ordentliche Ladung Energie dagelassen habt. Die musste ich zuerst entfernen, bevor ich nochmals versuchen kann, diese andere Spur zu lesen.«

Verwirrt sahen Tom und ich uns an.

»Ich behaupte nicht, dass ich verstanden habe, was Sie uns da soeben erzählt haben, aber bedeutet dass, dass Sie glauben, Ihr Freund hat etwas mit diesem Haus zu tun?«

»So ist es, ich muss nur noch herausfinden, was.«

Ich runzelte die Stirn und warf Tom einen irritierten Blick zu, bevor ich mich wieder an Ed wandte. »Der Name Ihres Freundes beginnt nicht zufällig mit C?«

Ed schüttelte den Kopf. »Nein.«

»Wäre auch zu schön gewesen«, murmelte ich.

Tom schaltete sich wieder ein. »Na, wie dem auch sei: Bist du jetzt fertig, Ed?«

Betrübt schüttelte der Druide erneut den Kopf. »Nein, ich habe bisher erst eure Energien ausgeräuchert. Wenn es dir nichts ausmacht, würde ich gerne noch ein Weilchen bleiben und meditieren.«

»Aber nur, wenn du mir hoch und heilig versprichst, dass du so eine Aktion nie wieder unangemeldet machst. Ich bin ja kein Unmensch, und ich mache so einiges mit, aber sag mir das nächste Mal vorher Bescheid.« Tom setzte einen strengen Gesichtsausdruck auf. »Denk einfach dran, was die Lehrerinnen-Gruppe mit dir gemacht hat.« Und damit nickte er Ed zu, der wieder ein fröhliches Gesicht machte, nahm mich am Arm und zog mich Richtung Strand.

Eilig winkte ich Ed zum Abschied, denn Tom legte einen strammen Schritt vor. Ich stolperte ihm im weichen Sand hinterher und fragte: »Wohin gehen wir denn?«

Er deutete nach vorne und antwortete: »Nicht mehr weit, wir sind gleich da.«

Und tatsächlich, keine zweihundert Meter weiter sah ich im verglühenden Abendlicht eine karierte Wolldecke im Sand liegen, darauf ein großer Picknickkorb und mehrere Windlichter, in denen Teelichter brannten.

»Oh, Tom«, brachte ich nur hervor.

Er grinste über beide Ohren und sagte: »Ich hatte zwar nicht damit gerechnet, dass wir heute Abend noch eine Sondervorstellung von Ed bekommen, aber ich dachte mir, dass du für deinen tollen Einsatz im Hotel eine kleine Belohnung verdienst. Ich glaube, so ein kitschiges Picknick im Sonnenuntergang – okay, dank dem Druiden haben wir den natürlich verpasst – ist genau das Richtige.«

»Für den Kitschfaktor können wir ja noch sorgen«, sagte ich und küsste ihn.

Wir ließen uns auf die Decke plumpsen, dann öffnete Tom, der weltbeste Freund überhaupt, den mitgebrachten Korb und packte eine Leckerei nach der anderen aus: diverse Antipasti, hauchdünn geschnittener Parmaschinken, Weintrauben, ein großes Stück Brie und ein schon in Stücke geschnittenes knuspriges Baguette. Dazu holte er zwei Plastikbecher hervor, die er nun aus einer frisch entkorkten Sektflasche befüllte.

»Cheers«, sagte er und stieß mit mir an. Der Sekt perlte angenehm auf meiner Zunge und hinterließ ein warmes, prickelndes Gefühl im Magen.

»Herrlich«, kommentierte ich. »Du hast es einfach drauf, Tom Harding.«

»Ach, ein Picknick am Meer bei – nach – Sonnenuntergang gefällt doch jeder Frau.«

Spielerisch knuffte ich ihn in die Seite und nahm mir ein paar Weintrauben und eine mit Frischkäse gefüllte Peperoni. Genüsslich schmatzten wir vor uns hin, dann ließ ich mich nach hinten fallen und blickte in den dunkler werdenden Himmel. Das Meer brandete im Hintergrund, zwei Möwen stritten sich lautstark und ich hörte Tom neben mir atmen – es war einfach nur schön hier.

Ich setzte mich wieder halb auf und stützte mich auf einen Arm. »Das war schon etwas seltsam mit Ed, oder?«

Tom hatte ein Stück Brot im Mund und nickte nur.

»Was war das für ein Vorfall, den du vorhin mehrfach erwähnt hast?«

Er nahm noch einen Schluck Sekt zum Runterspülen, dann lachte er leise. »Das wirst du nicht glauben. Ich verstehe allerdings nicht, wie du noch nichts davon gehört haben kannst.«

Ich richtete mich nun ganz auf, neugierig auf das, was kommen würde.

»Ed arbeitete ja einige Jahre als Hausmeister hier in der Dorfschule.«

Ich nickte, dieser Fakt war mir bekannt. Allerdings: So ein schnöder alltäglicher Job für einen so außergewöhnlichen Menschen – das hatte mich schon damals verwundert. Aber jeder musste ja irgendwie Geld verdienen.

»Irgendwann kam heraus, dass er dort nicht wegen des Geldes arbeitete, sondern weil er der festen Überzeugung war, dass das alte Schulhaus auf zwei besonders markanten Erdlinien erbaut worden ist. Das sind quasi Energieadern, die sich durchs Land ziehen, und an manchen Punkten, etwa Gabelungen oder Kreuzungen, haben sie besonders viel Energie. Na jedenfalls, Ed wollte dieser Energie so nahe wie möglich sein und fing als Hausmeister an. Es lief wohl soweit auch alles ganz gut. Bis kurz vor seiner Rente. Ed, der sich bewusst war, dass er nach seiner Rente nicht mehr täglich mit diesen Energien kommunizieren können würde, wollte sich auf seine persönliche Art und Weise davon verabschieden und führte ein Ritual durch.«

Stille.

»Tooohoooom, spann mich nicht auf die Folter.«

Tom grinste spitzbübisch und nahm sich betont langsam eine Weintraube, die er dann genüsslich kaute. Demonstrativ langsam.

»Ich stehe gleich auf und gehe, wenn du mir nicht sofort sagst, was dieses Ritual so besonders gemacht hat«, drohte ich ihm.

Er lachte und antwortete: »Er führte es splitterfasernackt durch. Er flitzte wohl quer durch sämtliche Räume, tanzte, sagte für irgendwelche Gottheiten Sprüche auf und räucherte. Was er nicht wusste: Er war an diesem Abend nicht allein im Schulhaus.«

»Nein!«, flüsterte ich.

»Doch. Er war zwar so schlau, seine private Tanzvorführung aufs Wochenende zu legen, bedachte dabei jedoch nicht, dass sich an diesem Wochenende der Lehrerinnen-Verband des Countys zu einem Dia-Abend dort traf.«

Ich schlug mir die Hand vor den Mund und prustete laut los. »Nicht wahr.«

Tom japste. »Oh doch. Ich kenne die Geschichte ja auch nur vom Hörensagen, aber wenn ich mir das vorstelle: Zwanzig oder mehr Lehrerinnen, darunter auch Petula, das dürfen wir bei dieser Anekdote nicht vergessen, die sich an dem Abend sicher keinen betagten Mann im Adamskostüm ansehen wollten, sondern die Dias der letzten Kulturreise nach Florenz ... Ich hätte zu gerne Mäuschen gespielt.« Wir mussten beide herzhaft lachen, und unser Gekicher schallte über den menschenleeren Strand.

»Und was passierte dann?«, fragte ich, nachdem wir uns halbwegs beruhigt hatten.

»Petula konnte die anderen Damen davon abhalten, die Polizei zu rufen und Ed wegen unsittlichen Verhaltens einbuchten zu lassen. Er war sich keiner Schuld bewusst und forderte die Damen sogar auf, es ihm gleichzutun, um gemeinsam den Göttern zu danken. Dafür hat

Petula ihm später im Pub öffentlich die Meinung gesagt, was noch Wochen später für Gesprächsstoff sorgte.«

»Das ist wirklich unglaublich«, kommentierte ich. Kurz herrschte Stille zwischen uns. »Sag mal, was hältst du denn von Eds Erzählung vorhin? Das mit seinem Freund, den er im Haus spüren konnte?«

»Ich muss ehrlich sagen, dass ich das für eine seiner Marotten halte. Ich glaube nicht, dass es irgendwie mit Finola und C zusammenhängt.« Tom warf mir einen belustigten Blick zu. »Aber ich verstehe, dass du ihn danach fragen musstest.«

»Ich konnte nicht anders. Das sind mir zu viele Zufälle.«

»Aber du hast selbst gehört, dass ...«

»Jaja, ich weiß«, unterbrach ich ihn. »Nenn es weibliche Intuition oder sonst etwas. Ich glaube, wir werden Ed in dieser Sache noch wiedersehen.«

»Kann sein«, meinte Tom. »Ich weiß nur, dass ich diesen Brie hier nochmal wiedersehen möchte. Und vielleicht noch ein Stückchen Schinken, hmm ...«

Ich schlug ihm sanft auf die Finger. »Vorsicht, Freundchen. Den Schinken konnte ich noch nicht einmal in Augenschein nehmen, und dabei ist er quasi schon aufgegessen.«

»Schuldig«, bekannte sich Tom grinsend und schnappte sich schnell noch ein Stück.

Für den Rest des Abends war Ed vergessen, und wir konzentrierten uns auf die Leckereien, die zwischen uns lagen. Ich erzählte Tom von meiner Idee bezüglich der Mottos für die Zimmer, und er war sofort Feuer und Flamme. Er nahm mir erneut das Versprechen ab, mir Gedanken zur Einrichtung zu machen und schon einmal Ausschau zu halten nach Möbeln, die vom Stil her ins Hotel passten. Er würde nächste Woche mit einem Schreiner sprechen, der eine Theke für den Empfangsbereich zimmern sollte, und dann wollte er eine zwar gebrauchte, aber neuwertige Küche in einer Agentur in Tralee besichtigen, die ihm ideal schien. Nebenher musste das Pub laufen. Wir hatten also noch eine Menge zu tun.

Am nächsten Morgen rächte sich die spätabendliche Fressorgie, denn meine Lieblingsjeans kniff an Stellen, an denen bisher alles in Ordnung gewesen war.

»Verdammt«, murmelte ich und hüpfte auf und ab, um besser in die Hose zu kommen. Dr. Jingles, der am Badewannenrand saß und sich das Fell putzte, hielt irritiert inne und sprang dann herunter, um mir zwischen den Beinen herumzustolzieren. Er hatte im Gegensatz zu mir eine Topfigur, was sicher auch an seinen regelmäßigen Ausflügen in die Nachbarschaft lag. Vielleicht sollte ich mir einen Hund zulegen. Allerdings bezweifelte ich, dass mein Kater diesem Plan zustimmen würde. Hunde zählten nicht zu seinen besten Freunden.

Mein Frühstück – ein schwarzer Tee, heute einmal ohne Zucker und Sahne, und ein Toast mit einem Hauch Butter und einer homöopathischen Menge Marmelade – nahm ich gemeinsam mit Dr. Jingles ein, der ebenso schnell fertig war wie ich und direkt danach Freigang verlangte. Ich ließ ihn hinaus in den noch trüben Tag und kehrte mit meinen Laptop an den Küchentisch zurück.

Der ideale Zeitpunkt, um ein wenig im Internet nach Möbeln zu suchen. Ich notierte mir zunächst grob die Kategorien – Betten, Schränke, Beistelltische und Sessel für die Schlafzimmer, Stühle und ein großer Tisch für die Gemeinschaftsküche, Sessel und Sofas für den Lesebereich und für Nischen, in denen noch Platz war, sowie Lampen und Deko für das gesamte Haus, dann rief ich diverse Einrichtungswebseiten auf.

Das Angebot online war gigantisch, und in weniger als fünf Minuten hatte ich sicher an die zehn verschiedene Browsertabs geöffnet. Übersichtlich war anders.

Kaum dachte ich, ich hätte den perfekten Sessel gefunden, stolperte ich auf der nächsten Seite über einen noch schöneren. Es war zum Verzweifeln. Irgendwann begann ich, Screenshots von jedem Teil zu machen, das mir gefiel, um Tom die finale Entscheidung zu überlassen. Mein Bilderordner füllte sich rasend schnell, und ich musste Unterordner anlegen, damit ich nicht die Übersicht verlor.

Am späten Vormittag wurde ich aus meiner Sammelwut gerissen, als die Türglocke läutete. Dankbar erhob ich mich, streckte meine Glieder unter lautem Knacken und öffnete die Tür.

Greg, der Postbote stand davor, einen großen, dicken Briefumschlag in der Hand.

»Hallo Aoife, hier, das passte leider nicht in deinen Briefkasten.«

»Danke«, sagte ich und nahm den braunen Umschlag entgegen. »Wie läuft es daheim?«

»Prima.«

»Mit Frau und Kindern alles gut?«

»Prächtig.«

»Die Hunde?«

»Gehorchen.«

»Die Schafe?«

»Leben noch.«

»Irgendwelche Wettbewerbe geplant?«

»Nächste Woche. Drüben in Watergroom.«

»Vorbereitet?«

»Bestens.«

»Dann viel Erfolg.«

»Danke.« Sprachs, lupfte zum Abschied seine Schiebermütze und machte sich zu seinem parkenden, tiefgrünen Posttransporter auf, der vor meinem Gartenzaun stand.

Ich musste schmunzeln, da unsere Gespräche beinahe immer im Telegramm-Stil geführt wurden. Dennoch war ich nun wieder auf dem Laufenden, und das in unter einer halben Minute. Effizientes Dorfleben.

Der Briefumschlag in meiner Hand wog schwer. Es stand kein Absender darauf, sodass ich zunächst annahm, dass Donna mir erste Korrekturfahnen zugesandt hatte. Warum sie das nicht wie üblich per E-Mail tat, war mir noch unklar.

Ich warf den Brief auf den Küchentisch und widmete mich erneut der Internetsuche, bis ich das Gefühl hatte, dass ich Tom absolut überfordern würde, wenn ich noch mehr Möbel aussuchte. Ich fuhr den PC also herunter und verstaute ihn im Wohnzimmer, dann machte ich mir einen weiteren, zuckerfreien Tee und öffnete den Brief.

Er war nicht von Donna. Er kam von Rosie. Wie versprochen hatte sie zahlreiche Unterlagen aufgespürt und für gesammelt.

Obenauf lag ein handschriftlicher Brief.

Liebe Aoife,
bitte verzeihen Sie mir, dass ich so lange benötigt habe, um die Dokumente zusammenzustellen. Aber Arthur ging es in letzter Zeit nicht besonders gut, sodass er meiner vollen Aufmerksamkeit bedurfte. Zudem war der Privatdetektiv nicht gerade kooperativ. Da ich den damaligen Abschlussbericht nicht gefunden habe, musste ich ihn nochmal anfordern, und es war einiges an Überzeugungskraft vonnöten, ihn so schnell wie möglich zu bekommen.
Dennoch, ich habe Ihnen so viel wie ich konnte zusammengestellt. Alles, wovon ich dachte, es könnte Sie interessieren, befindet sich in der Mappe. Ich habe inhaltlich nichts überprüft, deshalb entschuldigen Sie bitte, wenn sich vielleicht auch nutzlose Dokumente darunter befinden. Ich bin Ihnen – und ich spreche da auch für Arthur, obwohl ich ihm noch nichts von unserem Plan erzählt habe – sehr dankbar, dass Sie die Mühe auf sich nehmen. Bitte behalten Sie das, was Sie aus den Dokumenten erfahren, für sich. Arthur war immer schon sehr darauf bedacht, Privates privat zu halten.
Mit den besten Wünschen, Rosie MacDonald.

PS: Meine Kontaktdaten finden Sie anbei. Vielleicht könnten Sie mir kurz schreiben, wenn Sie meinen Brief erhalten haben.

Ich wendete den Brief und fand dort Rosies Handynummer. Rasch tippte ich eine SMS an sie und wandte mich dann den Unterlagen zu, die in eine rote Mappe eingeordnet waren. Ich entnahm den Stapel Papier und blätterte interessiert darin. Ein buntes Sammelsurium an Informationen: Zeitungsausschnitte, Kopien von handschriftlichen Notizen, der Bericht des Privatdetektivs, Fotos von Finola und Simon, Arthurs Geburtsurkunde, der Polizeibericht zu Simons Tod. Wie auch immer die Familie da rangekommen war ...

Mir wurde etwas schwindelig bei dem Gedanken daran, dass der Polizeibericht auch die beiden Namen der Verdächtigen beinhalten musste. Der Landarbeiter von Durley Abbey und der unbekannte Mann aus Ard Carraig. C ...

Ich überflog den Bericht, fand allerdings nirgends eine Aussage zu den Verdächtigen. Ich blätterte hastig in den Papieren, da ich dachte, dass der Rest des Berichtes sich vielleicht zwischen anderen Blättern versteckt hatte, doch nichts. Noch einmal, diesmal deutlich sorgfältiger, las ich den Bericht. Es wurde ausführlich auf den Tod Simons eingegangen – der Fundort, mutmaßliche Waffe, Tatzeitpunkt – aber nichts zu den Verdächtigen. Der Bericht war jedoch nicht vollständig. Der letzte Satz brach mittendrin ab.

Wo waren die restlichen Seiten? Verflucht, das gab es ja wohl nicht. Ich war so nahe dran, und doch, keine Spur von C. Es war zum Mäusemelken.

Ich legte den Polizeibericht beiseite und nahm mir den Aufsatz des Detektivs vor. Relativ schnell konnte ich feststellen, dass der Schnüffler sein Geld nicht wert gewesen war. Außer schon bekannten Tatsachen, die etwas anders formuliert worden waren, fand sich nichts Neues. Er hatte vermutlich das Geld eingestrichen und einen halbherzigen Bericht verfasst, der den Anschein von investigativer Arbeit vorschützen sollte. Aufgrund seiner Krankheit war Arthur das vielleicht nicht aufgefallen, doch der Bericht war das Papier nicht wert, auf dem er verfasst worden war. Frustriert und wütend auf den mir unbekannten Mann legte ich auch diesen Stapel weg.

Die Zeitungsausschnitte kannte ich zum Teil schon. Darüber hinaus gab es noch zwei weitere, die sich mit dem Verschwinden von Finola befassten, sowie drei über den gewaltsamen Tod von Simon und ein Nachruf auf ihn.

Die beigefügten Fotos von Finola und Simon waren anderer Art als jene, die ich von meinem Besuch in Durley Abbey her kannte. Weniger offiziell, deutlich privater. Finola und Simon mit einem großen, wuscheligen Hund im Garten. Er trug einen Spazierstock und sie hatte einen kleinen, kecken Hut auf dem lockigen Haar. Sie lachten beide in Richtung des Hundes, der, als das Bild aufgenommen wurde, vermutlich etwas Drolliges gemacht hatte. Eingefrorene Fröhlichkeit in Schwarzweiß. Ein anderes Bild zeigte Finola, die im Salon saß und in einem Magazin las. Sie wirkte steif und fehl am Platz, die Körperhaltung war unnatürlich. Auf dem letzten Foto war Simon auf einem beeindruckend großen, dunklen Pferd zu sehen. Er hielt sich gerade und hatte eine Hand in die Hüfte gestemmt. Der Gesichtsausdruck war überheblich, er sah im wahrsten Sinne des Wortes auf den Fotografen herab.

Nachdenklich ließ ich die Fotografien sinken. Die Eltern, die Arthur nie kennengelernt hatte. Was mochte in ihm vorgehen, wenn er die alten Geschichten hörte? Seine Mutter, die verschwand, Gerüchten zufolge vom Vater getötet. Und der Vater, der wenig später selbst gewaltsam ums Leben kam. Keine sehr schöne Vergangenheit. Manch einer würde verstehen, wenn er mit all dem nichts zu tun haben wollte, doch das Gegenteil traf zu. Er wollte Gewissheit darüber, was damals geschehen war.

Die Geburtsurkunde zeigte mir, dass Arthur eine ganze Reihe von stolzen Vornamen besaß, so wie es in seinen Kreisen üblich war. Arthur Christopher George Robert Flaherty. Seine Eltern, Finola und Simon, konnten ebenfalls eine beeindruckende Anzahl von Zweitnamen vorweisen.

Ich wollte die Urkunde schon beiseitelegen, als mir etwas ins Auge fiel. Moment, das konnte doch nicht sein ... Wie war das möglich? Es musste ein Fehler sein.

Hastig suchte ich nach dem Artikel über Finolas Verschwinden. Da, hier stand es schwarz auf weiß: Finola verschwand im November 1947. Daran gab es keinen Zweifel. Wie also konnte auf Arthurs Geburtsurkunde unter »Zeitpunkt der Geburt« der 21. Juni 1948 vermerkt sein?

Kapitel 10

Oder: Ein seltsames Dokument

»Wenn du meinst.« Toms Stimme klang verschnupft, und er antwortete mir nur einsilbig. Klare Sache: Er war mit meinem Vorhaben nicht einverstanden. Ich packte soeben meine Umhängetasche mit Geldbeutel, Handy, Notizblock und einer kleinen Flasche Wasser, hielt nun jedoch inne und sah ihn an.

»Bitte Tom, sei mir nicht böse, aber ich muss einfach noch mal nach Durley Abbey. Es lässt mir sonst keine Ruhe. Komm doch einfach mit.«

Er schnaubte kurz. »Du weißt genau, dass das momentan nicht geht. Ich bin eh schon viel zu selten im Pub, und im Hotel ist noch so viel zu tun. Ehrlich gesagt dachte ich, dass du mir dabei helfen wolltest.«

Oje, er war eindeutig verstimmt. Ich trat auf ihn zu und legte ihm meine Arme um den Hals. »Und das tue ich auch. Versprochen. Guck doch einfach mal auf den Küchentisch. Da liegen jede Menge Ausdrucke. Ich habe dir in mühseliger Kleinstarbeit Möbel und Deko ausgesucht. Das könntest du schon mal absegnen.« Ich drückte ihm einen leichten Kuss auf die Nasenspitze. »Und wenn ich wiederkomme – und ich bin ja heute Abend wieder da –, bin ich ganz für dich da. Okay?«

Sein Gesichtsausdruck war noch zweifelnd, aber seine steife Körperhaltung hatte er aufgegeben. Dennoch maulte er: »Und warum muss Maggie unbedingt mitkommen?«

Jetzt war es an mir, ihn entrüstet anzusehen. »Na hör mal, du warst doch derjenige, der mir vorgeschwärmt hat, was für ein helles Köpfchen sie ist. Und das ist sie wirklich. Sie kann mir helfen.« Ich hielt kurz inne. »Ehrlich gesagt, wüsste ich gar nicht, wie ich sie davon abhalten sollte. Als sie von der Geburtsurkunde erfahren hat, war sie sofort Feuer und Flamme und schlug mir den Besuch auf Durley Abbey vor.«

Tom war noch nicht besänftigt. »Warum hast du ihr überhaupt davon erzählt?«

Ich löste meinen Griff um seinen Hals und trat einen Schritt zurück. »Warum denn nicht? Sie kennt doch auch den Rest. Weshalb sollte ich ihr das verschweigen?«

Tom antwortete mir nicht, sondern sah kurz weg, und in diesem Moment wurde mir der Grund für sein Verhalten plötzlich klar. »Tom Harding, du bist doch wohl nicht etwa neidisch?«

Immer noch keine Antwort.

»Also doch. Aber warum denn?«

Er sah wieder zu mir und sagte: »Ach Aoife, ist das denn so schwer zu verstehen? Du hast da etwas Interessantes an Land gezogen, und diesmal kann ich nicht dabei sein und dir helfen. Mit dir gemeinsam versuchen herauszufinden, was da passiert ist. Es ... fehlt mir irgendwie, mit dir den Dingen auf den Grund zu gehen.«

Er sah dermaßen traurig aus, dass ich nicht anders konnte, als wieder an ihn heranzutreten und ihn zu umarmen.

Bevor ich aber tröstende Worte in sein Ohr säuseln konnte, sagte er bestimmt: »Aber du hast recht. Ich habe viel zu viel zu tun, um dir helfen zu können. Ignorier mich einfach. Ich verhalte mich gerade wie ein fünfzehnjähriger Teenie, der eifersüchtig ist.« Er schenkte mir sein typisches, breites und von Herzen kommendes Grinsen. »Schau nur zu, dass du den Fall aufklärst, damit wir so schnell wie möglich den nächsten an Land ziehen, den wir dann wieder gemeinsam bearbeiten.«

Ich musste lachen und antwortete: »Versprochen.«

Er löste sich von mir und hielt mir meine Handtasche hin: »Je eher du losfährst, umso eher bist du wieder daheim. Fahr vorsichtig.«

Fünf Minuten später stieg Maggie – in einer stilsicheren Kombination aus Leopants, einem schwarzen Oversizepullover mit einer gigantischen Totenkopfbrosche in ihrer Frisur – in mein Auto, und wir fuhren aus Ard Carraig hinaus Richtung Inland. Ich äugte kurz in den Himmel hinauf. Der Tag hatte strahlend begonnen, doch mittlerweile baute sich eine dichte Wolkenfront über uns auf und ließ lediglich graues und diesiges Licht hindurch.

»Also«, begann Maggie, kaum dass sie im Auto saß und sich angeschnallt hatte. »Es gibt zwei Erklärungen für diese Geburtsurkunde. Entweder ist Finola wieder aufgetaucht, um ein Kind auf die Welt zu bringen, nur um danach endgültig zu verschwinden.«

»Oder?«, fragte ich.

»Moment, ich überlege noch. Mir gefällt diese Erklärung nicht. Warum sollte sie zweimal verschwinden? Das ergibt gar keinen Sinn.«

»Nein, tut es nicht. Was ist deine zweite Erklärung?«

»Arthur ist nicht das Kind von Finola und Simon.«

Ich warf Maggie einen ungläubigen Blick von der Seite aus zu. »Ich könnte verstehen, wenn du sagen würdest, er ist nicht das Kind von Finola. Immerhin war sie zum Zeitpunkt seiner Geburt offiziell verschwunden.«

»Ja, und Simon mausetot.«

»Du weißt schon, dass der Vater bei der Geburt nicht zwingend eine tragende Rolle spielt?«, warf ich ein.

Maggie konterte: »Am eigenen Leib erfahren. Ich habe mich wohl falsch ausgedrückt. Arthur könnte Simons Kind mit einer anderen Frau sein.«

»Aber würde diese Frau dann nicht darauf bestehen, dass ihr Name in die Geburtsurkunde eingetragen wird?«, fragte ich.

»Nicht, wenn Simons Familie interveniert hat. Stell dir Folgendes vor: Simon ist tot und Finola verschwunden. Die Familie muss doch verzweifelt gewesen sein. Kein Stammhalter mehr, kein Erbe. Vielleicht kommt da auf einmal eine Frau an, schwanger, und behauptet, Simon wäre der Vater. Würde man das Kind dann nicht aufnehmen und den Namen der Mutter durch Finolas ersetzen? Sie war ja nur verschwunden, es gab keine Leiche. Für ihr Verschwinden hat man sicher eine Erklärung gefunden. Und wenn man die richtigen Beziehungen hat – und ich bin sicher, jemand mit so einem Anwesen hat die – dann findet man auch jemanden, der einen falschen Namen in eine Geburtsurkunde einträgt. Die tatsächliche Mutter wurde vermutlich fürstlich entlohnt und konnte ein neues Leben beginnen.«

Ich nickte anerkennend. »Wow, Maggie, du solltest es mit dem Schreiben versuchen. Das ist ein super Plot.«

Entrüstet sah sie mich an. »Hey, das meine ich ernst. Wäre das denn nicht vorstellbar?«

Zu gern hätte ich ihr einen langen, skeptischen Blick zugeworfen, doch der Verkehr nahm mich in Anspruch. Es war noch früh am Vormittag, trotzdem war auf der Zubringerstraße Richtung Autobahn bereits viel los.

»Ich weiß nicht so recht, es ist so … unwahrscheinlich.«

Maggie schüttelte den Kopf. »Nein, eigentlich nicht. Ein uneheliches Kind ist gar nicht mal so abwegig. Realistischer jedenfalls als die Ehefrau, die wiederkommt, um ein Kind auf die Welt zu bringen, um danach erneut zu verschwinden.«

Ich seufzte tief. »Hoffentlich kann Rosie uns weiterhelfen. Als ich ihr gestern schrieb, war sie jedenfalls sofort dafür, dass ich so schnell wie möglich zu ihr komme.« Das, und die Tatsache, dass auch Maggie sofort dafür war, hatten mich überzeugt, die Fahrt nochmals auf mich zu nehmen.

»Ich für meinen Teil freue mich auf den alten Kasten. Vielleicht treffe ich ja diesen Schmierlappen Seamus. Der kann sich auf was gefasst machen.«

Ich grinste bei dem Gedanken, wie die resolute Maggie den schleimigen Touristenführer rund machte. Meine Begleiterin döste den Rest des Weges vor sich hin, sodass ich meinen Gedanken freien Lauf lassen konnte.

Ich war seit der Entdeckung der Briefe in der Wand des Rätsels Lösung kaum näher gekommen. Im Gegenteil: Es hatten sich unzählige Puzzlestückchen angesammelt, die ich einfach nicht in einen logischen

Zusammenhang bringen konnte. Arthurs Geburtsurkunde war da nur der Gipfel. War ihm bewusst, dass der Zeitpunkt seiner Geburt seltsam war? Oder hatte seine Krankheit dafür gesorgt, dass dieses Detail seines Lebens ihm nicht mehr wichtig erschien? Wer war seine Mutter? Eine Unbekannte, die das zweifelhafte Vergnügen gehabt hatte, mit Simon eine Nacht oder auch mehr zu verbringen? Oder war es tatsächlich Finola? Wenn ja, was war mit ihr nach Arthurs Geburt passiert? Würde eine Mutter wirklich ihr Kind verlassen, noch dazu, wenn das Übel in ihrem Leben, der gewalttätige Ehemann, mittlerweile tot war? Würde Finola bei dieser Ausgangslage wirklich verschwinden? Falls Finola wirklich die Mutter war. Es gab keinen Hinweis darauf, dass sie nach ihrem Verschwinden wieder aufgetaucht war. Langsam begann Maggies Theorie der anderen Frau mir doch logisch vorzukommen ... War es nicht wahrscheinlich, dass ...?

Ein langgezogenes Hupen riss mich aus meinen Gedanken. Hinter mir fuhr ein großformatiger BMW dicht auf. Ich war so sehr in Gedanken gewesen, dass ich unbewusst immer langsamer geworden war. Ich hob entschuldigend die Hand und beschleunigte. Die Navi-App meines Smartphones zeigte an, dass Durley Abbey nicht mehr weit entfernt war.

Das Wetter hatte sich hier, weiter im Landesinneren, nicht verbessert, eher sogar noch verschlechtert. Wir fuhren immer wieder durch dichte Nebelbänke, in denen die sonst so grüne Landschaft vor unseren Blicken verschwand.

Maggie erwachte aus ihrem Schlummer, als wir die schmale, baumgesäumte Landstraße entlang zuckelten, die zum Herrenhaus führte. Rosie hatte mir gesagt, dass ich auf dem vorderen Parkplatz, der für die Angestellten und Lieferanten vorbehalten war, parken durfte, sodass wir an dem heute gähnend leeren Besucherplatz vorbeifuhren. Als wir auf dem ebenfalls gekiesten Lieferantenparkplatz ankamen, begann es wie aus Eimern zu schütten. Der Regen trommelte ohrenbetäubend auf das Auto, ein Gespräch war kaum möglich. Aussteigen erst recht nicht, und so waren wir gezwungen, weitere fünfzehn Minuten schweigend nebeneinander zu sitzen und die Naturgewalt auf uns wirken zu lassen.

»Wie gut, dass mein Regenschirm daheim im Flur liegt«, sagte Maggie, als der Regen von einem Wolkenbruch allmählich in einen beständigen Sprühregen überging.

»Ich glaube, im Kofferraum müsste ein großer Schirm liegen«, sagte ich. Ich zog mir die Kapuze meines Anoraks über den Kopf, dann riss ich die Autotür auf und sprintete zur Rückseite meines Autos. Ich hatte mich nicht geirrt. Mein großer, rot karierter Regenschirm, unter den locker zwei Personen passten, lag im Kofferraum. Ich zog ihn heraus, spannte ihn auf und eilte zu Maggie, um sie trockenen Fußes vom Beifahrersitz zu eskortieren.

»Geile Hütte.« Sie nickte anerkennend, als wir die Szenerie betrachteten. Das große Herrenhaus ragte imposant vor uns auf und wirkte heute durch die dunklen Regenwolken, die sich dramatisch im Hintergrund auftürmten, wie aus einem Gruselfilm. Ich konnte mir beinahe bildlich vorstellen, dass gleich ein Blitz in der Nähe einschlug, ein buckliger Butler uns aus dem Haus entgegen kam, um uns mit bedeutungsschwangerem Blick und einem geraunten »Wir haben Sie erwartet« nach drinnen zu begleiten.

Doch natürlich geschah nichts dergleichen. Wir waren die einzigen Personen vor Ort. Maggie hakte sich bei mir unter, und gemeinsam gingen wir die kurze Strecke zum Haupteingang. Wie es sich für ein professionelles Museum gehörte, war die Kasse besetzt, auch wenn heute der Umsatz keine Rekordhöhe erreichen würde. Ich hatte erwartet, das junge Mädchen von neulich vorzufinden. Umso überraschter war ich, dass Seamus, der schmierige Schwiegermuttertraum, hinter der Kasse saß. Auch heute war er adrett herausgeputzt: Das Tweetsakko mit klassischem Schnitt und in Jagdgrün harmonierte mit seinem gut frisierten, hellbraunen Haar. Er hielt sich gerade und blätterte mit einer gelangweilten Miene in einem dicken Katalog.

Als er merkte, dass sich Kundschaft näherte, setzte er sein professionelles und unecht wirkendes Publikumslächeln auf. Bis sein Blick auf Maggie fiel. Er erkannte sie augenblicklich, und sein Lächeln gefror.

Maggie kam ihm mit einer Begrüßung zuvor. »Hallo Seamus. Na? Du hier und nicht an einer Eliteuni als Professor?« Ihre Stimme troff vor Ironie, und ich wusste genau, was für einen Heidenspaß es ihr machte, ihn zu ärgern.

Leider entschloss Seamus sich dafür, nicht darauf einzugehen. Er wandte sich mir zu und frage: »Zwei Tickets?« Der kleine, zuckende Muskel an seiner Schläfe verriet mir, dass er sich beherrschen musste, um professionell zu bleiben.

Ich schüttelte den Kopf und antwortete: »Leider nein. Wir haben eine Verabredung mit Mrs MacDonald. Wären Sie so nett und könnten Bescheid geben?«

Zu dieser niederen Dienstleistung aufgefordert zu werden, gefiel Seamus gar nicht, und er presste die Lippen zu einem dünnen Strich zusammen. Beinahe bemitleidete ich ihn. Er wandte sich von uns ab, nahm den Telefonhörer zu seiner Rechten in die Hand und wählte eine kurze Nummer. »Ihr Besuch ist da«, sagte er ohne Begrüßung und Verabschiedung und legte wieder auf. Er wies in die imposante Eingangshalle. »Wenn Sie so freundlich sein würden, dort zu warten. Sie werden gleich abgeholt.«

Maggie schnitt hinter seinem Rücken eine Grimasse, und wir schlenderten gemütlich in die gigantische Eingangshalle. Auch beim zweiten Mal imponierte mir der hohe Raum mit seinen zahlreichen Antiquitäten und dem großzügigen Schnitt. Meine fachkundige Begleiterin nickte dann und wann anerkennend und schritt von einem Mobiliar zum nächsten.

Zehn Minuten später kam Rosie zu uns geeilt. Sie war außer Atem und sah – gelinde gesagt – grauenhaft aus. Ihr lockiges Haar löste sich aus dem Zopf und fiel ihr strähnig ins Gesicht. Ihre Gesichtsfarbe war grau, was ihre Augenringe deutlich zur Geltung brachte. Sie wirkte unendlich müde, aber dennoch strahlten ihre Augen, als sie uns sah.

»Aoife, entschuldigen Sie bitte, dass Sie so lange warten mussten«, sagte sie, während sie uns die Hände schüttelte. »Ich freue mich ja so, dass Sie da sind.« Ihr Blick schweifte zu Maggie, und es gelang ihr, angesichts des unkonventionellen Looks meiner Freundin einen neutralen Gesichtsausdruck aufzusetzen. Dieser Salon hatte sicherlich nicht allzu oft Leopants gesehen.

Ich stellte ihr Maggie kurz vor, dann fragte ich: »Ist alles okay bei Ihnen? Ich hoffe sehr, dass wir nicht ungelegen kommen.«

Rosie seufzte tief, strich sich einige Locken aus dem Gesicht und antwortete: »Ehrlich gesagt ist es die Hölle gerade. Umso froher bin ich, dass Sie da sind. Etwas Ablenkung kann ich jetzt gut gebrauchen.« Mein besorgter Blick ließ sie fortfahren: »Es ging Arthur in den letzten Tagen gar nicht gut. Ach, ich untertreibe, in so einer schlechten Verfassung habe ich ihn noch nie gesehen.« Müde sah sie Maggie und mir in die Augen. »Zum ersten Mal hat er mich nicht erkannt. Er hatte natürlich schon öfter Phasen, in denen er sich an Teile seiner Vergangenheit nicht mehr erinnern konnte, aber ich war bislang immer ... präsent für ihn. Er kann sich selbstverständlich nicht mehr daran erinnern, dass er mich vergessen hat. Für ihn ist alles normal. Aber mir geht das an die Nieren.«

Unfähig, darauf etwas Passendes zu erwidern, drückte ich ihr mitfühlend die Hand.

Diese Geste schien ihr zu helfen, denn sie richtete sich auf, atmete tief durch und sagte: »Ach, ich bin eine schlechte Gastgeberin. Kommen Sie erst mal mit, ich habe Wasser aufgesetzt. Nach der langen Reise und bei dem Wetter wird eine schöne Tasse Tee uns allen sicherlich guttun.«

Wir folgten Rosie über zahlreiche Treppen und Flure in den inneren Bereich des Hauses, der mir beim letzten Mal verwehrt gewesen war. Rosie öffnete die Tür zu einer kleinen, gemütlichen Teeküche mit einem alten Holztisch in der Ecke. »Das ist mein Bereich, den Arthur vor einigen Jahren für mich einbauen ließ, damit ich meine Mahlzeiten selber kochen kann. Wir haben unten natürlich noch die Gastro für unsere Gäste, aber dort würde ich nur stören. Hier kann ich auch tagsüber eine

Kleinigkeit für Arthur zubereiten oder seine Medikamente zusammenstellen«, erklärte sie, während sie eine Teekanne, Zucker und Milch auf einem Tablett zu uns brachte und neben einem Körbchen duftender runder Scones abstellte. »Ich habe ein paar frische Scones gemacht, nach einem alten schottischen Familienrezept meines Mannes. Bitte, greifen Sie zu.«

Weder Maggie noch ich ließen uns das zweimal sagen. Rosies Gebäck war wunderbar locker und leicht, ganz anders als die irischen Scones, die mir oft schwer im Magen lagen. Gemeinsam mit der Marmelade und der dicken Sahne schmeckten sie köstlich. Nach zwei Stück musste ich an meine zwickende Hose denken und mich beherrschen aufzuhören.

Rosie nippte an ihrem Tee. Ob durch den Zucker im Gebäck oder das warme Getränk: Ihre Gesichtsfarbe sah etwas besser aus.

»Was macht Arthur denn gerade?«, fragte Maggie ungeniert in die Stille hinein. Das war mir auch bereits durch den Kopf gegangen. Schlief er oder gab es eine zweite Pflegerin, die ihm die Zeit vertrieb?

Rosie hielt ihre Tasse weiterhin fest und antwortete: »Er hat Besuch. Ein alter Freund aus besseren Tagen kam heute Morgen vorbei. Ein überaus willkommener Zufall, denn so habe ich etwas mehr Zeit für Sie. Es geht ihm heute etwas besser, und wenn das so bleibt, dann kann ich Sie ihm nachher vorstellen, wenn Sie möchten.«

Ich nickte. Dann beugte ich mich vor, lehnte mich über den Tisch zu Rosie hinüber, um das sensible Thema anzusprechen. »Rosie, ich weiß gar nicht, wo ich beginnen soll, aber die Unterlagen, die Sie mir geschickt haben, sind, um es mal vorsichtig auszudrücken, verwirrend.«

»Oh ja, ich weiß. Sie haben sicherlich die Geburtsurkunde im Sinn.«

Überrascht riss ich die Augen auf. »Sie wissen davon?«, fragte ich ungläubig.

Rosie lächelte ob meiner unverfrorenen Frage nachsichtig. »Aber natürlich. Ich habe Ihnen ja bereits erzählt, dass Arthur mir sehr am Herzen liegt. Als er mir damals von diesem Fluch erzählt und noch bevor er den Privatdetektiv beauftragt hatte, habe ich selbst versucht, etwas Licht ins Dunkel zu bringen. Leider ohne Erfolg. Ich habe kein Talent fürs Schnüffeln. Dennoch, das Erste, was mir auffiel, war Arthurs Geburtsdatum. Wie kann das sein? Wie kann er Finolas Sohn sein, wenn sie doch nie wieder aufgetaucht ist?«

Maggie fiel ihr aufgeregt ins Wort. »Was, wenn Finola nicht die Mutter war? Was, wenn ihr Name nur eingetragen wurde, um den Anschein zu wahren? Ihre Leiche wurde ja nie gefunden.«

»Nein, tatsächlich nicht. In den späten 50er Jahren hat man sie für tot erklärt. Simons Mutter hatte damals darauf bestanden, um endlich einen Schlussstrich ziehen zu können. Aber wer ist dann Arthurs Mutter?«

»Könnte es nicht sein, dass Simon Liebschaften hatte und eine davon schwanger wurde? Vielleicht traute sie sich nach Simons Tod nach Durley Abbey und die Familie zahlte ihr ein Schweigegeld? Geld gegen ein Baby? Wäre nicht das erste Mal gewesen, dass so etwas passierte.« Maggie war von ihrer fantasievollen Theorie immer noch überzeugt und schaffte es tatsächlich, dass Rosie darüber nachdachte.

»Hm«, machte sie. »Die Familie war damals ziemlich einflussreich. Es wäre sicherlich einfach gewesen, einen anderen Namen der Mutter in die Geburtsurkunde eintragen zu lassen.«

»Ganz genau«, pflichtete Maggie ihr bei und warf mir einen triumphierenden Blick zu, froh darüber, jemanden von Ihrer Hypothese überzeugt zu haben.

»Aber überlegt doch mal«, warf ich skeptisch ein. »So etwas wirft doch immer Fragen auf. Egal wie einflussreich die Familie ist oder war. Man hätte darüber gesprochen, dass die Ehefrau verschwunden und dafür ein Kind aufgetaucht war. Normalerweise bleiben solche Gerüchte über Jahrzehnte im Gedächtnis der Leute. Was glaubt ihr, was wir hören würden, wenn wir ins nächste Dorf führen, uns dort ins Pub setzten und die Einheimischen befragten? Ihr glaubt doch selbst nicht, dass sich so etwas verheimlichen lässt. Und denkt dran, dass eine einflussreiche Familie wie die Flahertys die Geburt eines Sohnes mit einer großen Taufe gefeiert hätte. Das hätte jeder mitbekommen.«

Maggie schüttelte den Kopf. »Das mag ja alles sein, aber keiner wird auf die Idee kommen und die Geburtsurkunde verlangen. Die Gerüchte mag es ja geben, aber das spielt überhaupt keine Rolle, solange innerhalb der Familie Arthur als Finolas Sohn gilt. Und wenn das sogar amtlich mit einer Urkunde besiegelt ist, dann kann kein entfernter Cousin oder Onkel ankommen und das Erbe anfechten. Aoife, in Familien mit solchem Grundbesitz geht es immer darum, die Erbfolge sicherzustellen. Und Gerüchte, Geschichten und Lügen sind diese Familien gewohnt, das gehört dazu.«

Rosie zerkrümelte gedankenverloren ein Scone auf ihrem Teller, als sie anfügte: »Das stimmt. Ich bin ja immer mal wieder unten im Dorf, um in den Laden zu gehen, zur Post oder mich mit Freundinnen im Pub zu treffen. Was ich da schon an Theorien zu Arthurs Querschnittslähmung gehört habe ... Mal war es ein Pferd, das während eines Jagdunfalls auf ihn fiel, dann war es ein Sportunfall beim Tennis. Und das, obwohl sein Autounfall kein Geheimnis ist und es Zeitungsartikel darüber gibt. Das ist den Leuten schlichtweg egal. Sie sehen eine Chance zum Tratschen und nutzen sie. Die Wahrheit ist völlig irrelevant.«

Ich lehnte mich schwer in den Holzstuhl zurück. »Soll das heißen, ihr schließt Finola als Arthurs Mutter aus?«

»Ich kann es mir zumindest gut vorstellen«, meinte Maggie. »Es ist logischer als der Gedanke, dass sie nach ihrem Verschwinden noch mal auftauchte und Arthur auf die Welt brachte, um dann für immer zu verschwinden. Und denk an ihre Briefe. Sie hatte Angst vor ihrem Mann, sie hatte einen Liebhaber, und wenig später ist der Ehemann tot und der unbekannte Geliebte einer der Verdächtigen.«

Rosies Kopf drehte sich von Maggie zu mir und wieder zurück. Ihre Gesichtsfarbe nahm erneut einen erschreckend farblosen Ton an. »Würde mir einer von Ihnen erklären, was Sie da gerade andeuten?«

Ich warf Maggie keinen allzu freundlichen Blick zu, hatte sie doch

– ob bewusst oder nicht, aber definitiv nicht mit mir abgestimmt – von den Briefen erzählt.

»Sie müssen versprechen, es vorerst für sich zu behalten«, beschwor ich Rosie, die schnell zustimmend nickte. Also fasste ich die Umstände und den Inhalt unseres Funds für sie zusammen.

Rosies Augen wurden kugelrund, und sie murmelte: »Ach du großer Gott«, bevor sie erschüttert die Hand vor den Mund schlug.

»Wir vermuten, dass Finolas Liebhaber Simons Mörder ist. Darauf haben Sie mich übrigens gebracht.«

»Was, ich?«, quiekte Rosie entsetzt. »Wie denn das? Ich höre zum ersten Mal von dieser Affäre.«

»Erinnern Sie sich an unser erstes Gespräch? Sie sagten, es komme Ihnen komisch vor, dass Finolas Hotel im dem Ort steht, aus dem einer der Verdächtigen im Mordfall Simon kam.«

»Grundgütiger! Ja, ich erinnere mich daran.«

»Gemeinsam mit unseren Briefen kann man vielleicht erklären, warum dieser Mann tatsächlich der Mörder von Simon war: Wenn er und Finola sich geliebt haben und er davon ausging, dass Simon Schuld an ihrem Verschwinden war, wird er sich gerächt haben.«

Ich berührte Rosie vorsichtig an der Hand. »Rosie, Sie spielen dabei vielleicht die entscheidende Rolle, denn Sie haben diesen Zusammenhang erkannt. Wissen Sie noch, wo Sie das gelesen haben, oder haben Sie sich den Namen des Verdächtigen gemerkt?«

Maggie saß stocksteif neben mir. Wir waren kurz vor der Auflösung um das Rätsel des Liebhabers. Wenn Rosie sich erinnern konnte, würden wir den Namen erfahren und wären damit ein großes Stück weiter.

Doch Rosie schüttelte traurig den Kopf. »Es tut mir wirklich wahnsinnig leid, aber es ist so lange her. Ich erinnere mich weder an den Namen, noch in welchen Dokumenten ich davon gelesen habe. Es kann sogar durchaus sein, dass der Verdächtige gar nicht beim Namen genannt wurde und mir nur dieser seltsame Zufall mit dem Ort auffiel.«

Sie sah uns zerknirscht an, und ich atmete geräuschvoll aus. Vor lauter Spannung hatte ich die Luft angehalten. Auch Maggie gab einen enttäuschten Laut von sich. Um die unangenehme Stille zu überbrücken, nahm ich einen Schluck von meinem mittlerweile erkalteten Tee, als Rosie plötzlich ruckartig aufstand, ihre weiße Pflegerinnenkluft glattstrich und murmelte: »Bitte entschuldigen Sie mich für einen Moment.« Damit eilte sie überstürzt aus dem Zimmer. Maggie und ich blieben verwirrt zurück.

»Vielleicht war das zu viel für sie«, meinte Maggie.

»Ob es eine gute Idee war, sie mit ins Boot zu holen?«, fragte ich, worauf Maggie lediglich die Schultern zuckte und nach einem Scone griff.

Rosie ließ lange auf sich warten. Zehn Minuten vergingen, dann weitere zehn Minuten, ohne dass sie wiederkam. Maggie und ich waren mittlerweile besorgt. Hoffentlich hatten wir Rosie nicht völlig aus der Bahn geworfen. Nach einer geschlagenen halben Stunde kehrte Rosie mit hochrotem Gesicht in die Küche zurück, eine sehr dicke, sehr teuer aussehende Lederkladde an ihre Brust gedrückt. Sie atmete stoßweise und strich sich mit dem Handrücken den Schweiß von der Stirn.

»Puh«, japste sie. »Das war knapp.« Sie kam zu uns an den Tisch und legte die Mappe vor uns. Im dicken braunen Leder prangte das goldene Emblem der Familie Flaherty. Die Seiten waren mit einem roten Seidenfaden elegant vernäht. Es sah äußerst nobel und elitär aus. Ich traute mich kaum, sie anzufassen.

»Was ist das?«, fragte ich und zog die Mappe nach einem kurzen Zögern näher heran.

»Das, meine Damen, sind alle amtlichen Dokumente der Familie Flaherty. Geburtsurkunden, Hochzeitsscheine, Sterbeurkunden. Alles, was jemals offiziell ausgestellt wurde.«

Ich blinzelte ihr verwirrt zu. »Aber warum …?«

Sie fiel mir ins Wort: »Schnell! Wir haben nicht allzu viel Zeit. Der Zufall hat mir glücklicherweise in die Hände gespielt: Die Polizei kam just in dem Moment, als ich mich an Seamus vorbeischleichen wollte. Natürlich hat er sich geschmeichelt gefühlt, als ich ihn gebeten habe, sich darum zu kümmern, der kleine Wicht.«

»Was?«, Nun war ich vollends verwirrt. »Was macht denn die Polizei im Haus?« Auch Maggie beugte sich interessiert vor.

Rosie setzte sich zu uns und erklärte: »Ach, wir hatten mal wieder einen Diebstahl, und für die Versicherung müssen wir das natürlich der Polizei melden, ansonsten wird es kompliziert mit der Erstattung des Schadens.«

»Es wurde eingebrochen?«, fragte ich geistreich, worauf Maggie ironisch anfügte: »Wird vermutlich sonst schwierig mit dem Diebstahl.«

Rosie überging unser Geplänkel. »Es ist leider nicht das erste Mal. Bei dem vielen Publikumsverkehr verschwindet immer wieder etwas. Meist sind es nur kleinere Dinge, die man schnell in die Jackentasche stecken kann, wie Schnupftabakdosen aus Elfenbein oder auch Teile des Tafelsilbers. Das hat Seamus vor kurzem dazu bewogen – und das muss ich ihm wirklich zugutehalten – unser Ausstellungskonzept zu ändern. Früher haben wir viele Originale offen dort ausgelegt, wo die Familie sie früher auch verwendet hat. Eine reich gedeckte Tafel zum Beispiel oder ein Salon, der für den Nachmittagstee vorbereitet war. Mittlerweile sind wir dazu übergegangen, entweder mit Plagiaten zu arbeiten oder wertvolle Originale in Schaukästen zu verwahren. Es ist nicht mehr so anschaulich wie früher, aber dafür verschwindet weniger. Der aktuelle Diebstahl ist leider etwas anderer Natur. Und ich persönlich glaube, dass das die Verschlechterung bei Arthur verursacht hat.« Sie hüstelte kurz, dann fuhr sie fort: »Bislang wurden Dinge aus dem öffentlich zugänglichen Bereich gestohlen. Ganz klar den Besuchern zuzuschreiben. Diesmal aber wurde Arthurs persönlicher Besitz entwendet, eine kleine hölzerne Schatulle aus seinem Schlafzimmer. Sie ist hübsch gearbeitet gewesen, mit Intarsien im Deckel, aber sicherlich nicht besonders wertvoll. Jede Gabel des Tafelsilbers ist mehr wert. Ich verstehe nicht, warum der Dieb ausgerechnet diese Schatulle mitgenommen hat. Ich weiß nur, dass Arthur sehr an ihr gehangen hat. Sie stand immer auf seinem Nachtschrank.«

Beinahe konnte ich das Geheimnis riechen. Wie vergessen war die Mappe, die vor wenigen Sekunden noch unfassbar spannend gewesen war. »Was war in der Schatulle? Haben Sie jemals reingesehen?« Kaum hatte ich es ausgesprochen, da wurde mir klar, wie unverfroren das rüberkommen musste. »Oh, entschuldigen Sie bitte, ich wollte Ihnen nicht unterstellen, dass ...«

Milde lächelnd unterbrach Rosie mich: »Keine Sorge. Ich verstehe Ihre Frage. Glauben Sie mir, dieses kleine Kästchen hat mich schon oft zum Grübeln gebracht. Beim Staubwischen hatte ich es oft in der Hand. Ohne es je zu öffnen.« Sie zwinkert uns zu. »Man braucht leider einen Schlüssel dafür.« Kurz kicherte sie, wurde dann aber wieder ernst. »Ich konnte natürlich nicht anders und hab ab und an mal daran geschüttelt. Also Juwelen sind da definitiv nicht drin, es klappert nichts beim Rütteln. Ich tippe eher auf Briefe, Postkarten, private Korrespondenz. Das würde erklären, warum Arthur so sehr daran hängt. Umso unlogischer wird jedoch der Diebstahl. Warum hat der Dieb nicht etwas offensichtlich Wertvolles mitgenommen? Die Wände sind voll von Gemälden, die einiges an Wert besitzen.«

Verwirrt schüttelte ich den Kopf. Konnte das wirklich Zufall sein? Das Geheimnis um Arthurs Vergangenheit und nun ein Diebstahl in seinem persönlichen Bereich, den sonst niemand betreten durfte? Das schrie förmlich nach einem Zusammenhang, auch wenn ich nicht die leiseste Ahnung hatte, wie der Vorfall mit unserem Geheimnis zusammenhing.

Rosie riss mich aus meinen Gedanken. »Auf jeden Fall hatte ich pures Glück, dass Seamus ganz wild darauf ist, sich gegenüber der Polizei aufzuspielen und den Hausherrn zu markieren. Wenn er gemerkt hätte, dass ich an den Safe gehe, säße er jetzt hier mit uns am Tisch.«

»Am Safe?«, echote ich ungläubig. »Sie waren am Safe und haben die Familiendokumente ...« Das Wort »entwendet« lag mir auf der Zunge, doch ich schluckte es herunter. Ich wollte Rosie nicht noch einmal brüskieren.

Rosie winkte entspannt ab. »Ich kenne die Kombination. Ich erledige oft Arthurs private Post, da ist es unumgänglich, ab und an zum Safe zu gehen. Ich habe Ihnen ja erzählt, dass Arthur mir sehr nahe steht. Eigentlich bin ich mehr eine Art Privatsekretär als eine Pflegerin. Na ja, an einigen Tagen zumindest.«

Maggie war bislang recht still gewesen, doch nun ergriff sie die Initiative und schlug die Kladde auf. Unzählige Papiere lagen darin und bildeten eine wüste Chronologie der Flaherty'schen Familiengeschichte. Die Trauscheine der beiden letzten Sprösslinge, Arthurs Kinder, lagen zuoberst. Maggie blätterte sich neugierig in die Tiefe. »Und warum haben Sie uns das mitgebracht?«, fragte sie an Rosie gerichtet.

Diese zuckte mit den Schultern. »Ich weiß auch nicht. Irgendwie hatte ich gehofft, wenn wir die Geburtsurkunde im Original sehen, fällt uns vielleicht etwas auf.«

Maggie verzog skeptisch das Gesicht. »Hm, Ihre Absichten in allen Ehren, aber das ist ziemlich unwahrscheinlich.«

Rosies Schultern sackten sichtbar nach unten. »Einen Versuch ist es wert. Ich habe es Ihnen ja schon gesagt: Ich gebe keinen sehr guten Detektiv ab.«

Meine Begleiterin hatte sich in den Jahren nach unten gearbeitet und zog Arthurs Geburtsurkunde hervor. Sie unterschied sich in nichts von der Fotokopie, außer, dass das Original in Farbe war und man dem Papier deutlich ansah, dass es ein paar Jahre auf dem Buckel hatte. Ansonsten wirkte das Dokument völlig normal. Keine subtilen Hinweise auf ein Geheimnis, keine offensichtliche Fälschung. Die Urkunde sah echt aus.

Maggie legte sie beiseite und besah sich die anderen Papiere. Die ältesten Urkunden stammten aus dem siebzehnten Jahrhundert und steckten in Klarsichtfolien. Betont vorsichtig und mit spitzen Fingern zog Maggie sie hervor, besah sie kurz und legte sie dann beiseite. »Wow, eindrucksvoll«, kommentierte sie.

Rosie nickte und sagte: »Es gibt darüber hinaus noch eine Familienbibel aus dem sechzehnten Jahrhundert. Liegt auch im Safe. Die wollte ich aber nicht mitbringen. Sie sieht aus, als würde sie beim kleinsten Atemzug zerfallen.«

Die Lederkladde lag nun ihrer Inhalte beraubt vor uns. Schweigend saßen wir zu dritt um sie herum und starrten sie an. Keine neuen Erkenntnisse, nichts. Wir mussten anderswo nach des Rätsels Lösung suchen. Maggie griff nach der Urkundenmappe, zog sie zu sich heran und schlug sie zu. Betrachtete sie. Drehte sie um. Schlug sie erneut auf, dann wieder zu. Drehte sie ein zweites Mal. Unbehaglich sahen wir ihr dabei zu.

Als sie die Prozedur zum gefühlt zehnten Mal wiederholte, legte ich die Hand auf das Leder und stoppte sie. »Maggie, was zum Teufel machst du da?«

Statt zu antworten, stand sie auf und ging an eine der Schubladen, zog sie auf, wühlte kurz darin herum und drehte sich wieder zu uns, ein großes, scharfes Messer in der Hand und ein Lächeln im Gesicht. »Was ich gleich mache, wird euch nicht gefallen«, sagte sie.

Im Bruchteil einer Sekunde schoss mir der irrsinnige Gedanke durch den Kopf, Maggie könnte eine lang verschollene Flaherty-Tochter sein, die ihr wahres Erbe erkannt hatte und nun alle Zeugen blutig aus dem Weg räumen wollte. Rosie und ich würden mit durchgeschnittenen Kehlen in einer gemeinsamen dunkelroten Blutlache auf dem Küchenfußboden unser Ende finden. »Was hast du vor?«, quetschte ich piepsend hervor, was mir einen belustigten Blick meiner Begleiterin einbrachte.

»Jetzt mach dir mal nicht ins Hemd.« Sie lachte und setzte sich wieder zu uns. Das Messer legte sie sicherheitshalber beiseite. Sie faltete die Hände brav vor sich auf dem Tisch und bedeutete uns mit einem Kopfnicken, die Mappe anzusehen. »Mir ist soeben etwas aufgefallen, und ich habe eine Vermutung. Aber zuerst möchte ich, dass ihr euch die Kladde etwas genauer anseht.«

Rosie, die bisher erstaunlich ruhig und gefasst die absurde Situation über sich ergehen lassen hatte, zog die Mappe zu sich und imitierte, ob bewusst oder nicht, Maggies Verhalten. Sie drehte die dicke schwere Mappe in den Händen, schlug sie auf, dann wieder zu. Irritiert schüttelte sie schließlich den Kopf. Dann schob sie mir die Mappe zu. Ich ließ sie liegen und sah Maggie genervt an.

»Ich werde nicht auch noch Kunststücke für dich aufführen«, frotzelte ich und nahm den Worten mit einem Grinsen die Schärfe.

Maggie zog das Leder zu sich und legte es mit dem Wappen nach oben vor sich hin. »Seht mal, das ist die Vorderseite. Umgekehrt natürlich hinten die Rückseite.« Sie drehte das Leder um. »Was fällt euch auf?«

Rosie und ich zuckten mit den Schultern. »Nur das Offensichtliche: hinten fehlt das Wappen.«

Maggie verdrehte die Augen. »Oh Mann, danke, Sherlock. Nein, guckt doch nochmal genauer.« Und erneut wendete sie die Mappe von hinten nach vorne und wieder zurück. Wir hatten wohl Tomaten auf den Augen, denn uns fiel partout nichts auf. Was sah Maggie, was wir nicht erkennen konnten?

Sie seufzte ob unserer Begriffsstutzigkeit und deutete auf die rote Ziernaht am Rand. »Guckt euch mal die Naht an und vergleicht vorne mit hinten.«

Konzentriert starrten wir die gleichmäßige Naht an. Vorne wie hinten war die Kladde an der Seite mit einem hübschen Zierstich aus roter Seide versehen, was der ohnehin schon respekteinflößenden Mappe etwas Besonderes gab. Hinten wie vorne der gleiche, ebenmäßige Stich.

Da der Groschen immer noch nicht fiel, fuhr Maggie mit dem Fingernagel über die Naht. Ihr grellpinker Nagellack bildete einen klaren Kontrast zum elegant gealterten Braun des Leders und dem seriösen Rot der Seide. »Mensch, seht ihr denn nicht, dass der Faden vorne ein anderer ist als hinten?«, fragte sie, als wir immer noch dreinblickten wie Lämmer auf der Weide. Und tatsächlich. Jetzt, wo sie uns buchstäblich mit dem Finger darauf stieß, fiel es mir wie Schuppen von den Augen. Der Faden vorne glänzte deutlich markanter und war dunkelroter als der Faden hinten. Wenn man wusste, worauf man achten musste, konnte man es nicht mehr übersehen.

»Und was bedeutet das?«, fragte Rosie unsicher.

Maggie nahm das Messer erneut zur Hand. »Das bedeutet, dass wir hier ein Geheimfach haben.«

»Wie bitte?«, erwiderte ich ungläubig.

Sie nickte. »Jawohl, und ich habe vor, es euch zu beweisen.« Ihre Hand mit dem Messer bewegte sich auf das Leder zu.

»Oh mein Gott, halt!«, rief ich erschrocken. »Du kannst doch nicht einfach ...«

Auch Rosie, die soeben begriffen hatte, was Maggie im Begriff war zu tun, fiel ein: »Nein! Stopp. Was machen Sie ...«

Maggie, ungerührt von unserer Aufregung, erhob die Stimme: »Keine Panik. Ich habe nicht vor, irgendetwas kaputt zu machen. Na ja, nicht dauerhaft zumindest. Nur die Naht.« Sie verdeutlichte durch Wenden der Mappe nochmals die Unterschiede. »Das ist mindestens schon einmal passiert. Jemand hat die Naht hinten ersetzt. Ich denke, nicht aus Altersgründen, sondern weil etwas in der Mappe versteckt werden sollte. Wir können die Naht später wieder ersetzen.«

»Aber«, stammelte ich. »Das sind nur Vermutungen von dir. Du kannst nicht wissen, ob ...«

»Glaub mir, ich habe bei meinen Recherchen für die Dissertation schon etliche solcher Geheimverstecke gesehen, das würdest du mir gar nicht glauben. Ich wundere mich selbst, dass ich so lange gebraucht habe, um hier drauf zu kommen. Es ist ein geradezu langweiliges und offensichtliches Versteck, fast schon peinlich.«

Rosies Mund war zu einem O erstarrt, aber ich bildete mir ein, ein Fünkchen Abenteuerlust in ihren Augen blitzen zu sehen. Maggies Arm mit dem Messer schwebte bedrohlich über dem Leder, erstarrt in der Bewegung und auf Rosies Okay wartend. Diese nickte schließlich entschlossen, und Maggie grinste über beide Ohren. Ich hatte das Gefühl, vor lauter Spannung würde mir das Herz in der Brust zerspringen. Gekonnt, als würde sie es täglich machen, fuhr Maggie mit einer einzigen fließenden Bewegung an der Rückseite der Kladde durch die Naht. Dann legte sie das Messer beiseite und schob vorsichtig den Zeigefinger in den Freiraum zwischen den Lederstücken. Hochkonzentriert hatte sie die Zunge zwischen die Lippen geklemmt und einen Ausdruck im

Gesicht, als würde sie eine Atombombe mit nur noch wenigen Sekunden auf dem Zähler entschärfen.

»Ha!«, machte sie. »Da ist etwas!« Sie hörte sich triumphierend an und doch gleichzeitig so, als wäre sie, entgegen ihrer vorherigen Worte, überrascht über ihren Erfolg. Sie schob ihre Hand tiefer in die Kladde und holte, Zentimeter für Zentimeter, ein Stück Papier hervor.

Fassungslos starrten wir zu dritt auf das unscheinbare Dokument.

»Geburtsurkunde« stand dort. In beinahe nichts unterschied sie sich von Arthurs Urkunde, die wir nur wenige Minuten vorher gesehen hatten.

»Eine zweite Geburtsurkunde?«, hauchte Rosie.

Ich schüttelte irritiert den Kopf. Ich konnte nicht glauben, was vor uns lag. Mit zitternden Händen zog ich die bekannte Urkunde neben die neue. Identisch, wie Zwillinge lagen sie vor uns, und doch gab es einen gravierenden Unterschied.

»Grundgütiger«, flüsterte Rosie erneut. »Seht euch das Datum an.«

Kapitel 11

Oder: Begegnungen und wie wir jemanden trafen, den wir nicht erwartet hätten

Name des Kindes, Geburtsort, Geburtsdatum und -zeit, Namen der Mutter und des Vaters: alles stimmte exakt überein. Sogar die Unterschrift des Standesbeamten wirkte wie fotokopiert, so einheitlich waren die Buchstaben hingeschrieben. Doch ausgerechnet das Datum, dieses kleine Detail, das uns solches Kopfzerbrechen bereitet hatte, war auf der neu entdeckten Urkunde anders.

Älter.

Demnach war Arthur nicht im Juni 1948, weit nach Finolas Verschwinden, geboren, sondern im August 1947. In dem Sommer, als Finola noch auf Durley Abbey weilte.

Völlig irritiert blickten wir drei uns abwechselnd an.

»Welche Geburtsurkunde ist denn nun die echte?«, fragte Rosie, und ihre Stimme zitterte leicht.

Es musste sie besonders mitnehmen, da sie Arthur so gut kannte. Und sie hatte soeben die entscheidende Frage gestellt. Ich hatte weniger als keine Ahnung von offiziellen Dokumenten. Für mich sahen beide Papiere echt aus, und ich hätte auf Teufel komm raus nicht entscheiden können, welches davon die Fälschung war.

Maggie kratzte sich am Kopf und nahm beide Dokumente an sich, in jede Hand eine. Abwechselnd verglich sie beide und seufzte dann. »Also ich kann mir nicht helfen, aber da war entweder ein Profi am Werk oder sie sind beide wirklich von der gleichen Stelle ausgestellt worden. Das Papier ist identisch, der Stempel auch, die Unterschrift. Einfach alles.« Sie legte beide Dokumente zwischen uns auf den Tisch. »Ich bin der Meinung, beide sind offiziell. Die Frage ist nur, wann Arthur tatsächlich geboren wurde.«

»Probieren wir es doch einmal mit etwas Logik«, schlug ich vor, was mir einen belustigten Blick von Maggie einbrachte. »Also, offiziell ist Arthur 1948 geboren. Zumindest liegt das nahe, denn bislang war nur die jüngere Urkunde bekannt. Die ältere wurde versteckt, was zunächst seltsam wirkt, denn das ältere Datum wäre eigentlich unkomplizierter. Damals lebten sowohl Simon als auch Finola noch. Warum also ein Dokument verstecken, welches doch scheinbar alle Probleme lösen würde?«

»Vielleicht wurde es nachträglich in Auftrag gegeben, um im Falle von Familienstreitigkeiten oder eben bei skeptischen Fragen ein Ass im Ärmel zu haben. Sozusagen ein doppelter Boden. Wir können nicht wissen, wie Arthurs Geburt im Familienkreis damals angekündigt wurde.« Schnell hob Rosie die Hand, als ich einhaken wollte. »Ja, ich weiß. Normalerweise wird die Geburt eines Stammeshalters an die große Glocke gehängt. Doch wir können uns da nicht sicher sein. Vielleicht hatte die Mutter eine schwierige Geburt, vielleicht gab es Komplikationen, das Kind war kränklich ... Das könnte ein Grund sein, eine Geburt nicht sofort mitzuteilen. Und schon geht vielleicht ein halbes Jahr oder mehr ins Land, bevor jeder davon erfährt. Und damit auch das Datum auf einer Urkunde.« Sie hielt kurz inne, bevor sie fortfuhr: »Mir ist bewusst, wie komisch das klingt. Ich bin selbst nicht wirklich überzeugt, aber mir will nichts Besseres einfallen. Es ergibt einfach keinen Sinn.«

Maggie versuchte, sie aufzumuntern. »Glauben Sie mir, im Moment klingt alles einleuchtend. Vielleicht sollten wir eine Nacht darüber schlafen. Heute finden wir die Lösung ganz sicher nicht mehr.«

»Das befürchte ich auch.« Rosie warf einen kurzen Blick auf ihre Armbanduhr und stemmte sich unter Ächzen von ihrem Stuhl hoch. »Ich mache Arthur und seinem Gast einen Tee und schaue, ob er fit genug ist, Ihnen Hallo zu sagen. Wenn Sie mögen, stelle ich Sie kurz vor.«

Ich nickte. »Das wäre wirklich sehr nett. Ständig sprechen wir über Arthur und versuchen, seinem Geheimnis auf die Spur zu kommen, dabei kennen wir ihn gar nicht.«

»Sie müssen mir aber versprechen, dass nichts von dem, was wir heute herausgefunden haben, zu Arthur gelangt. Auch nichts über Finola und die Briefe, die sie gefunden haben, okay? Das würde ihn zu sehr aufwühlen, und ich weiß nicht, wie sich das auf ihn auswirkt.«

»Natürlich«, stimmte ich zu.

»Danke«, sagte sie und machte sich daran, den Tee zuzubereiten.

Maggie und ich räumten derweil die Papiere zurück in die Mappe und steckten dann vorsichtig die zweite Geburtsurkunde zurück in das Geheimfach.

Wenig später bat Rosie uns, kurz zu warten, während sie prüfte, ob Arthur ein weiterer Besuch zugemutet werden konnte.

»Es sieht gut aus, er hat heute einen wirklich guten Tag«, sagte sie, als sie mit einem leeren Tablett zurückkam und es neben die Spüle stellte.

Wir folgten ihr einen langen Gang voller Landschaftsaquarelle entlang, um dann in eine atemberaubende Bibliothek zu treten. Die mannshohen Fenster wechselten sich ab mit bis an die Decke reichenden Regalen voller Bücher. Dem Fenster gegenüber, symmetrisch um den gemauerten Kamin angeordnet, stand eine teuer aussehende Sitzgarnitur aus Sesseln und einem Zweisitzer. Das kleine Tischchen dazwischen war vollgestellt mit einem Teeservice, einer Teekanne und diversen Bücher- und Zeitschriftenstapeln. Daran saß ein älterer Mann im Rollstuhl, der uns offen und neugierig ansah, als wir näher traten. Arthur.

Die Beine, die er seit seinem Autounfall vor vielen Jahren nicht mehr bewegen konnte, waren unter einer karierten Decke versteckt. Er trug ein braunes Sakko, ein hübsch gemustertes Seidentuch um seinen Hals und als einzigen Schmuck einen schmalen Ring an der rechten Hand.

Sein Haar war grau ebenso wie sein ordentlich gestutzter Vollbart, der ganz sicher regelmäßig von einem Barbier gepflegt wurde.

Wie Maggie angedeutet hatte, war heute ein guter Tag, denn er blickte uns mit einem wachen Blick und einem Funken Schalk in den blauen Augen entgegen. Ganz vage erinnerte er mich an jemanden, einen Schauspieler vielleicht oder jemanden, den ich im Pub gesehen hatte, doch das vergaß ich wieder, als er mit einer weichen, sonoren Stimme sagte: »Ich darf Sie auf Durley Abbey willkommen heißen, meine Damen. Rosies Freunde sind mir gern gesehene Gäste. Bitte, setzen Sie sich doch zu mir.«

Sein Tonfall war wohlwollend, aber auch selbstsicher, so als wäre er es gewohnt, dass die Menschen taten, worum er bat. Wir kamen seiner Aufforderung nach und ließen uns nebeneinander auf der Couch nieder. Maggies leopardengemusterte Hose wirkte in dieser Atmosphäre aus Tradition, Geld und Stil mehr denn je wie ein Signalfeuer mitten in der finstersten Nacht, doch weder sie noch Arthur schien das zu stören.

»Schön haben Sie es hier«, kommentierte sie ungeniert, und fügte an: »Ich bin Maggie, schön Sie kennenzulernen.«

Arthur nickte ihr lächelnd zu und wandte sich an mich. »Dann müssen Sie Aoife sein.«

Ich war, anders als Maggie, ein wenig eingeschüchtert. Nicht nur von der kostspieligen Umgebung um mich herum. Arthur selbst war es, der mich schüchtern und kleinlaut werden ließ. Er hatte eine beeindruckende Präsenz. Trotz seiner Krankheit, die ihn Stück für Stück seiner Persönlichkeit berauben würde, war er jemand, der in einen Raum treten konnte und die Aufmerksamkeit aller Anwesenden auf sich zog.

»Ja, freut mich sehr«, antwortete ich und starrte ihn an. An wen erinnerte er mich nur?

»Darf ich Ihnen einen alten Freund vorstellen?«, fragte Arthur und riss mich aus meinen Gedanken. Er deutete auf jemanden hinter unserem Rücken, sodass wir uns umdrehten.

Eine Person, die sich bislang im Hintergrund gehalten und an einem der Regale gestanden hatte, trat nun näher zu uns. Niemand hätte überraschter sein können als Maggie und ich, denn es war ...

»Ed?«, stieß ich hervor, mehr als ungläubig darüber, den Druiden aus Ard Carraig so urplötzlich in einer Umgebung zu sehen, in die er so gar nicht hineinpasste. »Was machen SIE denn hier?«

Auch Maggie, sonst selten um eine Antwort verlegen, stand der Mund offen.

Tausend Gedanken schossen mir wirr durch den Kopf. Was tat Ed hier? Weshalb kannte er Arthur? Und wie war er hierhergekommen? Soweit ich wusste, besaß Ed kein Auto, und eine Reise mit den öffentlichen Verkehrsmitteln an diesen Ort glich einer kleinen Weltreise. Dennoch musste er heute Morgen noch vor uns hier angekommen sein.

Ed trat zu uns und setzte sich neben Arthur in einen der gemütlichen Sessel. Bis auf seine Haare, die wie immer ein Eigenleben zu führen schienen, wirkte heute alles an ihm seriös. Er trug ein kariertes Sakko mit einem Hemd darunter, dazu eine gerade geschnittene – und nicht irgendwo zwischen Wade und Knie abgeschnittene – Hose. Wo hatte er nur diese geradezu gewöhnlichen Kleidungsstücke bislang vor uns versteckt gehabt?

»Sie kennen sich offensichtlich?«, fragte Arthur in die Stille hinein, als Ed keine Anstalten machte, uns zu antworten.

»Äh, ja. Wir wohnen alle im selben Dorf, Ard Carraig an der Küste«, antwortete ich. »Und woher kennen Sie sich?«

»Oh, das ist schon eine ganze Weile her«, sagte Arthur und lächelte seinen Freund an. »Wir interessieren uns beide schon seit Jahrzehnten für Fotografie und haben uns bei einer Fotoreise in Prag kennengelernt.«

»Und uns seitdem zu selten und zu lange schon nicht mehr gesehen, alter Freund«, vervollständigte Ed Arthurs Erklärung. Dann wandte er sich mir zu und gab mir mit einem Blick zu verstehen, dass weitere Erläuterungen später in einem privateren Rahmen folgen würden.

Rosie betrat den Raum mit einem Teller voller Biskuits und setzte sich zu uns. »Ed, ich habe Ihnen den Raum im Ostflügel hergerichtet.

Er ist etwas klein, aber ich denke, für ein, zwei Tage kommen Sie damit klar.«

»Das ist zu freundlich von Ihnen.«

Interessiert hob ich die Augenbrauen. Ed würde über Nacht bleiben?

Rosie gab leise Auskunft. »Ed war so nett anzubieten, die nächsten Tage bei uns zu verbringen. Seine Ausbildung in Meditations- und Konzentrationsübungen könnte helfen, Arthurs Gedächtnis zu festigen.«

Eigentlich sollte mich bezüglich Ed nichts mehr überraschen, trotzdem war ich überrumpelt. Ed war ausgebildeter ... ja, was eigentlich? Yoga-Lehrer? Guru? Wie nannte man das? Meditationstrainer?

Dieses Gerede vorgestern am Hotel ... erwähnte er nicht, dass das Haus ihn an einen alten Freund erinnerte? Das konnte nur Arthur sein. Ich brannte darauf, mit dem Druiden allein zu sprechen, doch das schien momentan ausweglos. Zwischen Maggie, Ed und Arthur hatte sich eine lebhafte Diskussion über Landschaftsfotografie entwickelt, aus der ich mich raushielt; nach wenigen Minuten fragte ich Rosie diskret nach der Toilette und schlich mich von der Gruppe weg.

Ich schlenderte den Flur entlang und beäugte interessiert die gerahmten Aquarelle, die die Wände Weg säumten. Allesamt zeigten sie Aufnahmen von Bergwelten, offenen Weidelandschaften, einsamen Cottages inmitten von Grün und rauen Stränden. Der einheitliche Stil der Zeichnungen fiel mir auf. Ein Blick auf die Signatur zeigte stets den gleichen Namen: F. Flaherty. Moment, konnten das Finolas Bilder sein? War sie eine Künstlerin gewesen? Keines der Bilder war datiert und der Vorname auf jeden Werk abgekürzt. Eines der Bilder stach mir ins Auge. Etwas vage Vertrautes blitzte mich an. War das etwa tatsächlich ein Aquarell des Cliff House Hotels? Mit zusammengekniffenen Augen versuchte ich, mehr Details hinter dem spiegelnden Glas zu erkennen.

Das Haus war aus einer untypischen Perspektive gemalt worden: vom Strand in Richtung Festland aus gesehen, sodass die »Klippe« darunter deutlich zu sehen war. Nicht anders herum, was landschaftlich durch das offene Meer sicherlich reizvoller gewesen wäre. Doch zweifelsohne: Es war Toms Hotel. Somit stand für mich fest, dass die Malerin Finola gewesen sein musste.

Als ich die Bibliothek wieder betrat, waren die sofort Bilder vergessen, denn das Naturschauspiel vor den Fenstern zog mich beinahe magisch an: Draußen tobte ein Sturm. Von uns hinter den dicken, altehrwürdigen Mauern unbemerkt, hatte sich in den letzten Stunden ein beachtlicher Wetterumschwung vollzogen. War es vorher noch leicht windig und regnerisch, so sah man nun sich hin und her biegende Bäume, dicke Regentropfen, die an die Scheiben klatschten, zuckende Blitze, die den Himmel zerteilten und ein grelles Echo auf meiner Netzhaut hinterließen.

»Oh nein«, murmelte ich, keine Sekunde bevor es bedrohlich im Hintergrund grollte. Der Widerhall war bis in die Bibliothek zu spüren. Alle Köpfe wandten sich mir und dem Fenster zu. Der Regen wurde stärker, was ich für gar nicht mehr möglich gehalten hatte.

»Das sieht gar nicht gut aus«, rief ich den anderen zu, als just in diesem Moment der Strom ausfiel. Es war erst später Nachmittag, doch der düstere Himmel draußen verwandelte den Raum in graue Dunkelheit. Lediglich der Kamin, in dem vor Stunden ein Feuer gebrannt haben musste, spendete durch die verglimmenden Holzreste gespenstisches Licht.

»Na, das hatten wir ja seit Jahren nicht mehr«, versuchte Rosie einen betont munteren Scherz und stand auf. »Ich sehe mal nach dem Hausmeister und suche Kerzen.«

»Soll Sie jemand begleiten?«, fragte ich.

Sie ließ ein leises Kichern hören. »Oh danke, meine Liebe, aber ich könnte hier blind herumlaufen und würde mich nicht verirren. Warten Sie einen Moment, das haben wir sicher gleich erledigt.«

Wir blieben zurück. Das Heulen vor den Fenstern schien sich noch zu verstärken. An eine Heimfahrt war zum jetzigen Zeitpunkt nicht zu denken.

»Jetzt wäre der ideale Moment für eine Gespenstergeschichte«, sagte Maggie in die Stille hinein und benutzte die Taschenlampen-App ihres Smartphones, um ihr Gesicht gruselig von unten zu beleuchten.

Arthur lachte melodisch und antwortete: »Natürlich hat ein alter Kasten wie dieser jede Menge davon im Repertoire. Der einstige Bauherr beispielsweise, ein gewisser Lord Winterbottom, soll derart grausam seiner jungen Braut gegenüber gewesen sein, dass sie sich nach nur wenigen Monaten Ehe vom Dach in den Tod stürzte. Angeblich kann man sie jedes Jahr an ihrem Todestag in den Gängen wandeln hören und zu Neumond sogar sehen.«

»Das ist aber ein eher scheues Gespenst, wenn man es nur einmal im Jahr, und das auch nur mit viel Glück, sehen kann«, meinte Maggie. »Haben Sie nicht etwas ... Substantielleres? Welche Räume oder Teile des Hauses sollte man zum Beispiel meiden, wenn man eine Begegnung der anderen Art vermeiden möchte? Nur damit ich weiß, wo ich heute Nacht hin muss.«

Mein Kopf ruckte zu ihr. »Wie? Heute Nacht?«

»Na, du glaubst doch nicht, dass wir heute noch nach Hause kommen? Bei dem Sturm sicher nicht. Ich befürchte, ich werde gleich eine Betreuung für Dylan organisieren müssen.«

»Aber das Unwetter wird doch nicht die nächsten Stunden noch toben. Sobald es nachlässt, fahren wir.«

»Ich verwette meinen – verzeihen Sie meine deftige Ausdrucksweise, aber in Anbetracht der Umstände erlaube ich es mir – Arsch darauf, dass wir die Nacht hier verbringen werden.«

Ich schüttelte den Kopf. Das würde sich noch zeigen. Ich hatte Tom doch versprochen, heute Abend wieder da zu sein, und würde mein Versprechen ganz sicher nicht wegen eines lauen Lüftchens brechen.

»Sollte der Sturm Ihre Pläne durchkreuzen, dann sind Sie selbstverständlich gern auch über Nacht unsere Gäste«, sagte Arthur. »In diesem Fall sollten Sie sich aber unbedingt von der Bibliothek fernhalten. Ab Mitternacht kann es passieren, dass Ihnen hier seltsame Geräusche unterkommen. Einem Gast soll auch schon mal ein Buch auf den Kopf gefallen sein. Ich persönlich schreibe es eher dem vielen Champagner zu, der damals geflossen ist, aber wer weiß ... Oh, und natürlich der Garten. Auch dort würde ich spätnachts nicht mehr herumspazieren. Einer der früheren Gärtner soll eine Dienstmagd umgebracht haben und spukt nun mit einer Harke zwischen den Beeten herum. Er hat es besonders auf junge Damen abgesehen, von daher empfehle ich Ihnen, lieber drinnen zu bleiben.«

Ich hätte Arthur stundenlang zuhören können. Seine warme, dunkle Stimme war wie gemacht, um Geschichten zu erzählen. So wie er jetzt zwischen uns saß und uns humorvoll und mit einem Quäntchen Ironie Durley Abbeys Gruselgeschichten vorstellte, konnte ich kaum glauben, dass seine Erinnerungen mit der Zeit immer blasser und weniger werden würden. Er wirkte geistig voll da und unterhielt uns mit einer gehörigen Portion Charme. Ich konnte Rosies Zuneigung zu ihm sehr gut nachvollziehen.

Die Stimmung in der Bibliothek war trotz des fehlenden Stroms und des heulenden Windes draußen gut, was ich Arthurs Unterhaltungskünsten zuschrieb. Wir waren mitten in einer neuen Sage um Durley Abbey, als Rosie mit einem großen Kandelaber voll brennender Kerzen hineinkam. Die flackernden Flammen verwandelten ihr Gesicht in ein unstetes Spiel aus Licht und Schatten. Ihr dramatischer Auftritt passte hervorragend zu ihren Worten: »Ich befürchte, ich habe keine allzu guten Neuigkeiten.« Sie stellte das antike Ungetüm zwischen uns auf den Tisch, sodass wir uns alle wieder halbwegs gut sehen konnten. »Der Strom scheint in der gesamten Umgebung ausgefallen zu sein. Ich habe die Sicherungen wieder hereingedreht, aber das hat nichts gebracht. Cillian und Lisa vom Küchenteam haben mit ihren Smartphones die neuesten Nachrichten geprüft: Es wird wohl dauern, bis wir wieder Strom haben. Und das war leider noch nicht alles.« Sie wandte sich mit einem entschuldigenden Blick, so als könnte sie etwas für die Misere, an Maggie und mich. »Der Wetterdienst hat außerdem bestätigt, dass dieser Sturm ungewöhnlich heftig ist und anhalten wird. Es deutet alles darauf hin, dass es sich um einen abgeschwächten Orkan aus Übersee handelt, der jetzt zu uns geweht ist. Heute Nacht sollten Sie das Haus nicht verlassen. Es wird dringend davon abgeraten.«

Ich hatte mich gespannt nach vorne gebeugt und sackte nun schwer zurück in die teuren Polster. Oh nein. Ich hoffte sehr, dass Tom mir das nicht übel nahm. Ich wusste genau, er würde so einiges dafür geben, eine Nacht in so einem Kasten wie Durley Abbey verbringen zu dürfen. Ich würde ihn so schnell wie möglich anrufen müssen.

Maggie hatte den gleichen Plan. »Das habe ich mir beinahe gedacht. Ich rufe am besten meine Nachbarin an. Sie wird sich um meinen Sohn kümmern müssen. Bin gleich wieder da.« Und damit huschte sie in den Gang hinaus.

Rosie sah ihr verständnisvoll hinterher. Betont munter sagte sie: »Na, zum Glück haben wir jede Menge Kerzen, und in der Museumsküche unten steht noch ein riesiger Topf mit Irish Stew. Es waren heute so wenige Gäste hier, dass wir Sie noch eine Woche verköstigen könnten. Auch ganz ohne Strom. Und eine Unterkunft für heute Nacht bekommen wir auch hin.«

Ich war zwar noch ziemlich gesättigt von den vorzüglichen Scones, doch die Aussicht auf ein gutes Essen und ein Bett war in Anbetracht unserer Lage nicht die schlechteste. Ich bedankte mich bei Rosie und Arthur und entschuldigte mich ebenfalls, um Tom anzurufen.

Der Gang vor der Bibliothek war leer, Maggie musste sich einen anderen ruhigen Ort gesucht haben. Ich blieb vor einem der großen Fenster stehen und wählte Toms Nummer. Mein Smartphone benötigte ungewöhnlich lange, um die Verbindung herzustellen.

»Aoife?«, hörte ich Tom dann endlich. »Kann ... mich hören?«

Die Verbindung knarzte fürchterlich.

»Tom? Ja, ja, ich höre dich ... Hallo? Bist du noch dran? ... Hallo?«

»Aoife! O Gott, ich hoffe, du bist nicht im Auto unterwegs? Hier geht gerade die Welt unter.«

»Nein, ich bin noch auf Durley Abbey. Und ich befürchte, ich muss über Nacht bleiben.«

Erleichtertes Aufatmen auf Toms Seite. »Puh, zum Glück. Du solltest heute wirklich nicht mehr irgendwo hin fahren. Auf sämtlichen Kanälen gibt es Unwetterwarnungen.«

Jäh fiel mir ein, dass ich meinen kleinen Kater heute Morgen aus dem Haus gelassen hatte. »Tom, wo bist du gerade? Dr. Jingles ist noch da draußen.«

»Schon erledigt. Ich war heute Nachmittag noch am Hotel, bevor es hier mit dem Sturm losging, und als es sich langsam zusammenbraute, ging ich bei dir vorbei. Der kleine Kerl saß verängstigt vor der Tür und schrie sich die Seele aus dem Leib.«

Beinahe stiegen mir die Tränen in die Augen. Ob aus Mitleid um mein Haustier oder Toms Fürsorge oder auch beides war mir selbst nicht ganz klar. »Danke, Tom. Du bist mein Held.«

»Stets zu Diensten. Versprich mir einfach, dass du heute auf jeden Fall nirgendwo mehr hinfährst, auch wenn das Wetter vielleicht besser wird. Ich will dich erst bei Tageslicht unterwegs wissen.«

»Okay, versprochen. Ich melde mich morgen früh, bevor ich losfahre, in Ordnung?«

»Unbedingt. Pass auf dich auf.« Kurze Stille, dann fügte er noch an: »Ich vermisse dich schon. Bis morgen.«

»Bis morgen«, hauchte ich und legte auf. Erst dann fiel mir ein, dass ich Tom gar nichts von Eds Anwesenheit hier erzählt hatte. Gut, dann musste das bis morgen warten. Ich verstaute mein Telefon in der Hosentasche, als auch Maggie um die Ecke kam. »Ist mit deinem Sohn alles okay?«, fragte ich sie.

»Glücklicherweise, ja. Meine Nachbarin ist als Notfallperson eingetragen, falls die Schule mich mal nicht erreichen kann. Ich habe hier null Empfang, ich musste bis in den Salon runter gehen, um ein Signal zu bekommen, deshalb hatte ich wohl auch in der Bibliothek kein Netz, und niemand konnte mich anrufen. Aber alles ist gut, meine Nachbarin hat ihn abgeholt und veranstaltet nun mit ihrer Tochter und ihrem Neffen eine kleine Pyjama-und-DVD-Party für die Kids.« Ihr erleichtertes Gesicht war auch im Zwielicht eindeutig zu sehen.

»Das klingt spitze. Ist sicher ein Abenteuer für die Kinder.«

Maggie lachte. »Oh ja, und nicht nur für die. Was glaubst du, welchen Spaß wir hier haben werden?«

Weil ich ein verständnisloses Gesicht machte, erklärte sie: »Na, also ich weiß nicht, was du tun wirst, aber wenn ich schon mal hier bin, will ich um Mitternacht in die Bibliothek und in den Garten. Das Gespenst wartet.«

Ich musste losprusten. »Also echt mal, Maggie. Wie alt bist denn?«

Sie stimmte ein und lachte: »Noch nicht zu alt für Geister.«

»Ich für meinen Teil habe eher Interesse an unserem Druiden. Warum zur Hölle ist er hier?«

»Oh ja, den knöpfen wir uns ebenfalls vor.« In Maggies Stimme schwangen Vorfreude und Abenteuerlust. Da konnte ich mich ja auf etwas gefasst machen. An Schlaf war vermutlich nicht zu denken.

Die kleine Runde in der Bibliothek saß immer noch um den Kamin versammelt, nur dass mittlerweile ein kleines Feuer darin brannte und uns deutlich mehr Licht und Wärme spendete. Die Magazine und Bücher auf dem kleinen Tisch waren weggeräumt worden und machten nun Platz für schwere Kristallkaraffen mit dunklen, bernsteinfarbenen Flüssigkeiten sowie dazu passenden Gläsern. Der Raum wirkte dermaßen gemütlich, dass ich ihn so schnell nicht verlassen wollte.

Arthur machte uns mit einer Geste darauf aufmerksam – als wären die geschliffenen und facettierten Glaskunstwerke, die das Kaminfeuer tausendfach widerspiegelten, zu übersehen – und sagte: »Bitte, bedienen Sie sich doch. Bei diesem Wetter gibt es nichts Besseres als ein Kaminfeuer, nette Gesellschaft und den einen oder anderen guten Tropfen. Und fahren müssen Sie heute ja auch nirgendwo mehr hin.« Er zwinkerte uns lausbübisch zu, sodass wir gar nicht anders konnten, als seiner charmanten Einladung Folge zu leisten.

Rosie hielt ebenfalls ein Glas in der Hand und wirkte trotz der Umstände gelöst und heiter. Vermutlich freute sie sich, dass Arthur sich sichtlich wohl fühlte und den Besuch genoss.

Unsere Unterhaltung drehte sind in den nächsten zwei Stunden um die Geschichte des Hauses, Fotografie, die Städte, die Ed und Arthur in der Vergangenheit bereist hatten, und den Museumsbetrieb. Immer wieder versuchte ich, einen Ansatzpunkt zu finden, um das Gespräch auf die Aquarelle im Flur zu lenken und so zumindest indirekt über Arthurs Mutter zu sprechen. Doch weder ergab sich eine Gelegenheit noch fand ich es richtig. Rosies Befürchtung, dass alles, was mit Finola zusammenhing, Arthur aufwühlen könnte, klang in mir nach, und ich wollte ihre Gastfreundschaft auf keinen Fall ausnutzen und sie hintergehen. Es musste sich einfach eine andere Gelegenheit ergeben.

Es ging soeben auf sieben Uhr abends zu – draußen war es mittlerweile stockdunkel, was die einzige Veränderung war, denn der Sturm hatte nicht im Mindesten nachgelassen –, als die Tür zur Bibliothek mit einem Schwung aufgerissen wurde und eine Gestalt wie aus einem Alptraum uns entgegen wankte. Wäre ich von dem guten Cognac aus der Karaffe nicht ziemlich entspannt gewesen, ich hätte aufgeschrien vor Überraschung.

Die schlanke Gestalt tropfte. Alles an ihr war nass: das Haar, dunkel vom Regen, lag platt am Kopf an. Die Kleidung war vollgesogen und Wasser tropfte daraus auf den dicken Teppich. Beim Näherkommen machten die Schuhe quietschende und plätschernde Geräusche, beinahe niedlich.

»Ach du großer Gott«, rief Rosie und musste beinahe kichern. »Was ist denn mit Ihnen passiert?«

Die nasse Gestalt, niemand anderes als Seamus, der Schwiegermuttertraum, der jetzt eher jede potentielle Schwiegermutter vergrault hätte, trat in den Lichtkegel des Kamins. Er sah bemitleidenswert aus. Von seiner elitären Eloquenz und seinem überheblichen Gehabe war nicht viel übrig geblieben. Es hatte sich alles in dem Regen dort draußen aufgelöst.

Ich warf Maggie einen kurzen Blick zu. Sie sah aus, als wäre heute Weihnachten auf den selben Tag gefallen wie ihr Geburtstag. Oder wie Dr. Jingles, der wusste, dass ihn eine besonders große Schüssel Sahne erwartete. Nur mit einem Stoß in die Rippen konnte ich sie davon abhalten, ihr Smartphone hervorzuholen und einen Schnappschuss von Seamus zu schießen.

»Seamus, mein armer Junge«, sagte Arthur, »was ist denn nur mit dir passiert?«

Mit einer genervten Geste strich sich Seamus eine dünne Strähne seines Haars nach hinten und presste hervor: »Ich war gerade unterwegs nach Hause, als es auf der Landstraße nicht mehr weiter ging. Ein umgestürzter Baum versperrt die auswärtige Straße.«

»Aber warum bist du denn nicht im Auto geblieben«, fragte Arthur ratlos.

Man sah es Seamus wahrlich an, er musste sich zusammenreißen, um seinen Onkel x-ten Grades nicht anzublaffen. »Ich wollte zurücksetzen, doch in dem Moment ging ein weiterer Baum runter. Ich konnte weder vor noch zurück. Und im Auto sitzen bleiben war mir bei dem Sturm zu gefährlich, also bin ich so schnell wie möglich hierher zurückgelaufen.«

Maggie lachte laut auf, schlug sich dann die Hand vor den Mund und murmelte eine Entschuldigung.

Seamus Kopf ruckte in ihre Richtung. »Findest du das etwa witzig?«, fauchte er sie an.

»Na na, Seamus!« Arthur klang ungläubig. »Was soll denn dieser Tonfall meinem Gast gegenüber?«

»Tschuldigung, Onkel. Mir gehen wohl gerade die Nerven durch. Ich bin froh, noch am Leben zu sein.«

Nun hätte auch ich beinahe aufgelacht. Melodramatisch konnte der Junge, das musste man ihm lassen.

»Rosie, wärst du so nett und könntest nachsehen, ob du etwas Trockenes für Seamus findest? Ich bin sicher, wir müssten etwas in seiner Größe hier haben«, sagte Arthur freundlich aber bestimmt.

Rosie nickte ihm zu und sagte dann in Seamus Richtung: »Na, dann kommen Sie mal mit. Ein Handtuch treiben wir sicher auch noch auf, und wenn Sie sich umgezogen haben, wartet ein vielleicht noch lauwarmer Eintopf auf Sie.«

Und nicht nur auf ihn. Ich selbst merkte, dass der Cognac wie ein Aperitif wirkte und ich allmählich Hunger bekam. Nach wenigen kehrte Rosie zurück und befand, dass Arthur sich nun zurückziehen sollte. Auf mich wirkte der alte Mann noch fit, doch Rosie als langjährige Betreuerin hatte natürlich ein anderes Gespür für seinen Zustand. Ed begleitete beide, da er seinem Freund vor dem Zubettgehen noch eine Meditationsübung zeigen wollte.

»Finden Sie alleine in die Küche?«, fragte Rosie und ergänzte, ohne uns Zeit zum Antworten zu lassen: »Sie müssen nur die Treppen runter, dann sind Sie wieder im Eingangsbereich. Dort halten Sie sich links und gleich danach nochmals links. Ich habe in der Küche schon einige Kerzen aufgestellt, das müssten Sie sehen. Und hier habe ich noch eine Taschenlampe, die dürfen Sie gern mitnehmen. Ich komme zu Ihnen, sobald ich mit Arthur fertig bin.«

Maggie schnappte sich entschlossen die Taschenlampe, die Rosie uns entgegenhielt, und salutierte. »Aye.«

Ich folgte ihr und ihrem Lichtkegel den beschriebenen Weg. Durley Abbey und seine Räumlichkeiten waren schon im Hellen fremd für mich. In dem kleinen Ausschnitt des Lichtkegels wirkte alles noch exotischer. Das Licht verwandelte unscheinbare Alltagsgegenstände in unheimliche Dinge. Große Vasen wurden plötzlich zu mannshohen Gestalten, Topfpflanzen zu unbekannten Wesen. Ich erinnerte mich an Grundschulzeiten, als wir zu All Hallows Eve mit unseren kleinen, ausgehöhlten und mit Teelichtern bestückten Rüben in der Dunkelheit unterwegs gewesen waren und Lieder sangen, Süßigkeiten erbettelten und Reime aufsagten.

Maggie fand die Küche ohne Probleme. Diese Frau war nicht nur ein Recherchegenie, sondern besaß offenbar auch noch einen guten Orientierungssinn. Wie versprochen war der Raum durch viele Stumpenkerzen hell erleuchtet. Das moderne und zweckmäßige Metall der gut ausgestatteten Profiküche schimmerte im weichen Licht. Ein enorm großer Topf stand noch auf dem Herd, offenbar um die Restwärme möglichst lang zu halten. Auf der Anrichte daneben lagen mehrere Teller und Besteck. Maggie schaltete die Taschenlampe aus, legte sie beiseite und lüftete den Deckel des Topfes.

»Mmmh«, machte sie und sog den Duft, der davon aufstieg, tief ein. »Ich sterbe vor Hunger.« Sie hielt den Deckel hoch, und ich schöpfte uns zwei volle Teller Irish Stew heraus, die wir zu einem Tischchen im hinteren Bereich trugen.

Toms Variante des Irish Stew, das er nach einem Rezept seiner Oma kochte, war zwar besser, doch dieses hier schmeckte auch nicht übel. Das Fleisch war zart und zerfiel im Mund, das Gemüse war etwas verkocht, aber noch geschmacksintensiv und die Soße war ein Traum. Genüsslich löffelten wir in stiller Eintracht in uns hinein. Maggie holte sich eben einen Nachschlag, als wir unseren Besuch bemerkten. Seamus stand in der Tür, lässig an den Rahmen gelehnt und die Hände locker in eine ihm deutlich zu große Cordhose gesteckt. Keine Ahnung, wie lange er da schon stand und uns beobachtete.

»Sieh an, sieh an«, kommentierte er. »Wen haben wir denn da? Wenn das nicht Maggie – ich habe keine Affäre mit meinem Prof – O'Brian ist.«

Maggie blickte ihn vernichtend an, stellte ihren Teller beiseite und antwortete kühl: »Seamus. Welch Unvergnügen. Ich hatte gehofft, dich in diesem Leben nicht wieder zu sehen. Na? Schmückst du dich mal wieder mit fremden Federn? Wohl nicht ganz standesgemäß diesmal, oder?« Demonstrativ wanderte ihr Blick von der ausgebeulten Cordhose hoch zum ebenfalls schlecht sitzenden Pullover. Er erwiderte ihren Blick spöttisch.

»Du hingegen passt natürlich hervorragend in ein Herrenhaus wie dieses.« Jäh wandte er mir zu. »Und Sie! Sie habe ich hier auch schon mal gesehen. Sie haben doch neulich hier herumgeschnüffelt.«

Herumgeschnüffelt? Was bildete dieser Schnösel sich ein? »Sind Sie immer von solch ausgesuchter Höflichkeit?«, warf ich ihm vor und verglich ihn erneut mit seinem Großonkel. Seamus konnte dabei nur verlieren.

Er machte ein abfälliges Geräusch, was Antwort genug auf meine

Frage war, und schlenderte dabei auf uns zu. Irgendwie hatte er etwas Bedrohliches, eine unterschwellige Aggression, noch sorgsam verpackt, war zu spüren.

Maggie wich keinen Millimeter zurück, sodass sie nun beide um den Kochtopf standen, als würden sie im nächsten Moment darum kämpfen wollen. Es war beinahe komödiantisch. Glücklicherweise rettete Rosie uns, als sie zu uns stieß und arglos drauflos plapperte: »Ah Seamus, gut, Sie haben auch hergefunden. Bitte, greifen Sie zu. Wärmer wird der Eintopf leider nicht.«

Sie selbst nahm sich ebenfalls einen Teller und wenig später saßen wir zu viert um den Tisch herum. Wir waren eine mehr als seltsame Truppe. Rosie versuchte, das Gespräch am Laufen zu halten, doch ich war die einzige, die etwas dazu beitrug. Zwischen Seamus und Maggie herrschte Eiszeit. Zu unserer Erleichterung verabschiedete er sich schnell.

Wir blieben zurück und verbrachten noch eine nette Zeit miteinander, bis Rosie plötzlich gähnte und sagte: »Oh entschuldigen Sie bitte. Es war ein langer Tag heute, und ich bin hundemüde. Ich würde Ihnen mal eben Ihre Zimmer zeigen, danach können Sie sich gerne noch in die Bibliothek setzen, wenn Sie möchten. Arthur bittet darum, dass Sie sich ganz wie zu Hause fühlen.«

Wir folgten ihr die Treppe hinauf, doch diesmal nahmen wir einen anderen Weg. »Vor Jahren probierten wir mal aus, ob sich Übernachtungszimmer lohnen, und haben einige Gästezimmer eingerichtet.« Sie warf uns beim Gehen einen Blick über die Schulter zu und lachte. »Es lief leider viel zu gut. Die Leute haben uns die Türen eingerannt, sodass Arthur um seiner Ruhe Willen beschloss, das Projekt wieder einzustampfen. Aber es gut zu wissen, dass wir ein zweites Standbein hätten, sollte der Museumsbetrieb mal stagnieren.« Sie hielt vor einer Tür. »So meine Damen, hier hätten wir Zimmer Nummer Eins und direkt daneben ein beinah baugleiches.« Sie ging im Schein der Taschenlampe voran und leuchtete das Zimmer aus, so gut es ging. »Ich wünschte, ich könnte es Ihnen bei besserer Beleuchtung zeigen, aber spätestens morgen früh werden Sie ja sehen, wo sie genächtigt haben.«

Ich erahnte ein großzügiges Doppelbett mit einer schweren Tagesdecke darüber, zwei plüschige Sessel, die sich gegenüberstanden, einen kleinen Konsolentisch an der Wand und einen Schrank. So üblich, so unauffällig.

Ich drückte ihr kurz den Arm und sagte: »Vielen, vielen Dank. Im Ernst. Ihre Gastfreundschaft ist wirklich eine Freude. Ich weiß gar nicht, wie wir das wiedergutmachen können.«

Rosie legte ihre Hand auf meine und erwiderte: »Ach Blödsinn. Sie haben Arthur heute einen wirklich kurzweiligen Tag beschert, dass entschädigt für alles.«

»Er ist eine bemerkenswerte Persönlichkeit. Ach, sagen Sie, mir fällt da gerade etwas ein. Im Flur vor der Bibliothek hängen Aquarelle. Sie wissen nicht zufällig, ob die von Finola stammen?«

Eilig nickte Rosie. »Doch. Im Haus hängen noch mehr ihrer Gemälde, allerdings nur im privaten Bereich. Interessant, dass Ihnen das aufgefallen ist.«

»Interessant fand ich besonders, dass eines ihrer Bilder das Hotel in Ard Carraig zeigt.«

»Oh, tatsächlich? Das muss ich mir morgen unbedingt ansehen.« Rosie seufzte auf. »Vielleicht hilft uns eine Nacht Schlaf auch dabei, dieses Urkundenrätsel zu lösen. Mir will das einfach nicht aus dem Kopf.«

»Geht uns nicht anders«, antwortete ich. »Gute Nacht.«

Rosie ließ uns die Taschenlampe da und ging im Dunklen von dannen. Maggie blickte auf ihr Smartphone. »Es ist erst halb elf. Noch etwas Zeit bis zur Geisterstunde. Wollen wir in die Bibliothek? Vielleicht steht noch etwas von diesem vorzüglichen Cognac herum.«

Ich musste schmunzeln, dann stimmte ich zu. Trotz Maggies gutem Orientierungssinn verliefen wir uns, als wir eine falsche Abzweigung nahmen, doch letztlich fanden wir zurück zur Bibliothek. Für wenige Schrecksekunden befürchteten wir, dass wir dort Seamus antreffen würden, doch weit und breit keine Spur von ihm. Im Kamin glommen die Reste des Feuers vor sich hin, und wir legten einige Scheite nach.

Ächzend ließen wir uns in die Polster fallen und seufzten wohlig. »Ich würde am liebsten hierbleiben«, meinte Maggie und beugte sich wieder vor, um sich einzuschenken. »Nanu? Was haben wir denn hier?« Ein gefaltetes Stück Papier lehnte an einer der Karaffen. Sie nahm es und klappte es auf. »Trefft mich um Mitternacht draußen vor dem Haus. Ed«, las sie vor und zog eine Augenbraue hoch. »Um Mitternacht?«, echote sie. »Wie originell.«

Ich riss ihr das Blatt aus der Hand. »Bitte WAS will er? Warum nicht hier drin im Warmen? Draußen sieht es immer noch ungemütlich aus.«

Die Intensität des Sturms hatte zwar in den letzten Stunden deutlich nachgelassen, dennoch regnete es beständig. Es war keine Nacht, die man vor der Türe verbringen sollte. Warum nur musste Ed immer so exzentrisch sein? Warum konnte er sich nicht einfach hier mit uns treffen? Hatte er Angst, dass uns jemand belauschen könnte?

Maggie zuckte mit den Schultern. »Dann verpasse ich ja die gruseligen Geräusche in der Bibliothek.«

»Dafür kommst du draußen in den Genuss des mörderischen Gärtners«, unkte ich. »Was meinst du? Sollen wir?«

»Was soll die Frage? Natürlich gehen wir hin«, sagte Maggie entrüstet. »Ed hat uns so einiges zu erklären, und wenn er meint, er muss das heute Nacht tun, dann wird er einen Grund haben.«

»Wehe, der Grund ist nicht überzeugend«, drohte ich und musste dann kichern. »Das ist gerade so surreal.« Als mir etwas einfiel, setzte ich mich gerade auf und blickte Maggie direkt an. »Was sollte vorhin eigentlich dieser unmögliche Spitzname von Seamus für dich?«

Maggie winkte ab. »Ach, du meinst ›Maggie – ich habe keine Affäre mit meinem Prof – O'Brian‹? Das war Seamus Lieblingskosename für mich zu Studienzeiten.«

»Und?«, hakte ich vorsichtig nach, als nichts mehr kam.

»Du meinst, ob was dran war? Nein. Ich hatte nie was mit dem Prof. Meine Doktorarbeit habe ich geschrieben, ohne dass ich mich hochschlafen musste.« Bevor ich mich für meine dreiste Frage entschuldigen konnte, fügte sie hinzu: »Allerdings hatte ich was mit dem Tutor.« Sie kostete mein schockiertes Gesicht, das ich nicht schnell genug verstecken konnte, voll aus, und sagte: »Der war aber auch zum Anbeißen. Und nur wenige Jahre älter als ich, von daher ist es nicht so, als hätte ich etwas mit einem verknöcherten siebzig Jahre alten Professor gehabt.«

Ich winkte ab. »Geht mich ja auch eigentlich gar nichts an. Nur bin ich leider von Natur aus neugierig.«

»Ach, mir macht es nichts aus, darüber zu reden. Wie gesagt, zwischen Seamus und mir ist es spätestens ab da nicht mehr gut gelaufen, als ich das Doktorarbeitsthema hatte, das er wollte. Danach hat er mir das Leben zur Hölle gemacht. Und irgendwann mal auch wahllos Gerüchte gestreut. Das mit dem Professor war nur eines davon. Schlimmer fand ich die Plagiatsvorwürfe, sowas kann einen den Kopf kosten, selbst wenn man unschuldig ist.«

»Mieser Typ.«

»O ja.«

Unser Gespräch dümpelte freundschaftlich vor sich hin. Wir sprachen über Nichtigkeiten: über Männer, No-Gos beim ersten Date, besonders geschätzte Kosmetikmarken, Fernsehserien. Banales Zeug, doch wir unterhielten uns gut. Ich merkte, dass ich in dem halben Jahr, das ich nun schon in Ard Carraig lebte, eine Freundin vermisst hatte. Natürlich hatte ich Tom, und die Zeit mit ihm, das Kennenlernen und Sich-aneinander-gewöhnen war wunderbar und einzigartig gewesen. Dennoch tat es gut, jemanden zu haben, mit dem man nicht die weltbewegendsten Dinge besprechen musste, sondern auch mal über Sinnloses kichern konnte. Donna, meine Lektorin und Freundin, war leider zu weit weg. Es war immer ein Vergnügen sie in Dublin zu besuchen und mit ihr einen drauf zu machen, für alltägliche Kurzweil war der Weg jedoch einfach zu weit. Doch, ich mochte Maggie, auch wenn ich zu Anfang nie gedacht hätte, dass wir eines Tages in die Verlegenheit kommen würden, in einem fremden Herrenhaus Mitternacht abwarten zu müssen, um uns mit einem Druiden zu treffen.

Irgendwann hörten wir einen dumpfen Gong durchs Haus hallen, gefolgt von zwölf weiteren, gedämpften Schlägen. Mitternacht! Zeit, sich Ed vorzuknöpfen.

Wir verließen das Haus, nicht ohne vorher unsere Jacken anzuziehen und uns mit Regenschirm und Taschenlampe zu bewaffnen. Kurz dachte ich, dass unser Abenteuer gleich vorbei sein konnte, wenn nämlich die Haustür abgeschlossen wäre. Doch dann kam mir der irrwitzige Gedanke, dass Ed ja ebenfalls hinaus musste und die Tür notfalls einfach aufzaubern könnte.

Wir schlichen so leise wie möglich hinaus. Die Tür war ge-, aber nicht verschlossen. Draußen wehte uns ein kalter Wind harte Regentropfen ins Gesicht, sodass wir den Schirm aufspannten und uns darunter drängten.

»Und wohin jetzt?«, fragte ich nach einem kurzen Rundumblick. »Ich kann Ed nirgendwo sehen.«

»Ich auch nicht«, wisperte Maggie. »Aber lass uns doch einfach das Haus umrunden. Irgendwo wird er schon sein.«

Unsere Schritte knirschten auf dem weißen Kies, der uns gleichzeitig die Nacht etwas erhellte. Wir versuchten, so wenig Lärm wie möglich zu machen. Das Anwesen lag in vollkommener Dunkelheit da. Keine der Laternen, die strategisch günstig in der gesamten Parkanlage verteilt waren, brannte. Die Wolkendecke war dicht, sodass der Mond nicht hervorlugte. Dennoch sahen wir, dass auf der rückwärtigen Seite des Hauses eine Person stand. Vor der hellen Mauer war sie gut zu erkennen.

»Guten Abend, meine Damen.« Eds Stimme aus der Schwärze war leise, aber gut zu hören.

»Ed!«, zischte ich. »Was machen Sie hier?« Ich konnte nicht anders, ich musste direkt mit der Tür ins Haus fallen. »Was soll das? Warum sind Sie hier?«

Maggie war da deutlich gelassener. »Hi, Ed«, sagte sie lediglich.

Er löste sich von der Wand und antwortete: »Lasst uns doch ein Stückchen gehen. Je weiter weg, umso besser.«

Wir folgten ihm, denn wenn wir herausfinden wollten, was er hier tat, mussten wir wohl oder übel mitspielen. Als wir wenige hundert Meter tiefer in den Park spaziert waren, in Richtung des Sees, an dem ich mich das erste Mal mit Rosie getroffen hatte, atmete Ed laut durch. »Puh, das tut gut. Dieses Haus bereitet mir Kopfschmerzen.«

»Ist alles gut bei dir?«, fragte Maggie besorgt.

»Mach dir um mich keine Sorgen«, antwortete Ed. »Ich kann es eine Weile abschirmen, aber in dem Haus gibt es zu viele Energien, Auren und Spuren, sodass es mich immer mal wieder überwältigt. Je weiter ich weg davon bin, umso klarer kann ich denken.«

»Auren?«, hakte ich nach.

Er warf mir einen eigentümlichen Blick zu. »Sie müssten das doch mittlerweile kennen. Energiesignaturen. Das Haus ist voll davon. Alte, neue, vermischte, fröhliche, traurige. Alles querbeet. Ich kann sie nicht filtern und sortieren. Es ist wie ein Energiebrei. Bunt und schreiend. Da wäre dringend eine Reinigung nötig.«

Hinter Eds Rücken schnitt mir Maggie eine Grimasse. »Was meint er damit, du müsstest sowas kennen?«, fragte sie damit. Doch ich konnte und wollte das jetzt nicht beantworten. Vielleicht würde ich Maggie von meiner wahren Identität und meiner Geschichte in Ard Carraig erzählen, aber bestimmt nicht heute Nacht.

Da alle Bänke um den See herum nass waren, schlenderten wir langsam weiter und umrundeten das Gewässer.

»Ed, jetzt mal Klartext. Was machst du hier?«, fragte diesmal Maggie. »Du glaubst nicht, wie ich mich erschrocken habe, als du heute Nachmittag hier aufgetaucht bist.«

Ed seufzte tief auf. Dann fixierte er mich. »Ich glaube, Sie sind da irgendwie schuld dran.«

»Ich?« Erschrocken sah ich ihn an. »Was habe ich denn getan?«

»Sie oder das alte Hotel. Ich habe Ihnen doch erzählt, dass ich eine Verbindung zwischen Toms zukünftigem Hotel und einem alten Freund gespürt habe.«

Eilig nickte ich.

»Dieser alte Freund ist Arthur. Beim Reinigen des Hauses kam er mir urplötzlich in den Sinn. Ich hatte ihn schon viele Jahre nicht mehr gesehen, und zu meinem Bedauern auch lange nicht mehr an ihn gedacht. Und dann, auf einmal, aus dem Nichts heraus, konnte ich ihn beinahe leibhaftig neben mir spüren. Irgendwie steht er mit dem Haus in Verbindung.«

Er warf mir erneut einen seltsamen Blick zu. »Ich glaube, Sie verschweigen mir etwas. Etwas, das mit Arthur zu tun hat.«

Maggie hüstelte gekünstelt und lenkte meine Aufmerksam auf sich. Mit einer knappen Hand- und Kopfbewegung gab sie mir zu verstehen, dass wir Ed in unsere kleine Detektivgeschichte einweihen sollten. Kurz zögerte ich, doch dann dachte ich, dass es wenig Sinn ergab, es ihm vorzuenthalten. Warum auch? Ed war verschwiegen.

»Nun gut, dann passen Sie mal auf«, begann ich. »Kurz nach dem Zweiten Weltkrieg verschwand eine junge Frau, die vorher im Cliff House Hotel übernachtet hatte. Sie wurde nie wieder gesehen, und man ging davon aus, dass sie tot war.« Auch wenn Druiden aller Wahrscheinlichkeit nach immun waren gegen billige Effekthascherei, konnte ich nicht anders, als eine kurze dramatische Pause einzulegen. »Ihr Name war Finola Flaherty. Arthurs Mutter.«

Ich hatte erwartet, dass Ed wenigstens einen Hauch Überraschung zeigen würde, doch er nickte lediglich wissend. »Ich habe schon immer geahnt, dass Arthur ein Geheimnis umgibt. Seit ich ihn kenne, ist seine Aura uneindeutig und verschwommen. Das erklärt es.«

Ich hob die Hand, um ihn auszubremsen. »Arthur umgibt mehr als nur EIN Geheimnis. Seiner offiziellen Geburtsurkunde zufolge ist er Monate nach Finolas Verschwinden geboren. Es könnte demzufolge sein, dass sie gar nicht seine Mutter war.«

»Und zudem hat er nicht nur die Mutter früh verloren, sondern auch den Vater. Denn der wurde wenige Monate nach Finolas Verschwinden ermordet«, warf Maggie ein.

Ich beugte mich zu Ed vor. »Und jetzt wird es noch geheimnisvoller:

Einer der Verdächtigen im Mordfall von Arthurs Vater kam aus unserem Dorf, aus Ard Carraig.«

Nun hatte ich ihn. Ed atmete geräuschvoll und irgendwie erschrocken ein und klappte den Mund auf. Dermaßen überrascht hatte ich ihn noch nie gesehen. Ich bezweifelte, dass schon viele in diesen Genuss gekommen waren. Zu allem Überfluss wandte er sich von uns ab und entfernte sich einige Schritte.

»Was soll das denn nun wieder?«, flüsterte ich Maggie zu, die nur mit den Schultern zuckte.

Ed drehte sich um die eigene Achse, kratzte sich am Kopf, sodass seine grauen wirren Haare noch abenteuerlicher vom Kopf abstanden und kam dann wieder zu uns. »Weiter«, forderte er. »Ich glaube, das ist noch nicht alles.«

Erstaunt fuhr ich fort: »Richtig. Heute fanden wir gemeinsam mit Rosie eine weitere Geburtsurkunde von Arthur. Diesmal deutlich früher datiert.«

»Irgendetwas stimmt da ganz und gar nicht«, fasste Maggie zusammen.

»Weiter«, wiederholte Ed ungerührt. »Ich merke, Sie verheimlichen noch etwas.«

»Hmpf«, machte ich kurz, bevor ich auch den Fund der Briefe und deren Relevanz erklärte.

»Uns fehlt eigentlich nur ein Puzzlestück, und das ist die Identität des Geliebten. Unsere Theorie ist, dass der Geliebte gleichzeitig der Mörder von Simon ist«, ergänzte Maggie.

Puh, das war's. Alle Fakten, die wir zusammengetragen hatten, hatten wir soeben in Kurzform vor Ed ausgebreitet. Ob er uns weiterhelfen konnte?

Leider verfolgte er andere Pläne, denn auf einmal marschierte er von uns weg und rief uns über die Schulter zu: »Ich muss nachdenken. Wir sehen uns morgen.« Und verschwand in der Dunkelheit.

Wir blieben ratlos zurück.

»Das war nicht ganz die Reaktion, die ich erwartet hatte«, meinte Maggie lakonisch.

»Ich habe schon gar keine Erwartungen mehr an Ed«, erwiderte ich. »Mich überrascht nichts mehr.«

»Ich glaube, ich möchte zurück und in mein Bett.«

Amüsiert lachte ich auf. »Was, du? Moment, was ist mit dem mörderischen Gärtner? Den haben wir ja noch gar nicht getroffen.«

Maggie stimmte in mein Lachen ein. »Das nächste Mal, okay?«

Sie hakte sich bei mir unter, und gemeinsam beendeten wir die Runde um den See in stillem Einklang. Der Regen hatte mittlerweile aufgehört, lediglich der Wind pfiff uns noch um die Ohren. Durley Abbey ragte groß und dunkel hinter dem See auf.

Wir waren etwa hundert Meter vom Eingang entfernt, als wir trotz des Windes hörten, wie eine Tür heftig zugeschlagen wurde. Nanu? Hatten wir die Eingangstür offengelassen und der Wind hatte sie nun wieder zugeschlagen? Oder schlimmer noch: Hatte Seamus entdeckt, dass wir draußen unterwegs waren, und wollte nun nachsehen, was wir hier mitten in der Nacht trieben? Ed konnte es nicht sein, denn er war tiefer in den Park hinein gelaufen.

Plötzlich bemerkten wir, wie ein Schatten sich rennend vom Eingang entfernte. Es war eindeutig ein Mann, aber ob alt oder jung, ob Seamus oder nicht, konnten wir nicht erkennen.

Jäh fielen mir Rosies Worte vom Nachmittag ein. Sie hatte einen Einbruch erwähnt. Waren wir soeben Zeugen eines weiteren Diebstahls geworden? Was sollten wir tun? Hinterher? Die Polizei rufen? Rosie aus dem Bett klingeln?

Kapitel 12

Oder: Streitgespräche, Entdeckungen und Forderungen

»Und das Kästchen ist wirklich wieder da?« Maggie stand die Ungläubigkeit ins Gesicht geschrieben.

»Das ergibt doch überhaupt keinen Sinn«, wandte ich ein. »Was für einen Grund könnte es geben, dass ein Einbrecher nochmals einbricht, nur um etwas zurückzubringen, das er vorher gestohlen hat?«

Rosie schüttelte den Kopf und wiederholte zum gefühlt tausendsten Mal: »Ich weiß es nicht. Ich weiß es einfach nicht. Aber Tatsache ist, heute Morgen stand die Schatulle auf Arthurs Nachttisch. Als ob sie nie weg gewesen wäre.«

»Fehlt denn etwas vom Inhalt?«, wollte ich wissen.

Jetzt gestikulierte Rosie verzweifelt. »Arthur erinnert sich nicht einmal, dass sie weg war. Wie könnte ich da fragen, ob etwas fehlt? Es ist zum Verrücktwerden.« Müde nahm sie ihre Kaffeetasse zur Hand und trank davon.

Auch an Maggie und mir war die vergangene Nacht nicht spurlos vorbei gegangen. Das große, weiche Bett war bequem gewesen, doch Schlaf hatte sich einfach nicht einstellen wollen. Dazu war einfach zu viel passiert. Nachdem wir die unbekannte Person davonrennen sahen, diskutierten wir zunächst, was wir machen sollten. Ich war dafür, die Polizei zu rufen. Maggie hingegen argumentierte, dass in einer Nacht wie dieser niemand aufgrund eines schon geflüchteten Einbrechers kommen würde. Sie schlug vor, dass wir am nächsten Morgen als erstes

Rosie darüber informieren sollten. Die konnte am besten prüfen, ob etwas fehlte, und dann immer noch die Polizei benachrichtigen.

Als wir uns an diesem Morgen in der Küche einfanden, war Rosie bereits in heller Aufregung, da Arthurs Schatulle plötzlich wieder da gewesen war. Nachdem wir ihr von der dunklen Gestalt vergangene Nacht erzählt hatten, erblasste sie und eilte davon, um einen schnellen Rundgang zu machen. Erst vor wenigen Minuten war sie wieder zu uns gestoßen. Es schien nichts zu fehlen, der Safe war unangetastet, die Museumskasse ebenfalls. Außer dem wieder aufgetauchten Holzkästchen schien alles wie gestern Abend zu sein. Wir konnten uns keinen Reim darauf machen.

Glücklicherweise hatte die Stromversorgung, von uns unbemerkt, irgendwann nachts wieder eingesetzt, sodass Rosie uns einen anständigen Kaffee und ein ordentliches Frühstück bereiten konnte. Wir hatten es dringend nötig. Maggie und ich sahen heute nicht unbedingt präsentabel aus. Da wir in dem Glauben hierher gefahren waren, abends wieder daheim zu sein, hatten wir keinerlei Wechselkleidung dabei oder gar Kosmetika. Ich hatte in meinem T-Shirt geschlafen, die Bettdecke fest um mich gewickelt, und um Maggies Augen konnte ich noch Spuren des gestrigen Make-ups entdecken. Ein Ziegelstein war heute definitiv attraktiver als wir.

»Wenn wir doch bloß wüssten, was Arthur in der Schatulle versteckt«, sagte ich grübelnd. »Das könnte uns helfen, mehr über den Täter herauszufinden.«

Maggie hatte ein angebissenes Brötchen in der Hand und murmelte mit vollem Mund: »Ich finde, die ganze Situation sagt schon viel über den Täter aus.«

»Wie meinen Sie das?«, fragte Rosie nach.

Maggie spülte mit einem Schluck Kaffee nach und antwortete: »Überlegen Sie doch mal: Es ergibt überhaupt keinen Sinn anzunehmen, der Täter wäre irgendjemand X-beliebiges. So jemand würde alles an Wert mitnehmen: Bargeld, Gemälde, Keramik. Aber unseren Täter interessiert das gar nicht. Er stiehlt etwas sehr Persönliches, etwas, das

Arthur viel bedeutet. Und bringt es dann wieder zurück.« Sie nickte sich selbst zu. »Ich glaube, dass Arthur in dem Kästchen persönliche Korrespondenzen oder Dokumente aufbewahrt. Der Dieb hat sie gestohlen, gelesen und hatte dann das Gefühl, sie zurückbringen zu müssen. Was für ein schlechtes Gewissen spricht. Und dafür ...«, sie nahm noch einen Schluck von ihrem Kaffee, »und dafür, dass der Täter und Arthur sich kennen.«

Das klang plausibel.

»Und wer schwebt Ihnen für diesen Inside-Job vor?« Rosie fragte nicht ohne eine Spur von Ironie in der Stimme. Ich konnte es ihr ansehen. Der Gedanke, jemand aus der Familie oder dem Museumsbetrieb könnte in den Einbruch verwickelt sein, behagte ihr nicht. Überhaupt nicht.

»Ich habe durchaus jemanden im Sinn. Allerdings passt das schlechte Gewissen so gar nicht zu ihm«, antwortete Maggie, ohne auf den Sarkasmus von Rosies Worten einzugehen.

Ich lachte kurz auf. »Du hast sicher Seamus im Kopf, richtig?«

Sie grinste mich entwaffnend an. »Klar. Aber wie gesagt: Ihm spreche ich Reue oder ein schlechtes Gewissen ab. Es muss jemand anderes sein.«

»Andrerseits würde es schon gut passen: Er war im Haus, aus reinem Zufall, und könnte die Chance genutzt haben.«

Maggie schüttelte den Kopf. »Nein«, erwiderte sie. »Sein Verhalten Arthur gegenüber und wie ich ihn im Studium kennengelernt habe ... er war es nicht. Das passt nicht. Und außerdem, warum hätte er weglaufen sollen, nachdem er die Schatulle zurückgelegt hatte? Er war doch ein offizieller Hausgast. Ich sage es nur ungern, denn ich hätte nichts dagegen, ihm mal so richtig vor die Füße zu treten, aber er war es nicht.«

Wir schwiegen uns eine Weile an, dann fragte ich, mehr um die Stille zu unterbrechen als aus tatsächlicher Neugier: »Wo ist Seamus denn eigentlich? Und Ed.« Ich hatte keine Lust, den Druiden heute zu sehen. Nachdem er gestern einfach ohne eine Erklärung abgerauscht war, war ich ein klein wenig beleidigt. Exzentriker hin oder her, es wurde langsam anstrengend mit ihm.

»Oh, Ed hat heute Morgen mit Arthur schon eine Runde durch den Park gedreht, und nun vollziehen sie eine erste Sitzung. Seamus hat sich in aller Frühe davongemacht.« Rosie war selbstverständlich im Bilde.

»Eine Sitzung? So nennt man das also?« Maggie zog eine Grimasse.

Wir beendeten unser Frühstück, wobei mir auffiel, dass Maggie immer nervöser und ungeduldiger wurde. »Du willst nach Hause, oder?«, flüsterte ich ihr in einem unbeobachteten Moment zu. Sie nickte, und wir machten uns daran, uns von Rosie zu verabschieden. Da Arthur immer noch mit Ed beschäftigt war und wir die beiden nicht stören wollten, baten wir sie, ihm unseren tiefsten Dank auszurichten. Wir drückten Rosie zum Abschied und versprachen ihr, sie beim kleinsten Gedankenblitz bezüglich der doppelten Geburtsurkunde sofort einzuweihen.

»Wie Ed wohl nach Hause kommt?«, fragte Maggie, als wir langsam vom Parkplatz rollten.

»Vermutlich genauso, wie er hergekommen ist, auf magische Art und Weise«, erwiderte ich.

Die Landstraße, die vom Anwesen wegführte, sah furchtbar aus. Überall lagen Spuren des gestrigen Sturms herum, sodass wir gezwungen waren, immer mal wieder Schlangenlinien zu fahren, um auszuweichen. Die beiden großen, niedergegangenen Bäume waren schon zersägt und zum Straßenrand geschleppt worden. Ein Feuerwehrauto stand mit blinkenden Lichtern daneben. Von Seamus oder seinem Auto war glücklicherweise nichts mehr zu sehen.

Als wir zwei Stunden später Ard Carraig erreichten, atmete ich tief durch. Die Strecke war anstrengend gewesen und Maggie einsilbig. Ich setzte sie vor ihrer Haustür ab. Sie konnte es kaum erwarten, nach ihrem Sohn zu sehen, sodass sie mich mit einem beinahe schon brüsk wirkenden »Tschüss« abservierte. Ein wenig irritiert fuhr ich nach Hause. Erstmal wollte ich nach Dr. Jingles sehen, danach eine lange Dusche nehmen und mich für die Außenwelt zurechtmachen. Tom hatte ich kurz vor unserer Abfahrt geschrieben, dass wir losfuhren und dass ich nachher zu ihm kommen würde.

Mein Kater erwartete mich sehnsüchtig und begrüßte mich mit einem langgezogenen Maunzen. Ein kleiner Sturm, und schon vermisste er mich. Bei gutem Wetter ließ er sich manchmal tagelang nicht blicken, der kleine Söldner. Ich fütterte ihn und goss etwas Katzenmilch in eine flache Schale, die er in Rekordzeit ausschleckte. Noch während er sich den Bauch vollschlug, inspizierte ich den Garten. Meine größte Sorge galt Cathys wohl gepflegten Pflanzen. Doch der Sturm war gnädig gewesen und hatte das Grünzeug weitestgehend verschont. Einzelne Blätter lagen verstreut auf dem Rasen, und eine der Hortensien hatte zwei abgeknickte Blüten. Doch der Rest sah gut aus.

Nachdem der Kater versorgt war und ich den Garten in ordentlichem Zustand wusste, war ich selbst dran. Ich gönnte mir spontan anstelle der Dusche ein schaumiges Bad. Beinahe wäre ich gar nicht mehr herausgekommen, doch ich vermisste Tom. Dr. Jingles bekam noch ein paar Streicheleinheiten sowie eine kurze Massage mit der Fellbürste, dann machte ich mich auf zum Pub. Die Mittagszeit war vorbei, und Tom würde bereits geöffnet haben.

Es war ungewöhnlich viel los im Dorf, trotz der Tatsache, dass es mitten unter der Woche war. Normalerweise war das Dorf zu dieser Zeit beinahe leergefegt. Fast jeder Berufstätige hatte außerhalb zu tun, und bis auf die Bauern und Ruheständler sowie Einheimische, die ihre Läden oder ihr Handwerk direkt in Ard Carraig betrieben, war üblicherweise niemand hier. Viele Menschen, die ich gar nicht kannte, wuselten umher und räumten hinter dem Sturm auf. Das Pub – sonst nicht vor den frühen Nachmittagsstunden gefüllt – platzte beinahe aus allen Nähten. Da das Wetter sich wieder sehen lassen konnte, saßen selbst draußen einige Besucher, und drinnen waren viele Tische besetzt. Ein lärmender Pulk Männer im besten Alter stand vor dem Tresen und prostete sich lautstark zu. Einen davon erkannte ich. Er leitete eine ehrenamtliche Gruppe der hiesigen freiwilligen Feuerwehr. Scheinbar hatten die heute schon einiges an Arbeit erledigt und feierte eben buchstäblich den Feierabend.

Ich lächelte sie im Vorbeigehen an und begab mich hinter die Bar. Tom rollte soeben ein neues Fass Guinness an die Zapfanlage und war hochrot im Gesicht. Er sah gestresst aus. Er hatte mich noch nicht bemerkt, und ich ließ ihn in Ruhe das neue Fass anschließen.

»Ich bin Ihre neue Aushilfskraft für heute«, sagte ich kokettierend, als er sich endlich aufrichtete und mich sah.

»Aoife, ach wie schön«, strahlte er und gab mir einen Kuss. »Ich kann heute wirklich jede Hilfe gebrauchen.« Er seufzte kurz auf. »Ich glaub, ich hab Rory noch nie so schmerzlich vermisst. Mein Tagesessen ist jetzt schon komplett alle, und ich weiß nicht, was ich noch anbieten soll.«

»Hm«, überlegte ich. »Wie wäre es mit etwas Schnellem, Einfachem? Hast du genug da, um Sandwiches zu machen?«

Sein Gesicht hellte sich auf. »Auf diese simple Idee bin ich gar nicht gekommen. Lass mich mal eben nachsehen.« Er huschte nach hinten, es polterte lautstark, und er war ziemlich schnell wieder da. »Ähm, ja. Ich hätte Pickles für die Sandwiches da. Und eine Sandwich-Soße.«

Ich lachte und antworte: »Du bist ja bestens ausgestattet.«

»Hey, der Sturm hat uns alle kalt erwischt«, protestierte er schmunzelnd.

»Na gut, dann husche ich mal schnell zu Mr. Murphy rüber und besorge alles Notwendige. Sandwiches bekomme sogar ich halbwegs unfallfrei zustande.«

»Und falls nicht, kannst du stattdessen immer noch zapfen und ich stelle mich in die Küche.«

Ich streckte ihm die Zunge raus und eilte nach draußen.

Anders als das Pub war der Laden nebenan, Murphy's Groceries, gähnend leer. Mr. Murphy war ebenfalls nicht zu sehen, obwohl der Laden eindeutig geöffnet hatte. Ich schnappte mir einen kleinen Einkaufskorb und ging die Regale ab. Eine Zutat nach der anderen landete im Korb: Toast, Käse, Schinken, Salat, Tomaten, Gurken und Zwiebeln.

Das sollte doch für ein ordentliches Sandwich ausreichen. Ich nahm noch einige Salzbrezeln mit, die von den Gästen sicherlich dankend als Snacks angenommen werden würden.

Ich sah mich gerade nach einer Leckerei für Dr. Jingles um, als ich vom Kassenbereich Stimmen hörte. Es klang wie ein Streit. Vorsichtig äugte ich um das mannshohe Regal: Es waren Petula und ihr Mann. Ich war zu weit weg, um alles zu verstehen, doch einige Fetzen ihrer Unterhaltung bekam ich mit.

»... wenn ich es dir doch sage«, meinte Petula in diesem Moment bestimmt.

»Das hast du dir sicher nur eingebildet«, versuchte Mr. Murphy sie zu beschwichtigen.

»Ian! ... mein voller Ernst ... kein Spaß ... habe ihn doch gesehen.«

Dann erneut Mr. Murphy: »... ihn erkannt?«

Die Antwort hörte ich leider nicht, dafür aber Petulas weitere Worte: »...... soll ich jetzt machen? Ich würde ... Polizei rufen.«

»Findest du das nicht etwas übertrieben?« Mr. Murphy hatte die Stimme etwas erhoben, sodass ich mehr hörte, und glücklicherweise passte sich Petula der Lautstärke an.

»Nein! Also wirklich! Ich staune, dass du das dermaßen auf die leichte Schulter nimmst.«

»Du weißt ja nicht einmal, wer es ist! Was willst du der Polizei denn sagen?«

Petula donnerte mit der Faust auf die Ladentheke – ich nahm es zumindest an, da ich mich nicht traute, erneut einen Blick um das Regal herum zu riskieren.

»Lass mich mal überlegen – vielleicht einfach die Tatsache, dass ich seit Tagen das Gefühl habe, jemand verfolgt mich? Wie wäre es damit?«

Petula schrie beinahe. Sie war sonst nicht der Typ Mensch, der seine privaten Probleme lautstark in der Öffentlichkeit besprach. Sie wähnte sich und ihren Mann also offenbar allein.

Was sollte ich tun? Ich stand immer noch – mittlerweile etwas verkrampft – mit meinem schweren Einkaufskorb hinter dem Regal und machte die Ohren lang. Vielleicht wäre es eine gute Idee, leise in den hinteren Bereich des Lädchens zu schleichen, dort eine Konserve lautstark und »unbeabsichtigt« herunterfallen zu lassen, um dann unschuldig zur Kasse zu schlendern. Ich musste nur dafür sorgen, dass mein Gesicht mich nicht verriet.

Irgendwo hatte ich wohl Karma-Punkte gesammelt, denn der Zufall kam mir zur Hilfe, sodass ich meinen Plan gar nicht durchführen musste. Einer der Männer, der in Toms Bar gewesen war, kam nämlich herein, um eine Packung Zigaretten zu kaufen. Die verwahrte Mr. Murphy direkt an der Kasse, sodass Petula sich vom Acker machte. Die Gegend war damit entmint. Ich ließ noch ein paar Sekunden verstreichen, bevor ich mit dem besten Pokerface, das ich zustande brachte, an die Kasse trat und meine Einkäufe ausräumte.

Mr. Murphy benahm sich nicht anders als sonst – er schäkerte mit mir herum, wir unterhielten uns über die Sturmschäden im Dorf, dann packte er meine Einkäufe in eine große Plastiktüte – hätte ich nicht soeben den kurzen Streit belauscht, ich wäre nie auf die Idee gekommen, dass etwas nicht in Ordnung war.

Wenn ich das Gespräch richtig interpretierte, dann hatte Petula den Eindruck, von einer unbekannten Person verfolgt zu werden. War dieser Eindruck berechtigt oder hatte sie einen leichten Anflug von Paranoia? Wer wusste, wen sie sich mal wieder zum Feind gemacht hatte ...

Ich verdrängte diesen sarkastischen Gedanken und beeilte mich, ins Pub zurück zu kommen. Tom kam gar nicht mehr nach mit Zapfen, sodass ich zuerst an der Zapfanlage mithalf, bevor ich in die Küche ging, um ein paar Sandwiches vorzubereiten.

Wo war eigentlich Lizzie, wenn man sie mal brauchte? Ich hatte Toms Tochter schon seit Tagen nicht mehr gesehen. Schmollte sie immer noch und weinte Rory hinterher oder hatte sie sich mittlerweile beruhigt? Mädchen in diesem Alter konnten sehr emotional werden, und die kleinste Unwägbarkeit wurde dadurch zu einem kaum zu überwindenden Schicksalsschlag. Ich erinnerte mich noch gut daran ...

»Oh wow, das sieht ja gar nicht mal so übel aus«, kommentierte

Tom, als er zu einer kurzen Stippvisite in die Küche kam. »Sieht essbar aus.«

Ich tat so, als würde ich eine Tomate nach ihm werfen wollen. »Ha, ha. Aber ja, ich finde sie gelungen.« Ich war beileibe keine schlechte Köchin, doch gegen Tom sah ich natürlich alt aus. Er zog mich deshalb gerne auf, doch selbst er konnte an meinen Sandwiches nichts aussetzen. Ich hatte das Brot vorher leicht getoastet, damit es nicht so schnell durchweichte, und es dann üppig belegt.

»Kann ich denn schon was mitnehmen? Die Leute fragen immer wieder nach dem Tagesessen.«

Ich nickte, und Tom drapierte geübt die belegten Brote auf Teller, um sie dann auf beiden Armen balancierend zum hungrigen Volk zu bringen. Ich bereitete noch ein paar als Reserve vor, bevor ich in den Gastraum zurückkehrte.

Tom hatte gerade etwas mehr Luft. Anstatt zu zapfen und abzukassieren, lehnte er über der Theke und unterhielt sich entspannt mit einem Einheimischen.

Ich schenkte mir eine Cola ein – ich fühlte mich etwas unterzuckert – und räumte einige Gläser in die Spüle. Wenig später drückte Tom mir einen Kuss auf die Schläfe. »Danke dir, ich wäre untergegangen ohne dich.«

Ich lächelte ihn an. »Für dich doch immer. Wo ist eigentlich Lizzie? Ich hätte erwartet, dass sie dir hilft.«

Jäh verfinsterte sich Toms Gesicht. »Die hat Hausarrest. Bis zum Sankt-Nimmerleins-Tag.«

Fragend sah ich ihn an. »Was hat sie denn diesmal angestellt? Hat sie es gewagt, mit einem Jungen auszugehen, den du nicht magst?«

»Das ist nicht witzig, Aoife. Diesmal nicht.« Er sah nicht wütend aus, eher enttäuscht und ein wenig traurig. »Sieh doch mal, was ich heute Morgen in ihrem Zimmer gefunden habe. Ich habe nicht einmal danach gesucht, es lag einfach so offen herum.« Er drehte sich herum und griff nach etwas, das in der linken Ecke der Theke lag, und hielt mir dann einen Packen Papier entgegen.

Fassungslos starrte ich darauf. »Das kann doch wohl nicht wahr sein. Das sind ja die Briefe.«

Er nickte grimmig. »Ja. Du glaubst nicht, wie blöd ich geguckt habe.«

Zögernd griff ich danach, da Tom sie mir immer noch entgegenstreckte. »Was hat Lizzie damit zu tun? Warum hatte sie die Briefe? Hat sie sie ...« Ich traute mich gar nicht, den Satz zu beenden.

Tom hatte da weniger Bedenken. »... gestohlen? Tja, bis heute Morgen hätte ich für meine Tochter die Hand ins Feuer gelegt. Lizzie ist keine Diebin. Doch dann tauchen sie plötzlich bei ihr auf.«

Unschlüssig drehte ich die Briefe in der Hand. »Und was hat sie dazu gesagt?«

Er ließ ein Schnauben hören. »Sie hat überhaupt nichts gesagt, sondern mich gleich angeschrien, warum ich denn in ihrem Zimmer herumschnüffele. Ich habe ihr gesagt, dass ich eine Erklärung verlange, woraufhin sie mauerte und mich ignorierte.« Er zuckte mit den Schultern. »Was hätte ich anderes machen können, als ihr Hausarrest zu geben? Sie will mir nicht einmal erklären, woher sie die Briefe hat. Vielleicht gibt es ja eine harmlose Erklärung.«

Es war so eindeutig, Tom sehnte sich danach, seine Tochter in Schutz zu nehmen, und doch konnte er die Tatsache nicht ausblenden, dass sie irgendwie in den Diebstahl verwickelt war. Nur wie? Und weshalb? Weder Tom noch ich hatten ihr etwas über die Briefe erzählt. Die Bedeutung dieser Schriftstücke müsste ihr demnach gänzlich unbekannt sein. Und dennoch waren sie in ihrem Besitz gewesen. Ich konnte mir beim besten Willen nicht vorstellen, aus welchem Grund sie die Briefe hätte stehlen sollen. Es ergab einfach keinen Sinn. Und sie war nicht der Typ dafür. Sie war manchmal aufbrausend, emotional, dramatisch – wie es sich für einen Teenager in diesem Alter gehörte –, aber ich hatte sie noch nie unehrlich erlebt. Und bislang hatte ich das Gefühl gehabt, sie und Tom würden eine solide Vater-Tochter-Beziehung führen. Was also trieb sie zu diesem Verhalten?

»Ich versuche, später nochmal mit ihr zu reden«, riss Tom mich aus meinen Gedanken.

Ich nickte ihm zu und verstaute die Briefe in meiner Handtasche. Wie schön, sie wieder zu haben. Ich war froh, doch der Preis dafür – der Streit zwischen Tom und Lizzie – schien mir zu hoch.

Ich kam nicht dazu, allzu lange über diese neue Entwicklung zu grübeln, denn der Andrang im Pub wurde nicht weniger. Der Männertrupp, der mittlerweile ziemlich einen sitzen hatte, verschwand irgendwann, nur um Platz zu machen für eine andere Gruppe von Männern, diesmal etwas jünger. Es waren Feuerwehrmänner aus einem der größeren Orte in der Umgebung, die die niedergegangenen Bäume von den Straßen geräumt hatten. Alle waren hungrig, sodass ich noch mal eine Schicht in der Küche einlegte und froh war, großzügig eingekauft zu haben.

Irgendwann spätnachmittags überraschte uns Maggie, die ich vorher noch nie im Pub gesehen hatte. Im Schlepptau hatte sie einen kleinen Jungen, der ihr Sohn Dylan sein musste. Er hatte strohblondes Haar, das ihm verwegen in die Stirn fiel, riesige graue Augen, mit denen er uns neugierig ansah, und einen kleinen, abgewetzten Teddy unter dem Arm. Ich war schockverliebt. Anders als bei seiner Mutter war sein Kleidungsstil beruhigend gewöhnlich: eine Jeans, ein Pullover mit Dinosaurierdruck und bunte Turnschuhe. Was hätte ich dafür gegeben, wenn Maggie anstelle des engen Tops mit strategisch günstigen und kunstvoll hineingeschnittenen Löchern und Fransen ein T-Shirt mit einem T-Rex darauf getragen hätte …

Sie begrüßte uns lautstark und stellte uns ihren Sohn vor. Er hielt sich zwar immer noch fest an der Hand seiner Mutter, doch sein Blick schweifte von links nach rechts und wieder zurück. Die Barhocker, die ihn beinahe überragten, hatten es ihm besonders angetan. Staunend besah er sie, worauf Maggie ihm liebevoll die Ponyfransen aus dem Gesicht strich. Tom, der gerade zwei Tische für ein Grüppchen Frauen zusammengeschoben hatte, stieß zu uns und fragte: »Na, kleiner Mann, traust du dich auf diesen hohen Hocker?«

Dylan ließ die Hand seiner Mutter los, stemmte die kleinen Fäuste in die Hüfte, sodass sein Teddy hilflos gegen sein Bein schlug, und nickte ernst.

»Na gut, dann wollen wir mal.« Tom packte ihn unter den Armen und hob ihn in einer fließenden Bewegung auf den Stuhl. Dann blickte er Maggie an. »Was kann ich euch denn bringen?«

Eilig schritt ich ein. Ich wusste, dass Pubbesuche für Maggie allein aus Geldgründen eher selten möglich waren. »Ich schlage vor, ich spendiere uns eine Flasche Wein. Und für Dylan, hmm, lass mich mal überlegen.« Flüsternd wandte ich mich an Maggie: »Darf er eine Cola haben?«

»Ausnahmsweise«, flüsterte sie zurück. »Er ist sowieso mächtig aufgeregt nach gestern, da macht es der viele Zucker auch nicht mehr schlimmer.«

»Also gut, dann eine Cola für den großen Mann hier.«

Dylan war leicht zu begeistern. Sein Gesicht strahlte, als ich ihm ein großes Glas Cola hinstellte, dann noch etwas mehr, als ich einen Strohhalm hineinsteckte, und überglücklich war er, als ich für ihn noch ein paar der Salzbrezeln in eine kleine Schüssel füllte. Selig mampfte er vor sich hin.

»Der ist ja wirklich zum Verlieben«, sagte ich zu Maggie, während ich eine Flasche Weißwein entkorkte und uns einschenkte.

»Oh ja«, entgegnete sie ziemlich stolz. Dann prosteten wir uns zu. »Ich dachte, ich komme mal vorbei, um über Gestern zu reden«, sagte sie irgendwann. »Nicht, dass mir irgendetwas Neues eingefallen wäre.«

Ich schüttelte den Kopf. »Es geht mir genauso. Ehrlich gesagt, bin ich noch nicht einmal dazu gekommen, Tom alles zu erzählen. Hier war heute die Hölle los.«

»Mir was zu erzählen?«, wiederholte Tom, der einen Teil unseres Gesprächs aufgeschnappt hatte.

Übertrieben aufgeregt hüpfte Maggie auf ihrem Hocker auf und ab und rief mit kindlich verstellter Stimme: »Bitte, bitte, lass mich erzählen.«

Ich lachte und ließ ihr mit einer Handbewegung den Vortritt.

»Also, halt dich fest. Du errätst nie, wen wir auf Durley Abbey getroffen haben.« Sie trommelte einen Tusch auf der Holztheke, woraufhin Tom die Augen verdrehte.

»Oh bitte, lass mich nicht raten«, jammerte er.

»Okay«, erbarmte sie sich. »Es war Ed!«

»Ed? Was zur Hölle treibt Ed in diesem Herrenhaus?«

»Er und Arthur kennen sich von früher. Sind alte Freunde.«

Tom riss die Augen auf. »Das gibt's doch nicht. Das kann doch kein Zufall sein.«

Wild gestikulierte ich in Richtung Maggie. »Siehst du? Das habe ich doch auch gesagt. Das kann einfach kein Zufall sein.«

Schnell brachten wir ihn in allen Details auf den aktuellen Stand. Zu sagen, er wäre verwirrt, wäre eine Untertreibung gewesen.

»Wow«, meinte er. »Diese Briefe stellen sich ja als wahrer Krimi heraus. Und das alles nur, weil ich diese eine Wand einreißen wollte.«

»Ich habe nachgedacht, aber mir will einfach nicht einfallen, wie wir herausfinden können, welche Urkunde die echte ist«, sagte Maggie grüblerisch.

Ich seufzte. »Und so werden wir vermutlich auch nie herausfinden, was mit Finola passiert ist. Es ist zum Verrücktwerden.« Ich nahm einen Schluck des kühlen Weißweins.

»Versteif dich nicht zu sehr auf Finola«, warnte Maggie. »Du vergisst, dass wir immer noch nicht wissen, wer ihr Geliebter war. Wenn wir die Identität von C rauskriegen, kommen wir sicherlich auch Finolas Geschichte näher.«

»Maggie hat recht«, warf Tom ein. »Wir haben diese Spur viel zu lange vernachlässigt. Dabei liegt es so nahe. C kam aus diesem Dorf und er wurde des Mordes verdächtigt. Es gibt also auf jeden Fall Unterlagen dazu, wir müssen sie nur finden.«

Eifrig nickte Maggie. »Hast du mir nicht erzählt, dass Mary etwas wissen könnte?«

»Ja, nur dass ich Mary seit Tagen nicht auftreiben kann. Ich habe schon ein paar Nachrichten bei ihrem Mann hinterlassen, aber sie meldet sich nicht.«

»Wir könnten einfach bei ihr vorbeigehen und klingeln«, meinte Maggie pragmatisch und warf einen Blick auf ihre Uhr. »Es wird sowieso bald Zeit, Dylan ins Bett zu bringen, und ein kleiner Spaziergang vorher würde uns gut tun.«

»Ich weiß nicht so recht.« Das Pub war noch immer sehr gut gefüllt, auch wenn sich in der letzten halben Stunde die Lage etwas beruhigt hatte.

Tom winkte ab. »Du kannst ruhig gehen, Aoife. Eine Stunde kann ich dich entbehren.« Er zwinkerte mir zu. »Hauptsache, du kommst nachher wieder.«

»Hm, vielleicht ist das gar keine so schlechte Idee. Mary ist sicher deutlich gesprächiger als Petula, was dieses Thema angeht.«

»Wenn man vom Teufel spricht«, knurrte Tom mit zusammengebissenen Zähnen und stupste mich an.

Meine Nachbarin hatte das Pub betreten. Und sie sah sich nicht etwa suchend nach einem Freund oder einer Freundin um, sondern kam schnurstracks auf uns zu. Petula sah nie besonders freundlich aus, und man war die ständige Missbilligung in ihrem Gesicht gewohnt. Irgendwie gab es immer etwas, worüber sie sich aufregte. Doch heute sah sie einfach nur wütend aus.

»Tom«, sagte sie als knappe Begrüßung. »Ich muss mit dir reden.«

Tom, der ein Glas polierte, antwortete: »Jetzt? Du siehst, dass hier gerade so einiges los ist. Mir wäre es lieber, wenn wir das später oder morgen machen könnten.«

»Nein«, polterte sie. »Es muss sofort sein. Es duldet keinen Aufschub.«

Er stellte das Glas ab und stützte sich auf seine Arme. »Dann schieß los, und halte dich bitte kurz.«

Sie warf Maggie und mir, den unerwünschten Zuhörerinnen, die keine Anstalten machten, wegzuhören, einen genervten Blick zu, und sagte: »Ich würde es vorziehen, wenn wir dazu vielleicht kurz in dein Büro gehen könnten.«

Tom richtete sich auf, nahm eine Bestellung entgegen, begann, ein Guinness zu zapfen, und antwortete: »Du siehst, dass das gerade nicht geht. Wie gesagt, entweder du kommst später nochmal oder wir müssen hier darüber reden. Ich habe heute nicht viel Zeit.« Ich hörte die Gereiztheit in seiner Stimme. Er war sonst eher ein lammfrommer Mensch, mit sehr viel Geduld – es sagte schon viel über Petula aus, dass sie es schaffte, ihm für seine Verhältnisse schroffes Verhalten zu entlocken.

Sie hüstelte pikiert, beäugte uns Störenfriede erneut nicht sehr freundlich und antwortete: »Nun gut. Dann muss es eben so gehen. Ich verlange, dass du augenblicklich mit deinem Mitarbeiter Rory sprichst und ihn verwarnst, ansonsten hole ich die Polizei.« Ihre Stimme überschlug sich beim letzten Satz vor Wut, aber auch so war uns klar, dass sie keinen Scherz machte.

»Bitte was?« Tom hatte das Guinness über den Tresen einem der jungen Männer zugeschoben und nun die Arme verschränkt. Von oben herab beäugte er Petula. »Du wirst deine Forderung konkretisieren müssen. Ich verstehe nur Bahnhof.«

So ging es mir auch. Verwirrt sah ich sie an. Glücklicherweise beachtete sie mich nicht, sondern konzentrierte sich ausschließlich auf Tom. »Du hast mich schon richtig verstanden, Tom. Ich möchte, dass du Rory die Leviten liest. Ich habe ansonsten keine andere Wahl, als zur Polizei zu gehen.«

»Und was soll Rory deiner Meinung nach getan haben?« Tom sah nicht mehr nur verwirrt, sondern mittlerweile auch verärgert aus.

Petula räusperte sich erneut. »Er verfolgt mich. Und das schon seit Tagen.«

»Äh, was?«, entfuhr es mir. »Das kann doch gar nicht sein.« Was erzählte sie da nur?

Ihr Kopf ruckte zu mir. »Und warum bitteschön nicht?«

Tom antwortete an meiner Stelle: »Aoife hat recht. Das kann nicht sein. Rory arbeitet schon seit Tagen nicht mehr bei mir und hält sich nicht mal mehr in der Gegend auf.«

Petula starrte Tom an. »Oh doch, ich habe ihn doch gesehen. Nicht nur einmal.«

Ich hob die Hand. »Moment mal bitte. Haben Sie nicht erst vor ein paar Stunden Ihrem Mann gegenüber gesagt, Sie wüssten nicht, wer Sie verfolgt?« Noch im selben Moment, in dem ich es aussprach, wusste ich, dass ich einen Fehler begangen hatte.

Petula drehte sich mir zu, und mit all ihrer naturgegebenen Autorität zischte sie: »Wie können Sie es wagen? Haben Sie etwa mich und meinen Mann belauscht?«

»Ich kann doch nichts dafür, wenn Sie Privatgespräche in aller Öffentlichkeit führen, wenn ich zufällig einkaufen bin«, verteidigte ich mich, wobei sich mein schlechtes Gewissen leise meldete.

Petula schnappte nach Luft, fing sich allerdings schnell wieder. »Wie dem auch sei. Zu Anfang war ich mir nicht sicher, aber ich habe noch mal nachgedacht, und nun bin ich davon überzeugt, dass es Rory ist.«

»Aber Rory kann es nicht sein«, sagte Tom beharrlich. »Er hat uns vor ein paar Tagen verlassen, und es gibt für ihn überhaupt keinen Grund, noch in der Gegend zu sein.«

»Tja, das glaubst du. Aber ich habe ihn gesehen. Und ich werde den Beweis bringen, dass er es ist, der mich verfolgt.« Mit diesen Worten rauschte sie davon, ohne eine Verabschiedung, in gewohnter Petula-Manier. Wir blieben verblüfft stehen.

»Was war denn das gerade eben?«, fragte Tom.

»Ich habe nicht den leisesten Hauch einer Ahnung«, sagte ich.

»Was hat Rory bitte mit Petula zu tun? Falls er in der Gegend sein sollte – und das Falls ist ein großes, zweifelhaftes Falls –, warum sollte er Petula verfolgen? Was hat er mit ihr zu tun? Die beiden kennen sich doch gar nicht.«

»Ganz ehrlich, mir will auch kein einziger Grund einfallen. Hat Rory Petula jemals kennengelernt? Petula ist keine regelmäßige Pubbesucherin, und auch sonst würde sie sich mit einem ehemaligen Straßenkind wohl kaum abgeben.«

»Nein, das würde wirklich nicht zu ihr passen. Und es passt auch nicht zu Rory. Er ist nicht der Typ, der andere verfolgt.«

Ich biss mir auf die Unterlippe und fragte mich, ob es sich lohnte, meine Zweifel anzusprechen. Trotz der Tatsache, dass Rory ohne ein Wort des Abschieds einfach abgehauen war, wusste ich, dass Tom ihn verteidigen würde. Doch war Rorys Verhalten nicht seltsam genug? Er war von heute auf morgen da gewesen, vervollständigte das Pub auf ganz unkomplizierte Weise und wurde Toms verlängerter Arm. Und dann, kaum waren die Briefe verschwunden, verschwand auch er, nur wenig später nachdem er einen der verlorenen Briefe angeblich zufällig entdeckt hatte. Das war schon seltsam genug. Nun waren jedoch die Briefe wieder da, und auf eine ziemlich schräge Art auch Rory. Wer weiß, vielleicht hatte Petula ja recht und sie hatte ihn tatsächlich gesehen? Welchen Zusammenhang gab es zwischen ihm und den Briefen? Es konnte Zufall sein, wirkte allerdings gleichzeitig verdächtig.

»Ich weiß nicht so recht, Tom. Ich mochte Rory, sehr sogar, er schien wirklich in Ordnung zu sein. Aber«, mit einer Handbewegung gab ich ihm zu verstehen, mich aussprechen zu lassen, da er mir ins Wort fallen wollte. »Aber es ist eine Tatsache, dass wir gar nichts von ihm wissen. Und es ist ein sehr seltsamer Zufall, dass er verschwindet, als die Briefe gestohlen wurden, und dass er wieder da ist, nachdem auch die Briefe wieder aufgetaucht sind.«

Müde fuhr Tom sich mit den Händen über die Augen und seufzte. »Nein, Aoife. Ich kann dich zwar einerseits verstehen, aber ich habe über mehrere Monate täglich mit ihm zusammengearbeitet. Ich vertraue ihm. Es muss einen anderen Grund geben, weshalb er verschwunden ist. Vielleicht etwas aus seiner Vergangenheit auf der Straße, vielleicht hatte er Probleme. Ich weiß es nicht. Das mit den Briefen ist Zufall. Und er ist definitiv nicht wieder hier. Das behauptet nur Petula. Keiner sonst hat ihn gesehen.«

»Okay, war ja auch nur so ein Gedanke.«, meinte ich resigniert.

Maggie, die Rory kannte und sich aus unserem Gespräch herausgehalten hatte, nahm einen letzten Schluck von ihrem Wein, stand auf und hob ihren Sohn vom Hocker. »Aoife, ich befürchte, wir müssen den Besuch bei Mary verschieben. Es wird langsam Zeit für Dylan.«

Ich nickte. »Kein Problem. Ich rufe dich in den nächsten Tagen an, okay?«

»Gerne. Und danke für die Einladung.« Sie nahm Dylan an der Hand, beugte sich zu ihm herunter und flüsterte: »Na, was sagt man?«

Dylan hob eine kleine Hand und winkte uns ungeschickt zu. »Danke«, krächzte er uns entgegen. Wir winkten hinterher, als sie das Pub verließen.

»Putziges Kerlchen, erinnert mich an Lizzie, als sie noch so klein war«, sagte Tom, und ich nickte geistesabwesend.

Mir wollte Rory einfach nicht aus dem Kopf. Ich konnte es vor mir selbst kaum zugeben, doch ich glaubte Petula. Tom hatte die besseren Argumente, aber mein Bauchgefühl sagte mir, dass Rory in der ganzen Sache irgendwie mit drin hing. Er hatte mit den Briefen zu tun, und ich musste einfach herausfinden, was.

Kapitel 13

Oder: Wie wir endlich C fanden

Zwei Tage später wusste ich, dass Petula uns keinen Blödsinn erzählt hatte. Rory war im Dorf, und er schlich im Garten meiner Nachbarin herum.

Der Tag, ein Samstag, begann grau und trüb, kein Wetter, bei dem man sein Haustier vor die Türe setzen wollte, doch Dr. Jingles hatte genau das vor. Nachdem er nach dem Frühstück vom Kuscheln auf dem Sofa mit mir nicht genug bekommen konnte, sprang er im nächsten Moment urplötzlich zur Wintergartentür und maunzte herausfordernd. Da er mich gut erzogen hatte, verstand ich augenblicklich, dass er Freigang verlangte, und wie es sich für eine gute Katzenmutter gehörte, folgte ich seiner Aufforderung unmittelbar. Ich schauderte kurz, als die kühle Morgenluft in den Wintergarten zog, und verstand nicht, weshalb mein wärmeliebender Kater sich ausgerechnet dieses Wetter für seinen Spaziergang ausgesucht hatte.

Ich schloss die Tür hinter ihm und blickte versonnen nach draußen. Alles wirkte heute farbreduziert, wie auf einer alten Fotografie, bei der im Lauf der Zeit die Farben verblasst waren. Dr. Jingles war bereits im Gebüsch verschwunden. Offensichtlich jagte er etwas, denn der Busch bewegte sich. Diese Bewegung war es, die meine Aufmerksamkeit erregte, und ich blickte zufällig über den Busch hinweg. Irgendjemand schlich im Garten von Petula herum. Zunächst dachte ich mir nichts dabei, denn meine Nachbarin war eine begeisterte Gärtnerin, die ich schon bei Wind und Wetter herumwerkeln gesehen hatte. Doch heute konnte sie es nicht sein, denn im gleichen Moment öffnete sich vorn die Haustür und Mr. Murphy und Petula traten beide hinaus. Er hatte bereits seine übliche Kluft aus blaugrauem Arbeitskittel mit altmodischem Namensschildchen an und war offenbar auf dem Weg in seinen Laden, und Petula trug eine geblümte Schürze und Handschuhe. Sie hatte wohl wirklich vor, im Garten zu arbeiten.

Mr Murphy verabschiedete sich mit einem schnellen Küsschen auf die Wange seiner Frau und ging dann durch die Gartentür hinaus und seiner Wege. Petula verschwand im kleinen Gartenhäuschen.

Das lenkte meine Aufmerksamkeit erneut auf die andere Person. Wie hatte ich sie nur mit Petula verwechseln können? Sie hatte absolut keine Ähnlichkeit mit ihr, weder von Statur noch Größe. Und es war noch nicht einmal eine Frau, sondern ein junger Mann. Bis dahin hatte ich ihn noch nicht erkannt. Kurz hegte ich die Hoffnung, dass er ein Enkel oder Freund der Familie war, doch er verhielt sich viel zu auffällig. Oder besser gesagt: Er wollte offenbar unauffällig wirken. Er hielt sich geduckt und sah sich nach links und rechts um. Was machte er da? Sollte ich Petula warnen?

Doch das musste ich gar nicht, denn ohne jede Vorwarnung schoss er aus dem Garten auf die offene Straße. Petula war immer noch im Schuppen, sodass sie davon nichts mitbekam. Dafür konnte ich den Mann sehr gut sehen und erkannte ihn prompt. Er hatte zwar eine Kapuze auf und trug Kleidung, die ihm deutlich zu groß war, dennoch identifizierte ich Rory. Seine Bewegungen waren charakteristisch, und beim Davonlaufen konnte ich einen Blick auf sein Gesicht werfen. Er war es eindeutig. Petula hatte also tatsächlich recht gehabt, so ungern ich das auch zugab. Rory war hier im Dorf, und sie hatte sich in ihrem Gefühl, beobachtet zu werden, nicht getäuscht.

Dennoch, in einem Punkt hatte sie sich geirrt: Er verfolgte nicht sie, er verfolgte ihren Mann. Er nahm den gleichen Weg ins Dorf wie Mr. Murphy nur wenige Augenblicke zuvor. Was ging hier vor? Und was sollte ich nun tun? Sollte ich ihm folgen? Ihn stellen? Ihn nur beobachten? Petula informieren? Tom anrufen?

Es gab so viele Möglichkeiten, was war die Richtige? Eilig rannte ich in den Flur, zog mir meine Schuhe an, schnappte mir meine Jacke, warf mein Handy in meine Umhängetasche und zog die Tür hinter mir zu. Erstmal das Naheliegende: zu Petula. Im Garten war sie nicht zu sehen, aber die Tür zum Gartenhäuschen stand offen und drinnen brannte Licht.

»Mrs Murphy«, rief ich, als ich schon in ihrem Garten war. Sie hörte mich nicht. »Mrs Murphy«, rief ich erneut und klopfte energisch an die geöffnete Tür. Ich stand halb im Häuschen und halb außerhalb. Petula war soeben dabei, Pflanzen umzutopfen und kleine Schiefertafeln zu beschriften. Allerlei Grünzeug und Gartengeräte waren auf einem Pflanztisch unter dem kleinen Fenster verteilt. Erschrocken sah sie hoch und blickte mir direkt in die Augen.

»Ach du meine Güte, haben Sie mich aber erschreckt. Was fällt Ihnen ein, so herein zu poltern?«

Ich versuchte, ihr das nicht übel zu nehmen, und antwortete atemlos: »Ich habe ihn gesehen! Ich habe Rory gesehen! Sie hatten recht, er ist hier.«

»Was?«, japste sie und warf einen Blick nach draußen, wobei sie mich beinahe grob nach hinten schubste. Ich war gezwungen, einige Schritte rückwärts zu gehen. »Wo ist er?«

»Wenn Sie mich nicht über den Haufen rennen würden, dann könnte ich Ihnen sagen, dass er schon weg ist.« Ich funkelte sie an.

Sie beäugte immer noch die Umgebung und fragte: »Ach ja? Woher weiß ich, dass Sie mich nicht anlügen?«

Entrüstet erwiderte ich: »Weshalb sollte ich das tun? Ich habe Ihnen ja bislang noch nicht einmal geglaubt. Und es wäre so geblieben, hätte ich Rory nicht selbst vor wenigen Minuten noch gesehen. Er versteckte sich in Ihrem Garten und folgte Ihrem Mann.«

Nun sah Petula verwirrt aus. »Was? Ian? Was will er denn von Ian?«

Ich schüttelte den Kopf und sagte: »Ich habe keine Ahnung. Aber ich glaube, dass Sie sich getäuscht haben. Er verfolgt nicht Sie, sondern Ihren Mann.«

»Aber das ergibt doch gar keinen Sinn.«

»Meinen Sie? Und welchen Sinn sollte es ergeben, Sie zu verfolgen? Warum sind Sie interessant für ihn?«, konterte ich. Weshalb dachte diese Frau nur, dass sich alles um sie drehte?

Sie zuckte lediglich mit den Schultern und antwortete: »Ich bin einfach davon ausgegangen.«

Sie kehrte in den Schuppen zurück, zog ihre Handschuhe aus und band die Schürze auf, die sie an einen Haken an der Tür hängte.

»Was haben Sie vor?«, fragte ich sie.

»Na, was wohl? Ich gehe auf der Stelle zu meinem Mann und sehe nach, ob dieser Nichtsnutz dort ist und was er von uns will.« Entschlossen schloss sie die Tür und wollte das Grundstück verlassen. Sie war schon fast auf der Straße, als sie einen Blick über die Schulter warf, und mir – die ich noch unentschlossen in ihrem Garten stand – zurief: »Sie dürfen mich begleiten, wenn Sie möchten. Immerhin wird mein Mann mir eher glauben, wenn Sie meine Vermutung bestätigen.«

Gehorsam trabte ich ihr hinterher, nicht ohne mich selbst innerlich zu schelten. Warum war ich heute nur so zögerlich? Ich hätte ihr direkt folgen sollen, ohne auf ihre gönnerhafte Einladung zu warten. Wir gingen schweigend nebeneinander ins Dorfzentrum, wobei ich eine WhatsApp-Nachricht an Tom verfasste:

> Habe Rory gesehen. Bin mit Petula auf dem Weg in den Laden. Komme danach zu dir.

Natürlich war in der Dorfmitte nichts von Rory zu sehen. Wir blickten uns immer wieder um, doch nichts deutete darauf hin, dass wir beobachtet wurden. Auch in Murphy's Groceries selbst war keine Spur von ihm. Petula grüßte hoheitsvoll von links nach rechts, um dann zu ihrem Mann zu gehen.

Ohne eine Begrüßung oder Erklärung fiel sie mit der Tür ins Haus.

»Ms Sullivan hat Rory ebenfalls gesehen.« Angriffslustig starrte sie ihn an.

Er hingegen, die Nickelbrille weit vorne auf der Nase, wandte seinen Blick mir zu. »Erzählen Sie doch bitte.« Und das tat ich in aller Kürze.

Das »Ich habe es dir doch gleich gesagt« konnte man Petula förmlich ansehen, doch sie hielt sich zurück. Lediglich ihre Körperhaltung war noch selbstbewusster geworden, falls das überhaupt möglich war.

»Und was nun?«, fragte er seine Frau.

»Jetzt werde ich die Polizei rufen.«

Ich fuhr erschrocken zusammen. »Was? Aber wieso? Er hat Ihnen doch nichts getan.«

Missbilligung stand in ihrem Gesicht. »Nichts getan? Er belästigt mich und lungert auf meinem Grundstück herum, das ist doch wohl Grund genug.«

Beruhigend hob ich die Hände. »Halt, warten Sie. Ich habe Ihnen doch vorhin schon gesagt, dass ich nicht glaube, dass er Sie verfolgt. Er ist hinter Ihrem Mann her, nicht hinter Ihnen.« Damit wandte ich mich wieder an Mr Murphy. »Ist Ihnen etwas aufgefallen in den letzten Tagen? Fühlen Sie sich verfolgt oder beobachtet? Wissen Sie, warum er das macht? Was er von Ihnen will?«

Nachsichtig lächelte Mr. Murphy. »Nun mal langsam, eins nach dem anderen. Die letzten Tage verliefen nicht anders als sonst auch. Anders als meine Frau hatte ich nie das Gefühl, beobachtet zu werden, aber ich gebe gerne zu, dass meine Antennen nicht so feinfühlig sind wie ihre.« Er schob sich die Brille mit einer kurzen Handbewegung die Nase hinauf. »Rory kenne ich nur aus dem Pub, ansonsten habe ich nichts mit ihm zu tun gehabt. Es ist mir ein Rätsel, weshalb er mich angeblich verfolgen soll, und ich bin der Überzeugung, dass das alles vermutlich ein großes Missverständnis ist.«

Petula verdrehte genervt die Augen und sagte: »Unsinn. Dieser Rory führt irgendetwas im ...«

Sie kam nicht dazu den Satz zu beenden, denn Tom stürmte in diesem Moment atemlos in den Laden.

»Wo ist er?«, keuchte er.

»Falls du Rory suchst, er ist nicht hier«, meinte Petula spitz.

Ich zuckte entschuldigend mit den Schultern. »Sie hat recht. Er ist Mr Murphy zwar gefolgt, aber wir waren zu spät dran.«

»Und du hast ihn wirklich eindeutig erkannt?«, fragte Tom.

»Hundertprozentig«, sagte ich bestimmt.

Tom fuhr sich verwirrt durch die Haare. »Ich verstehe das alles nicht«, bemerkte er.

»Wir alle verstehen es nicht.« Petula griff zu dem kabellosen Telefon, das neben der Kasse stand.

»Was hast du vor?«, fragte Tom.

Sie antwortete nicht, sodass ich mich gezwungen sah, es ihm zu sagen: »Sie möchte die Polizei rufen.«

»Was? Nein!«, rief er aus und hätte ihr beinahe das Telefon aus der Hand gerissen. Ihr energischer Blick, mit dem sie früher ihre Schüler unter Kontrolle gehalten haben musste, wirkte auch bei Tom, sodass er den Arm wieder senkte und etwas beschämt aussah. Dennoch hielt sie inne und wählte nicht.

»Das kannst du doch nicht machen. Rory hat nichts getan. Und wer weiß, vielleicht hat er ja einen triftigen Grund für sein Verhalten. Bitte Petula, lass uns abwarten.«

»Worauf? Bis er mich im Schlaf erdolcht?«, keifte sie.

Mr Murphy prustete urplötzlich los. »Ach meine Liebe, du bist heute aber überdramatisch. Tom hat wirklich recht. Die Polizei wird nichts machen können.« Er nahm ihr sanft das Telefon aus der Hand und stellte es zurück auf die Ladestation. »Ich verspreche dir, sobald er sich bedrohlich verhält, rufen wir augenblicklich die Polizei. Momentan gibt es keinen Grund dafür.«

Hatte ich sonst immer das Gefühl, Petula habe in der Ehe die Hosen an, so wurde ich diesmal Augenzeugin davon, dass Mr Murphy ebenfalls Einfluss auf seine Frau ausüben konnte, denn sie nickte schließlich besänftigt.

»Einverstanden«, sagte sie. »Dann gehe ich mal wieder. Meine Pflanzen topfen sich schließlich nicht von selbst um.«

Ohne einen weiteren Gruß verließ sie den Laden.

»Puh«, machte Tom, und auch ich atmete geräuschvoll ein und aus.

Mr. Murphy wirkte völlig unbeeindruckt. »Alles gut bei Ihnen? So einen Schock am frühen Morgen braucht vermutlich niemand.«

»Sie nehmen es erstaunlich gelassen«, bemerkte ich.

Er lächelte mich an. »Warum auch nicht? Ich glaube nicht, dass Rory uns etwas Böses will. Mit der Zeit wird sich schon herausstellen, worum es geht.«

»Sie klingen wie ein alter Zen-Philosoph«, meinte ich, um die angespannte Stimmung zu vertreiben.

Mr Murphys Lachen brummte durch den Laden. »Das muss ich auch sein, mit einer Ehefrau wie Petula. Aber pssst, das bleibt unter uns.«

Wir mussten ebenfalls lachen, und verabschiedeten uns wenig später von ihm.

Wortlos schloss Tom sein Pub auf und setzte Wasser auf. »Darauf brauche ich jetzt erst mal einen Tee. Du auch?« Ich nickte und setzte mich an meinen Stammplatz an die Bar. Tom fuhrwerkte im Hintergrund herum. Auf dem hölzernen Tresen lagen die Ausdrucke mit Möbeln, die ich ausgesucht hatte.

»Wie ich sehe, warst du schon fleißig«, sagte ich.

Er brachte zwei Tassen Tee, meine bereits mit Milch und Zucker, sodass ich meine Hände an der Keramik wärmen und vorsichtig daran schlürfen konnte.

»Oh ja, es war eine Qual. Ich habe versucht, eine Auswahl zu treffen, aber das war gar nicht so einfach. Zum Beispiel hier.« Er legte zwei Blätter nebeneinander. Sie zeigten meine Vorauswahl mit Sesseln. Er hatte drei davon markiert. »Ich weiß einfach nicht, welcher mir besser gefällt. Bei dem da mag ich die Form mehr, aber das Muster ist einfach scheußlich. Der da hat ein tolles Muster, aber die Form gefällt mir nicht so. Und dieser hier gefällt mir zwar, aber ich bin mir nicht sicher, ob er nicht zu schlicht ist.«

Ich tippte auf Letzteren. »Nimm den da. Der ist zwar schlicht, aber er passt überall hin, und du kannst ihn mit Kissen aufpeppen, falls du Angst hast, er wäre zu unauffällig.«

Skeptisch beäugte er meine Auswahl, doch dann nickte er. »Stimmt. Ihr Frauen habt einfach den besseren Blick dafür.« Er nahm einen Schluck von seinem Tee und sah in die Ferne. »Und es war wirklich Rory?«, fragte er dann unvermittelt, und ungeachtet der Tatsache, dass er mir diese Frage schon vor wenigen Momenten gestellt hatte.

»Ja. Ganz eindeutig. Ich verstehe es auch nicht.«

»Rory ist nicht der Typ, der einfach abhaut, um dann immer noch hier herumzuschleichen. Er muss einen Grund haben. Einen ernsten. Ehrlich gesagt, mache ich mir Sorgen um ihn.«

»Woran denkst du?«

»Na ja, er war immerhin jahrelang auf sich allein gestellt und lebte auf der Straße. Da kommt man schon mal mit dem Gesetz und zwielichtigen Gestalten in Berührung. Vielleicht schuldet er jemandem Geld? Oder er hat Drogenprobleme?«

»Auf mich wirkte er nie, als wäre er ein Junkie«, meinte ich skeptisch.

»Nein, auf mich auch nicht, aber ich gebe zu, dass ich damit nicht allzu viele Erfahrungen habe.«

»Vielleicht sollten wir Lizzie noch mal befragen.«

Er verzog schmerzlich das Gesicht. »Die Stimmung zwischen uns ist momentan frostig.«

»Soll ich es mal probieren? Eine Zeitlang hatte ich das Gefühl, dass wir uns ganz gut verstehen.«

Er warf einen Blick auf seine Uhr. »Halb zehn. Sie sollte mittlerweile wach sein.«

»Meinst du?« Ich erinnerte mich daran, dass ich als Jugendliche die Wochenenden unter anderem dafür genutzt hatte, ordentlich auszuschlafen. »Nicht, dass ich sie wecke. Da dürfte die Laune noch schlechter werden.«

»Du kannst ja mal vorsichtig anklopfen.«

»Okay.« Ich nahm einen ordentlichen Schluck von meinem Tee, wappnete mich innerlich und begab mich nach oben. Ich hatte ein wenig Angst. Lizzie kam in der letzten Zeit einem Orkan gleich, und ich konnte sie verstehen. Vor ihrer Tür hielt ich kurz inne, um zu lauschen. Leise Musik drang heraus, ein schwermütiger, melancholischer Popsong. Oje, wenn der ihre Laune widerspiegelte, dann musste ich mir etwas einfallen lassen, um zu ihr vorzudringen.

Vorsichtig klopfte ich an. Es kam keine Reaktion, sodass ich erneut, diesmal etwas fester klopfte und rief: »Lizzie? Ich bin es, Aoife.« Immer noch keine Reaktion. »Kann ich mit dir reden?«

Ich wartete noch etwas ab. Sie machte es mir heute aber auch wirklich schwer. Da ich nicht unverrichteter Dinge gehen wollte, drückte ich die Klinke herunter und spähte in ihr Zimmer.

Sie lag bäuchlings und vollständig angezogen auf dem Bett, hatte Musik im Hintergrund laufen und tippte auf ihrem Smartphone herum. Als sie mein Gesicht in der offenen Tür bemerkte, verzog sich ihres wütend. »Hey«, rief sie. »Ich habe nicht ›Herein‹ gesagt.«

»Bitte«, sagte ich und ging einen Schritt in ihr Zimmer hinein. »Lass uns kurz reden. Es ist wichtig.«

Ihre roten Haare standen heute störrisch in alle Richtungen ab, und störrisch war auch ihr Tonfall. »Ach ja? Ich wüsste nicht, worüber wir reden sollten.« Dennoch setzte sie sich auf und schob ihr Smartphone aus meinem Blickfeld. Einem Geistesblitz folgend deutete ich vage darauf und fragte:. »Schreibst du gerade mit Rory?«

Ihr Mund formte sich zu einem erstaunten O. »Woher …? Nein?«

Ihr überaus durchschaubarer Versuch ließ mich lächeln. »Hey, komm schon, ich weiß, dass er hier ist.«

Schlagartig wurde ihr Gesicht erst knallrot, dann weiß wie eine Wand. Kurz hatte ich die Befürchtung, sie würde filmreif in Ohnmacht fallen. »Was? Woher? Ich habe doch …«

Betont langsam kam ich ihr näher und setzte mich zu ihr ans Bett. »Was hast du?«, wiederholte ich. Ich hatte auf einmal so ein ungutes

Gefühl. Ein Gefühl, als würde gleich etwas mehr ans Tageslicht kommen, als ich geahnt hatte.

Mit flackerndem Blick sah sie an mir vorbei, traute sich nicht, mir in die Augen zu sehen. Unbewusst fuhren ihre Finger über die geblümte Tagesdecke des Bettes.

»Bitte Lizzie, sag mir, was los ist«, drängte ich sie. »Du bist so seltsam in letzter Zeit. Tom macht sich furchtbare Sorgen um dich.«

Nervös fuhren ihre Hände in abstrakten Mustern über die Tagesdecke. »Er wird schrecklich wütend auf mich sein«, flüsterte sie.

»Er will doch nur, dass du aufrichtig zu ihm bist. Und ja, vielleicht wird er eine Weile sauer sein, aber er ist dein Vater und er würde alles für dich tun.« Ich berührte sie sanft an der Schulter. »Was glaubst du, wie es ihm geht, wenn er ganz genau weiß, dass du ihm etwas verheimlichst?«

Jetzt endlich sah sie mich an, und in ihren Augen schimmerten Tränen. »Aber er war so ... gegen Rory«, wandte sie ein.

Ich nickte langsam. »Rory. Alles dreht sich gerade um ihn, oder? Los«, sagte ich aufmunternd, »erzähl mir davon.«

Da sie immer noch zögerte, fügte ich hinzu: »Ich weiß ja, dass er hier ist. Ich habe ihn heute Morgen gesehen.«

Lizzie wischte sich über ihr Gesicht. »Nein, du verstehst nicht. Ihr alle versteht nicht«, jammerte sie. »Er ist hier. Hier.«

»Hier?«, echote ich dümmlich. »In Ard Carraig, meinst du?«

Sie ballte die Hände zu Fäusten und erwiderte zornig: »Nein, hier. Auf unserem Dachboden. Ich verstecke ihn dort seit Tagen.«

Vor Erstaunen klappte mir der Unterkiefer herunter. Das war also der Grund für ihr seltsames Verhalten in letzter Zeit.

»Warum, Lizzie? Was ist los mit Rory? Warum versteckt er sich? Wir dachten, er wäre abgehauen.«

»Das solltet ihr auch denken.«

»Aber wieso?«

Sie schüttelte vehement den Kopf. »Das kann ich dir nicht sagen. Ich habe es ihm versprochen.«

»Lizzie!« Mein Ton wurde schärfer. »Das kann doch wohl nicht wahr sein. Du musst es uns sagen. Er schleicht hier seit Tagen herum, und Petula ist fast so weit, die Polizei zu rufen.«

Fragend sah sie mich an.

»Sie glaubt, dass er sie observiert«, informierte ich sie. Vage wurde mir die Ironie der Situation bewusst. Vor kurzem hatte ich selbst noch meine Nachbarin beobachtet und verfolgt, und sie hatte es nicht bemerkt. Nun, da ich glaubte, dass ihr Mann und nicht sie, observiert wurde – ausgerechnet da war sie der festen Überzeugung, Rory wäre hinter ihr her.

»Davon weiß ich nichts.«

»Aber was macht Rory hier? Warum versteckt er sich vor Tom?«

Erneutes Kopfschütteln. »Kann ich dir nicht sagen.«

»Okay.« Ich atmete tief durch. »Okay, ganz langsam. Vielleicht kannst du mir ja das mit den Briefen erklären. Warum hattest du sie? Woher hattest du sie? Du weißt, dass sie mir gestohlen wurden, oder?«

Eine verräterische Röte kroch erneut über ihre Wangen.

»Du hast etwas damit zu tun, das sehe ich dir an.« Ich verschränkte die Arme und schlug einen ernsten Ton an. »Klartext, Lizzie. Ich habe dich immer vor deinem Vater verteidigt und versucht ihn zu besänftigen, damit er sich mit dir und Rory leichter abfindet. Aber wenn du mir jetzt nicht reinen Wein einschenkst, was diese Briefe angeht, dann …« Ich ließ meine Warnung unausgesprochen in der Luft hängen. Drohen wollte ich ihr eigentlich nicht, aber ihr sollte klar werden, wie wichtig dieses Thema für mich war.

Sie setzte sich etwas aufrechter hin und antwortete: »Okay, ich sage es dir. Aber du musst versprechen, nicht böse zu werden. Wirklich, ich wollte sie zurückgeben. Ich habe sie nur ausgeliehen. Früher oder später hättest du sie zurückbekommen.«

»Also hast du die Briefe gestohlen?«

Sie nickte.

»Weshalb?«

Ihre Stimme war ganz leise. »Rory hatte mich darum gebeten.«

Erstaunt hielt ich inne. Rory? »Was hat er mit den Briefen zu tun?«

»Das hat er mir nicht erzählt. Er hat mich nur darum gebeten. Er hatte mitbekommen, wie du und mein Vater über die Briefe gesprochen habt. Also habe ich sie in einem unbeobachteten Moment mitgehen lassen.«

»Was hat er damit gemacht?«

Sie zuckte mit den Schultern. »Sie gelesen, nehme ich mal an. Schon am nächsten Tag gab er sie mir zurück.«

»Du hast mehr als nur die Briefe gestohlen. Da waren auch andere Unterlagen dabei.«

»Ja, ich habe alles Rory gebracht. Er hat mir nur die Briefe wiedergegeben. Ich weiß nicht, was mit dem Rest passiert ist.«

Aber ich wusste es, er hatte sie in Maggies Briefkasten geworfen. Er war wirklich gut im Bilde gewesen ... wusste, wem was gehörte. Er musste uns tagelang belauscht haben.

»Lizzie, was hat Rory vor? Weshalb dieses Verhalten? Warum ist er noch hier?«

Sie blickte mir arglos in die Augen. »Ich weiß es wirklich nicht. Er sagte, er müsse etwas erledigen und ich solle ihn nicht fragen. Er würde es mir später erklären.«

Verärgert schüttelte ich den Kopf. Dieses dumme, verliebte Mädchen. Ich versuchte, den Sturm der Gefühle in meinem Inneren zu beruhigen.

»Okay, gut. Lizzie, du weißt, dass wir mit Rory sprechen müssen? Jetzt, da wir wissen, dass er hier schläft ...«

»Nein«, fiel sie mir ins Wort. »Dafür ist es zu spät. Er hat gemerkt, dass die Situation brenzlig wird, und kommt nicht mehr hierher zurück. Er will sich einen anderen Schlafplatz besorgen.«

»Herrgott noch mal«, fluchte ich. Da war er zum Greifen nahe und entwischte uns doch. »Aber du kannst ihm doch sicher schreiben, dass wir dringend mit ihm reden müssen.«

»Nein!« Vehement schüttelte sie den Kopf. »Da kann mir mein Vater noch so viel Hausarrest geben, wie er will, aber ich werde Rory nicht verraten.« Sie verschränkte die Arme und machte deutlich, dass das Gespräch für sie beendet war.

Ich stand auf. »Hm, okay. Das werde ich erst einmal sacken lassen müssen.« Ich ging zur Tür und drehte mich noch mal zu ihr um. »Danke auf jeden Fall für das Gespräch.« Vage deutete ich ein Lächeln an. »Das bekommen wir schon alles irgendwie hin.«

Lizzie lächelte nicht zurück, aber sie nickte vorsichtig. Ich schloss die Tür hinter mir und ging die Treppe hinab in das Pub, wo Tom auf mich wartete. Wie konnte ich es ihm so schonend wie möglich beibringen? Seine Tochter versteckte hier tagelang die Küchenhilfe, stahl Briefe und verheimlichte alles. Und wir hatten nichts davon gemerkt.

»Und?«, fragte Tom neugierig, als ich zu ihm trat. »Hast du mit ihr reden können? Was hat sie gesagt?«

Um Zeit zu gewinnen, trank ich von meinem mittlerweile erkalteten Tee. Wie sollte ich nur anfangen?

»Na los, rück' schon raus mit der Sprache«, forderte er mich auf.

»Ich weiß nicht so recht, wie ich beginnen soll.«

»Oh-oh, das klingt ernst.«

»Ich habe weniger gute und noch schlechtere Nachrichten. Welche willst du zuerst hören?«

Er schluckte. »Ähm, die weniger guten?«

»Ich mache es kurz und schmerzlos: Rory hat die letzten Tage auf deinem Dachboden geschlafen. Lizzie hat die Briefe für ihn gestohlen und ihn hier versteckt. Sie weiß nicht, warum er das macht.«

Skeptisch runzelte er die Stirn. »Du scherzt doch. Aoife, sag mir, dass das ein schlechter Witz ist.«

Ich schüttelte den Kopf, woraufhin Tom aufsprang und aufgebracht hinter der Theke auf und ab schritt. »Das gibt es doch nicht«, rief er aus. »Sie kann von Glück sagen, dass ich ein Vertreter von gewaltfreier Erziehung bin, sonst würde es was setzen. Wie kann sie das nur tun?«

»Sie ist jung und verliebt«, erwiderte ich.

»Oh nein!« Er gestikulierte wütend in meine Richtung. »Nimm sie jetzt bloß nicht in Schutz. Sie ist alt genug zu wissen, dass ihr Verhalten sowas von falsch ist.«

»Was willst du jetzt tun?«

»Was weiß denn ich! Ich bin völlig durcheinander. Warum ist Rory hier? Was will er mit den Briefen? Warum beobachtet er die Murphys? Was soll das alles? Wer ist dieser Kerl? Und was macht er mit meiner kleinen Lizzie?«

Da ich auf alle Fragen mit einem klaren »Keine Ahnung« antworten konnte, sagte ich, nur um etwas zu sagen: »Ich wünschte, ich hätte eine Antwort.«

Tom ging immer noch hin und her. »Und weißt du, was mich am meisten ärgert? Hm? Dass ich ihn so verteidigt habe! Allen gegenüber habe ich behauptet, er wäre ein guter Kerl, der so etwas nicht machen würde, und nun? Ich lag so falsch. Wie konnte ich mich nur so in ihm täuschen?«

Ich kletterte von meinem Barhocker und sagte: »Okay, das reicht jetzt. Du musst dich dringend abreagieren. Wir machen einen Spaziergang. Komm.« Ich packte seinen Arm und zog ihn nach draußen. Er ließ sich mitziehen. Sorgfältig verschloss ich das Pub, das zu dieser Uhrzeit sowieso noch nicht offiziell geöffnet hatte, und wir gingen raus aus dem Dorf in Richtung Strand.

Der Wind blies uns die Haare um den Kopf, und meine Ohren wurden kalt. Doch er blies uns auch den Kopf frei. Das graue Wasser kräuselte sich im Wind, und die Möwen hatten Probleme, Kurs zu halten. Schritt um Schritt bahnten wir uns unseren Weg am Strand entlang. Ich merkte, dass Tom ruhiger wurde. Seine Schritte wurden gleichmäßiger, und er starrte nicht mehr stur auf den Boden, sondern ließ den Blick über das Meer wandern. Dann und wann bückte er sich, um einen kleinen Stein oder eine Muschelschale aufzuheben und sie mit einem beherzten Wurf zurück ins Wasser zu schleudern.

»Sorry für meinen Ausbruch«, sagte er plötzlich.

Ich schmiegte mich an ihn. »Unsinn«, meinte ich. »Das war absolut gerechtfertigt.«

Grimmig nickte er, dann legte sich ein Lächeln über sein Gesicht. »Themenwechsel. Sollen wir im Hotel vorbeischauen?«

»Unbedingt.«

Arm in Arm schlenderten wir dem ehemaligen und zukünftigen Hotel entgegen. Drinnen roch es intensiv nach der Ölpolitur der Holzböden.

»Das wird so toll aussehen«, meinte Tom. »Sieh mal, hier.« Er deutete in den Bereich des Flures, der eine kleine Nische bildete. »Letzte Woche habe ich mir von einem Schreiner ein Angebot für einen Empfangsbereich machen lassen. Ich stelle mir einen Tresen aus altem Holz vor, in dem man vorne Holzscheite unterbringen kann. Denn hier hin …« Er ging einen Schritt weiter, »möchte ich einen kleinen Holzofen einbauen lassen, der in den kälteren Monaten die Gäste mit einem schönen Feuer empfängt. Was denkst du?«

»Wow«, meinte ich. »Und du glaubst wirklich, dass du kein Händchen für Einrichtung hast? Diese Idee ist zauberhaft.«

Zufrieden grinste Tom vor sich hin. »Manchmal findet auch ein blindes Huhn ein Korn.«

Er zog mich in die zukünftige Küche. »Nächste Woche wird die Küche geliefert. Vielleicht wird es notwendig sein, dass du mich im Pub vertrittst. Ich glaube nicht, dass wir das an einem Vormittag schaffen werden.«

Vage erinnerte ich mich, dass Tom von irgendwoher eine gebrauchte Küche organisiert hatte. »Hauptsache, niemand will was zu essen. Den Rest bekomme ich hin.« Ich lachte.

Wir schlenderten weiter, als mir etwas einfiel. »Hast du dir eigentlich überlegt, ob du Maggie als Zimmermädchen beziehungsweise Putzkraft einstellen willst.«

»Ich hatte vor, sie mit der Grundreinigung zu beauftragen, wenn die Einrichtung komplett ist, und eine Putzfrau werde ich ohnehin benötigen. Warum also nicht? Sie ist gut darin, das hat sie mir im Pub bereits bewiesen. Ob ich sie wohl auch dazu überreden kann, sich den Keller mal anzusehen?«

Ich blieb stehen. »Moment, es gibt hier einen Keller?«

Auch Tom blieb stehen und starrte mich irritiert an. »Ja, natürlich. Fast jedes Haus hier hat einen Keller. Auch dieses hier.«

Fragend drehte ich mich um mich selbst. »Und wo? Ich sehe nirgends eine Treppe nach unten.«

Er lachte. »Natürlich nicht. Der Keller ist über eine Bodenklappe begehbar. Wundert mich, dass du sie noch nicht entdeckt hast.«

»Und wo soll die bitteschön sein? Wie konnte mir das denn nur entgehen?«

»Komm mit«, sagte er und zog mich in den kleinen Vorratsraum, der mit einer Tür vom restlichen Bereich der Küche abgetrennt war. Er öffnete sie, und ich sah einen typischen Vorratsraum, der von oben bis unten aus Regelbrettern bestand. Sie waren leer, mit Ausnahme weniger Werkzeuge, die Tom oder die Handwerker hier liegen gelassen hatten. Der Boden bestand aus den gleichen Bodendielen wie der Rest des Hauses, allerdings waren sie nicht abgeschliffen und versiegelt, sondern im ursprünglichen Zustand belassen worden.

»Ich dachte mir, es ergibt wenig Sinn, wenn ich hier auch noch Hand anlege, und habe mir daher die Arbeit gespart«, erklärte Tom und bückte sich. Ein großer eiserner Ring war an den Dielen befestigt, und Tom zog daran, sodass sich eine Klappe öffnete und uns Einblick auf steinerne und ausgetretene Stufen ermöglichte. Ein muffiger und abgestandener Geruch schlug uns entgegen.

»Es riecht eindeutig nach Keller«, meinte ich. »Warst du schon mal unten?«

»Aber klar doch. Warum findest du den Keller nur so interessant?«, fragte er verwirrt.

Aufgeregt riss ich die Augen auf. »Ach Tom, verstehst du denn nicht? Was, wenn wir noch mehr Unterlagen des Hotels finden? Noch etwas über Finola?«

Er schüttelte den Kopf. »Das glaube ich nicht. Da unten ist alles voll mit alten Schraubgläsern und ein paar Kisten mit Schrott. Etwas Papier habe ich auch gesehen, aber das sah eher aus wie alte Zeitungen.«

Aufgeregt hüpfte ich auf und ab. »Lass uns runtergehen!«

»Was denn? Jetzt?«

»Na klar. Sieh doch mal, ich bin passend dafür angezogen«, entgegnete ich und deutete auf meine robusten Wanderschuhe, die alten, abgetragenen Jeans und die unverwüstliche Regenjacke.

Er zuckte mit den Schultern. »Na gut.«

Dann zog er an einer Schnur, die rechts von Tür herabhing. Unten gingen Lichter an.

»Wie clever«, entfuhr es mir, woraufhin er nur mit den Augen rollte. Er verstand einfach nicht, wie aufregend ich diese neue Entdeckung fand. Wie hatte er mir nur verschweigen können, dass wir einen Keller besaßen? Und wie blöd hatte ich sein können, dass ich nicht danach gefragt hatte? Nur weil es keine sichtbare Treppe gab, war ich stets davon ausgegangen, dieses Haus wäre ohne Keller erbaut worden.

Tom ging zuerst, und ich folgte ihm. Der Geruch verstärkte sich, es roch durchdringend nach feuchter Luft und Schimmel. Glücklicherweise hingen über die gesamte Kellerlänge alte Glühbirnen, die den Raum erhellten. Der Boden bestand aus fleckigem Beton, die Wände aus nackten Ziegeln. Alte Metallregale standen vereinzelt an die Wände gedrückt. Dazwischen Zinkwannen mit Schrott, ganz so, wie Tom es gesagt hatte. In einer Ecke stapelten sich alte Herrenräder, daneben ebenso alte Standleuchten.

Ich trat an eines der Regale und beäugte die Schraubgläser. Sie waren größtenteils leer, sofern man das durch die dicken Schichten von Spinnweben sagen konnte, doch eines schien noch befüllt zu sein. Was auch immer darin gelagert wurde, es lag dort sicher schon seit Jahrzehnten.

»Guck mal«, rief Tom zu mir herüber. Er stand bei den Lampen. »Meinst du, es würde sich lohnen, sie zu reinigen? Sie könnten gut in den Leseraum passen.«

Ich ging zu ihm und beäugte die Lampen. Vorsichtig rubbelte ich ein wenig an dem Dreck. Darunter kam messingfarbenes Metall zum Vorschein. Die Form war zeitlos, heute wurde einem das als Retrovariante zu horrenden Preisen verkauft.

»Oh ja, die sollten wir unbedingt mitnehmen. Und schau mal hier.« Mein Blick wurde angezogen von einem alten Stück Metall, das an der Wand dahinter lehnte. »Hilf mir mal, die Fahrräder beiseite zu schaffen.«

Wir versetzten ein Fahrrad nach dem anderen an die Wand links von uns, um an das Objekt dahinter zu kommen.

»O mein Gott, das ist ja Wahnsinn«, hauchte ich. »Das ist heute ein Vermögen wert, Tom. Die Leute reißen sich um so etwas auf den Flohmärkten.« Ich zog es hervor und zeigte es ihm stolz. Es war ein etwa ein Meter breites und halb so hohes, altes Straßenschild, das einen Pfeil, »1/2 Meile« sowie den Schriftzug »Cliff House Hotel« zeigte.

Anerkennend nickte Tom. »Das ist wirklich cool«, meinte er. »Das muss einen Ehrenplatz bekommen. Vielleicht würde es sich über dem Empfangstresen gut machen.«

»Eine gute Idee.« Ich zog die Regenjacke aus und krempelte die Ärmel meines Longshirts hoch.

»Was machst du da?«, fragte Tom, eine Spur von Angst in der Stimme.

»Na was wohl? Hier unten gibt es sicher noch mehr Schätze. Und ich beabsichtige, sie zu finden.« Mein Entdeckergeist war geweckt. Die Ausbeute bisher war schon sensationell, und ich hatte vor, noch mehr Dinge, die es in keinem Laden zu kaufen gab, der Trostlosigkeit dieses Kellers zu entreißen.

Leider wurde ich ziemlich schnell ernüchtert. Ein paar alte Bilderrahmen waren es noch wert, gereinigt zu werden, um später an der Wand zu hängen. Doch der Rest war trauriger Durchschnitt: Der Stuhl, den ich schon neu lackiert an einem Ehrenplatz in der Küche sah, war morsch und wackelig, die zwei Lederkoffer schimmelten von innen und einige der zunächst spannend aussehenden, nicht näher zu beschreibenden Kunstgegenstände entpuppten sich als ziemlich kitschige Dekoartikel.

Ich rümpfte unzufrieden die Nase. Tom musste sich ein Grinsen verkneifen, das konnte ich ihm ansehen, und ich ignorierte ihn beleidigt. Hier musste es doch noch mehr geben.

Ich ging zu einem weiteren Regal, in dem Pappkartons unterschiedlicher Größe standen. Sie waren fleckig, und es ekelte mich, sie anzufassen. Doch ich sah, dass dort Papier gesammelt worden waren, und das weckte meine Neugier. Ich wühlte im ersten Karton: alte Zeitungen. Ich nahm einen Packen heraus und blätterte darin. Aus den einzelnen Seiten rieselten mir Überreste von getrockneten Pflanzen entgegen. Hier hatte jemand offenbar versucht, ein Herbarium anzulegen. Leider konnte man keine der plattgedrückten Blätter und Blüten mehr retten, sie alle zerfielen bei der kleinsten Berührung zu fingernagelgroßen Resten. Schade um die Zeit. Ich stellte den Karton wieder zurück. Der nächste enthielt ebenfalls nichts Weltbewegendes: erneut Zeitungsartikel und alte Postkarten, die ich eilig überflog, die jedoch wenig aufschlussreich waren.

Erst im dritten Karton wurde ich schließlich fündig. Zunächst dachte ich, dass auch dieser Karton eine Nullnummer wäre. Er war voll mit alten Abrechnungen: Abrechnungen für das Personal, Stromrechnungen. Quittungen des Lebensmittelhändlers. Aus purer Neugier überflog ich eine.

Die Schrift war zu eilig und hastig zu Papier gebracht worden, und die Quittung zeigte, dass am siebten Mai 1946 das Hotel mehrere Dutzend Eier, fünf Kilogramm Rindfleisch, Butter, Milch, Senf sowie zehn Kilogramm Kartoffeln eingekauft hatte. Die Mengenangaben waren handschriftlich auf einen Vordruck geschrieben worden.

»Tom?«, rief ich mit zittriger Stimme.

»Moment«, erschallte es aus dem hinteren Bereich. »Ich denke, dieses Fahrrad hier könnte ich restaurieren. Der Sitz ist sogar aus Echtleder, nur die Kette und die Speichen sind total hinüber. Die muss ich auf jeden Fall ersetzen.«

»Tom«, wiederholte ich. »Komm bitte sofort hier rüber.«

Er sah auf und fragte besorgt: »Was ist denn los? Hast du eine Spinne gesehen?« Er musste über seinen eigenen Witz kichern.

»Nein«, sagte ich bestimmt. »Aber ich denke, ich habe unseren C gefunden.«

»Was?« Schlagartig ließ Tom das Fahrrad trotz seiner Begeisterung auf seine Artgenossen fallen und sprintete zu mir. Ich hielt ihm die Quittung vor die Nase. Das Papier des Vordrucks war vergilbt und die Tinte eher braun als schwarz. Dennoch konnten wir beide den Kopfbereich des Vordrucks gut lesen: »Murphy's Groceries – Inhaber Connor Murphy«.

Kapitel 14

Oder: Erste Enthüllungen

Tom riss mir beinahe das Papier aus der Hand und blickte starr darauf. »Connor Murphy«, murmelte er vor sich hin.

Ich entwand ihm das Schriftstück wieder, nur um es ihm erneut unter die Nase zu halten und fragte atemlos: »Bitte sag mir, dass damit nicht unsere Murphys gemeint sind.«

Er zog belustigt die Augenbrauen hoch. »Unsere Murphys? Ich wusste gar nicht, dass du so dicke mit deinen Nachbarn bist.« Er lachte kurz und sagte dann ernsthafter: »Doch, ich befürchte, sie sind damit gemeint. Connor müsste, wenn ich mich nicht ganz täusche, Ians Vater gewesen sein. Ich erinnere mich, dass meine Eltern immer vom armen Connor erzählten.«

»Armer Connor?«, wiederholte ich aufmerksam. Ich ahnte, da musste noch mehr kommen. »Warum bedauerten ihn denn die Leute?«

Tom zuckte mit den Schultern. »So genau kann ich dir das gar nicht sagen. Ich weiß nur, dass er früh gestorben ist.«

Meine Vorahnung verpuffte schlagartig wieder. Ich atmete einmal tief durch. Konnte Connor Murphy unser unbekannter C sein? Vieles sprach dafür: Seine Schrift – auch wenn sie auf den Rechnungen hastiger und undeutlicher hingeschrieben worden war – war die gleiche wie in den Briefen, das erkannte ich jetzt. Und als Lebensmittelhändler hatte er oft mit dem Hotel zu tun gehabt. Gelegenheit genug, per Zufall mit den Gästen in Kontakt zu kommen.

Wie war wohl die Begegnung mit Finola damals abgelaufen? Vage stellte ich mir einen jungen, gutaussehenden Mann vor, der Lebensmittel aus seinem Wagen lud und dabei Finola, der ebenfalls jungen und gutaussehenden Dame, die vom Spazierengehen am Strand zurückkam, über den Weg lief. Vielleicht hatten sich ihre Blicke gekreuzt, vielleicht hatten beide im Anderen sofort mehr gesehen, etwas, das bisher unausgefüllt war ...

Ich schüttelte mich kurz. Ich schrieb wohl schon zu lange seichte Liebesromane. Dieser Hergang war kitschig. Vielleicht waren beide auf der Suche nach anonymem, schnellem Sex gewesen und daraus war mehr geworden? Ein Szenario, so wahrscheinlich wie das andere.

»Wenn C Connor ist, dann erklärt das auch Petulas seltsames Verhalten, als ich sie nach dem Verdächtigen im Mordfall Simon gefragt habe. Connor muss damals befragt worden sein, galt vielleicht sogar als schuldig für eine Weile. Kein Wunder, dass Petula das nicht an die große Glocke hängen möchte.«

Tom nickte zustimmend. »Ich glaube ja, dass Petula bei dem ganzen Thema generell nicht unsere richtige Ansprechperson ist. Ich würde eher mit Ian reden. Es war seine Familie, sein Vater.«

»Meinst du denn, er wäre bereit, mit uns darüber zu sprechen?«, fragte ich. »Du kennst ihn länger, du kannst ihn besser einschätzen.«

Tom verzog kurz nachdenklich das Gesicht. »Doch, ich glaube, er wäre bereit dazu. Aber wir müssen ihm das schonend beibringen. Wer weiß, wie er die Tatsache, dass sein Vater eine Affäre hatte, aufnehmen wird. Er stammt aus einer Generation, in der andere Werte- und Moralvorstellungen galten. Für meine Großeltern wäre das eine große Schande gewesen.«

»Ich finde es nur äußerst bedauerlich, dass wir ihm gar nicht erzählen können, was aus Finola geworden ist. Aber wer weiß, vielleicht hat Ian ja alte Tagebücher oder Briefe seines Vaters?« Aufgeregt sah ich Tom an. »Vielleicht kennt Ian die Lösung unseres Falles?«

Sachte schüttelte Tom den Kopf. »Ich würde mir da keine allzu großen Hoffnungen machen. Das ist mehr als unwahrscheinlich. So schön ich die Vorstellung auch finde.«

»Oller Realist«, murmelte ich.

»Was machen wir jetzt? Sollen wir Ian tatsächlich damit konfrontieren?«

Irritiert antwortete ich: »Aber natürlich, was denn sonst? Wir stehen kurz vor der Auflösung, wir MÜSSEN mit Ian reden.«

Tom blickte auf seine Armbanduhr. »Ian schließt um sieben, jetzt ist es gerade einmal Mittag. Wir haben also noch etwas Zeit. Vielleicht kann ich für heute Abend eine Vertretung organisieren.«

»Perfekt«, nickte ich. »Dann kann ich Maggie in der Zwischenzeit noch updaten. Sie wird ausrasten, wenn sie die Neuigkeiten hört.«

»Bei der Gelegenheit kannst du sie schon mal fragen, ob sie Lust auf den Putzjob hat.«

»Da brauche ich gar nicht mehr fragen, das hat sie definitiv.«

Wenig später verließen wir den modrigen Keller, etwas dreckiger als zuvor. Tom hatte einen alten Karton mit unseren Schätzen gefüllt und stellte ihn zum späteren Reinigen in die zukünftige Küche. Ich hingegen hatte die wertvollen Dokumente an mich genommen. Nach einer schnellen Durchsicht der anderen Papiere fanden sich noch mehr Quittungen von Connor. Auf keinem war mehr zu lesen als die banale Dokumentation der Einkäufe des Hotels, und doch waren sie Gold wert, denn nicht überall war die Schrift so schnell und schludrig dahin geschmiert wie bei meinem ersten Fund. Vorsichtig verstaute ich sie in meiner Tasche.

Gemeinsam schlenderten wir zurück zum Pub. Tom musste öffnen, und ich hoffte, dass Maggie nicht unterwegs bei einem ihrer zahlreichen Putzjobs war, sondern daheim.

Unser Rückweg verlief schweigend, wir waren beide in Gedanken versunken. Was für ein großartiger Fortschritt. Endlich wussten wir, wer C war. Nun hieß es nur noch herauszufinden, was damals passiert war. Das konnte doch so schwer nicht mehr sein. Immerhin war Connor in Ard Carraig kein Unbekannter, seine Geschichte musste im Dorf noch präsent sein.

»Der arme Connor«, hatte Tom vorhin gesagt. Scheinbar war es mit ihm nicht gut ausgegangen, doch was war passiert? Das glückliche Ende – er auf ewig vereint mit Finola – konnte ich mir wohl abschminken, doch ich hoffte sehr, dass ihm dennoch ein paar gute Jahre vergönnt gewesen waren. Hoffentlich war Ian bereit, mit uns über seine Familie zu reden. Und hoffentlich mischte Petula sich nicht ein. Sie war eindeutig der Sand im Getriebe, der dafür sorgen konnte, dass wir mit unseren Nachforschungen auf Grund liefen. Andererseits, vielleicht würde es ihr ja gefallen, dass ihr Mann – äußerst indirekt zwar, aber dennoch – Verbindungen zu einer vermögenden Familie mit beeindruckendem Grundbesitz hatte. Ihrer eigenen Aussage nach liebte sie meine Bücher um Lady Huntington, und dort spielte ein Herrenhaus eine ebenso große Rolle wie nun Durley Abbey. Rein theoretisch müsste Petula also aus dem Häuschen sein.

Vor dem Pub verabschiedete ich mich mit einem Kuss von Tom und bog in die Nebengasse ein, in der Maggies Haus lag. Die Klingel schien kaputt zu sein, denn ich hörte rein gar nichts, als ich auf den Knopf drückte. Ich hämmerte mit der Faust gegen das Holz, in der Hoffnung, dass es laut genug wäre. Keine Reaktion, sie war wohl arbeiten. Ich holte mein Smartphone heraus und wählte ihre Nummer. Vielleicht war sie für eine kurze Unterbrechung ja dankbar.

Es klingelte nicht lange. Maggie ging mit einem atemlosen »Ja, hallo?« ans Telefon.

»Hi Maggie«, begrüßte ich sie. »Wo steckst du gerade?«

»Fast direkt hinter dir.«

Hastig wandte ich mich um. »Hä ... was?«, fragte ich geistreich.

»Andere Richtung«, kommandierte sie mich herum, woraufhin ich mich erneut umdrehte und sie am Ende der Straße entgegenkommen sah. Sie winkte, dann legte sie auf. Ich blieb wo ich war.

»Gutes Timing«, kommentierte ich, als wir uns mit einer Umarmung begrüßten.

»Komm mit rein. Trinkst du einen schnellen Kaffee mit mir? Ich muss gleich weiter, aber für eine Tasse hätte ich Zeit.«

»Nichts kann mich davon abhalten.« Ich hielt kurz inne, dann zupfte ich sie kurz am Jackenärmel. »Du, wir haben was Sensationelles herausgefunden.«

Maggie hielt in der Bewegung inne, die Türe bereits aufgeschlossen. »Ich ahne schon, du willst es spannend machen«, sagte sie schmunzelnd, als sie mein aufgeregtes Gesicht sah.

»Nein.« Ich schüttelte den Kopf. »Oder doch ... ganz wie du willst. Ich kann damit herausplatzen oder du rätst erst einmal.«

Maggie lachte herzhaft. »Du spinnst ja«, meinte sie amüsiert. »Ich mache uns den Kaffee, und dann kannst du loslegen.«

Ich folgte ihr in die Küche, wo ich mich an den kleinen Tisch an der Wand setzte und ihr beim Kaffeekochen zusah.

»Soll ich dir einen Tipp geben?«, fragte ich, als Maggie scheinbar seelenruhig und unbeeindruckt routiniert ihre Handgriffe verrichtete.

Sie warf mir einen Blick über die Schulter zu. »Ich glaube, nichts kann dich davon abhalten. Du siehst aus, als würdest du gleich platzen.«

»Hey«, entrüstete ich mich. »Das würdest du auch, wenn du wüsstest, was Tom und ich heute herausgefunden haben.«

Sie drehte sich zu mir um, zwei Tassen in den Händen und setzte sich mir gegenüber. »Zucker? Milch?«, fragte sie, worauf ich eilig den Kopf schüttelte. Sie stellte mir eine Tasse hin, die ich ergriff und vor mir stehen ließ. Kaffee konnte warten. Meine Geschichte nicht mehr.

»Wir wissen endlich, wer C ist«, schoss es aus mir heraus, als Maggie ihren ersten Schluck genommen hatte und ein wohliges »Ah« hören ließ.

Endlich – die erhoffte Reaktion. Maggie sah verblüfft und überrascht aus. »Nicht wahr? Wer ist es?«

»Connor Murphy«, antwortete ich voller Genugtuung, es endlich heraus zu posaunen.

»Wer ist Connor Murphy?« Ihre Rückfrage klang nüchtern.

»Murphy ... klingelt da nichts bei dir?«

»Doch, natürlich. Der Laden unten gehört einem Murphy, aber ich kenne ihn nicht persönlich, nur vom Einkaufen.«

»Das ist Ian Murphy, und er ist Connors Sohn. Mein Nachbar. Der Mann von Petula.«

Urplötzlich klatschte Maggie sich mit der Hand an die Stirn. »Aber natürlich! Petula ist ja eine Murphy. Und ihr seid euch sicher, dass das Ians Vater war?«

Ich nickte und beeilte mich, die Quittungen aus meiner Tasche hervorzuholen. »Sieh mal hier. Connor Murphy war der Inhaber von Muphy's Groceries. Und Tom weiß von Erzählungen seiner Eltern, dass es ihn wirklich gab, er der Vater von Ian und leider früh verstorben ist.«

»Wow.« Ehrfürchtig nahm Maggie die Rechnungen in die Hand und beäugte sie intensiv. »Wo und wie habt ihr sie gefunden?«

»Kurzfassung: Tom hat mir verschwiegen, dass das Hotel einen Keller hat. Natürlich konnte ich es mir nicht nehmen lassen, dort etwas herumzuwühlen, und da habe ich die Quittungen entdeckt.« Ich nahm einen Schluck vom Kaffee. »Und noch etwas: Rory ist wieder da. Beziehungsweise, er war nie wirklich weg. Lizzie hat ihn auf dem Dachboden versteckt.« Eilig hob ich die Hand, bevor Maggie mich unterbrechen konnte. »Warte, da kommt noch mehr: Ich habe ihn dabei erwischt, wie er die Murphys observierte. Und zwar nicht, wie ich anfangs dachte, Petula. Oh nein, er war hinter Ian her.«

»Nein!«, rief Maggie ungläubig, dann hielt sie kurz inne. »Rory muss irgendwie mit der ganzen Sache zu tun haben.«

»Wahrlich, Watson, du bist auf der richtigen Spur«, scherzte ich. »Rory hängt da ziemlich tief mit drin. Er war es, der die Briefe gestohlen hat. Oder besser gesagt, hat stehlen lassen. Lizzie hat sie für ihn geklaut.«

»So ein kleiner Mistkerl. Aber warum?«

Ich zuckte mit den Schultern. »Damit wollte sie nicht rausrücken. Sie ist ziemlich verliebt in ihn.«

»Also gut, dann müssen wir ihn eben in die Mangel nehmen.«

»Das wird gar nicht so einfach werden. Er hat den Braten gerochen und ist weitergezogen. Lizzie weiß nicht, wo er nun schläft. Aber sie weiß auch nicht, dass ich ihn heute in Petulas Garten gesehen habe. Und ich bin mir ganz sicher, dass er dort nicht das letzte Mal gewesen ist. Man müsste ihm auflauern.«

Bedächtig nickte Maggie. »Das übernehmen Sie, Agent Sullivan. Du hast den Standortvorteil.«

»Aber erst werden wir heute Abend mit Ian reden. Tom und ich haben vor, ihm die Briefe zu zeigen und nach seinem Vater zu fragen.«

Maggie, die ihre Kaffeetasse eben zum Mund führen wollte, hielt in ihrer Bewegung inne. »Aber seid vorsichtig. Das ist keine Kleinigkeit, und wer weiß, wie Mr Murphy das aufnehmen wird.«

»Wir sind uns dessen bewusst. Ich habe etwas Magengrummeln deswegen, aber hat er nicht ein Recht auf die Wahrheit?«

Maggie prustete los. »Das schon, aber gib es zu: Du bist wahnsinnig neugierig auf des Rätsels Lösung und könntest gar nicht anders.«

»Schuldig«, bekannte ich mich.

»So«, sagte Maggie, leerte ihren Kaffee und stand auf. »Ich befürchte, ich muss dich jetzt rauswerfen. Mein nächster Job erwartet mich. Ich muss los.«

Ich ließ meine nur halb ausgetrunkene Tasse stehen und verließ mit ihr das Haus.

»Ich halte dich auf dem Laufenden«, versprach ich.

»Etwas anderes kommt auch gar nicht in Frage«, antwortete sie und zwinkerte mir zum Abschied zu. Unsere Wege trennten sich: Ich ging in Richtung Hauptstraße zum Pub, sie nahm eine der Nebengassen.

In Toms Pub saßen bereits einige Personen, die stark nach Wandertouristen aussahen.

»Gute Nachricht: Miles kann heute Abend übernehmen«, begrüßte Tom mich.

»Das ist ja super«, meinte ich. »Dann müssen wir nur noch die Zeit bis heute Abend überstehen.«

Und das war gar nicht so einfach wie gedacht. Die Stunden zogen sich wie geschmolzener Käse. Da ich mit meinen Gedanken ununterbrochen bei der großen Enthüllung im Hause Murphy war, konnte ich mich auf nichts wirklich konzentrieren. Ich half ab und an am Zapfhahn aus, dann las ich ein wenig in der Zeitung, schwatzte kurz mit den Gästen – doch nichts konnte mich ablenken. Immer wieder warf ich einen Blick auf die Uhr und zählte rückwärts. Gegen sechs Uhr kam Miles zur Ablöse, und ab da saß ich wie auf heißen Kohlen.

Tom war die Ruhe selbst, unterhielt sich locker mit Miles und schien überhaupt keine Eile zu haben loszukommen. Ganz im Gegensatz zu mir. Ich tat alles, damit Tom merkte, dass es Zeit war, aufzubrechen: Ich hüstelte künstlich, verdrehte genervt die Augen gen Uhr, schnitt Grimassen, die aussagen sollten, dass ich loswollte und hüpfte auf dem Barhocker.

Erst als Miles sagte: »Los Tom, haut ab, sonst fällt Aoife noch vom Stuhl«, bequemte sich Tom, seine Schürze aufzubinden und hinzuhängen.

»Na endlich«, seufzte ich, als wir in der kühlen Abendluft unseren Weg Richtung Cottage nahmen.

Tom quittierte das nur mit einem spitzbübischen Grinsen. Es war mittlerweile halb acht, die Murphys sollten zu Hause sein. Ich drückte die Daumen und hoffte, dass sie sich nicht ausgerechnet für heute Abend Besuch eingeladen hatten oder ein Date außer Haus planten.

Doch glücklicherweise war dem nicht so. Schon von weitem konnten wir sehen, dass beide mit einem Glas Rotwein auf der Couch im Wohnzimmer saßen und ein Fernsehprogramm verfolgten.

»Lass mich noch eben die Briefe holen«, sagte ich zu Tom und eilte in mein kleines Cottage, um die Briefe, dich ich in der Schublade meines Nachtschränkchens verwahrte, an mich zu nehmen.

»Bereit«, keuchte ich atemlos, als ich wieder bei Tom war.

Der drückte mir einen Kuss auf die Nase und sagte: »Jetzt atme erst einmal tief ein und aus. Wir schaffen das schon.«

Ich lehnte mich für einen Moment an ihn, dankbar, dass seine große Gestalt mir das Gefühl von Schutz und Stärke gab. Dann richtete ich mich wieder auf, atmete wie befohlen tief ein, und sagte: »Los geht's.«

Ich überließ es Tom zu klingeln, und noch während das Echo der schrillen Klingel in uns nachhallte, hörten wir eilige Schritte. Petula öffnete uns die Tür. Überrascht sah sie uns an.

»Guten Abend, Petula«, sagte Tom. »Entschuldige, dass wir euch stören, aber wir müssen mit Ian reden.«

Petula hob gekonnt eine ihrer Augenbrauen. »Mit Ian?«, echote sie.

»Was ist mit mir?«, hörten wir da die Stimme ihres Mannes. Er kam zu uns an die Tür.

»Hi Ian.«

»Guten Abend, Aoife, Tom. Steht doch nicht so herum in der Kälte, kommt rein«, bat er mit einer einladenden Armbewegung und überging dabei seine Frau, die sichtlich pikiert aussah.

»Danke«, antwortete Tom. »Wir hoffen, du hast ein paar Minuten Zeit für uns. Wir haben da etwas, über das wir mit dir reden müssen.«

Die Murphys warfen sich einen Blick zu. »Aber sicher«, meinte Ian stellvertretend für beide, wenn auch nicht mit Zustimmung von Petula, die immer noch wenig begeistert aussah. »Das Fernsehprogramm ist heute wirklich bescheiden.« Er lachte ein wenig über seine eigene Bemerkung.

Wir folgten ihm ins Wohnzimmer und nahmen nebeneinander auf der großen Couch Platz.

»Kann ich euch etwas zu trinken anbieten?«

Wir schüttelten synchron den Kopf. Ich wollte nicht noch durch den langwierigen Prozess der obligatorischen Höflichkeiten vorab gehen müssen.

Ian setzte sich in den Sessel, der neben der Couch stand, und blickte uns offen und neugierig an, die Hände locker und entspannt auf den Lehnen. Petula war hinter ihm stehen geblieben und wirkte alles andere als locker und entspannt. Ihre Haltung war steif, und sie hielt den Kopf aufrecht. Ein Falke, gespannt darauf, bei der kleinsten Gefahr zuzuschlagen.

Tom beugte sich leicht vor und begann: »Ihr habt ja sicherlich mitbekommen, dass ich vor kurzem das alte Hotel unten am Strand gekauft habe.« Beide nickten. »Bei der Renovierung fanden wir Briefe. Alte Briefe, vermutlich kurz nach dem Zweiten Weltkrieg geschrieben. Zuerst wussten wir nicht, wer diese Briefe geschrieben und empfangen hat, denn sie sind weder unterschrieben noch datiert.« Er deutete auf den Packen Papier, den ich fest umklammert in der Hand hielt. »Mittlerweile glauben wir jedoch zu wissen, wer die Schreiber sind, und deshalb sind wir hier.«

Tom deutete mir mit einem Kopfnicken, die Briefe an Ian zu übergeben. Ich reichte sie ihm und sagte: »Wir glauben, diese Briefe hat Ihr Vater geschrieben. Connor Murphy.«

Unsicher griff Ian nach dem Stapel, den ich ihm entgegen hielt, und schüttelte den Kopf. »Ich befürchte, ich verstehe nicht ganz.«

Petula, immer noch als Statue im Hintergrund, starrte uns beinahe schon grimmig an.

»Das wirst du, wenn du die Briefe liest«, sagte Tom. »Aber lass mich dir noch eine Frage vorab stellen. Wann genau haben deine Eltern geheiratet?«

»Wann meine Eltern ...? Wieso willst du das wissen?«

»Bitte, wir erklären dir gleich alles.«

Ian sah von Tom zu mir und wieder zurück. »Das war 1950. Ich bin 51 geboren.«

Tom nickte, als hätte er nichts anderes erwartet. »Das passt.« Er verlagerte seine Position, um Ian noch näher zu sitzen. »Ian, wir glauben, dein Vater hatte, bevor er deine Mutter geheiratet hat, eine Affäre mit einer anderen Frau. Einer verheirateten Frau.«

»Ich darf doch sehr bitten.« Die bislang sehr ruhige Petula schoss nach vorne und baute sich vor uns auf. »Was erlaubt ihr euch eigentlich? Ich glaube, es ist das Beste, wenn ihr auf der Stelle unser Haus verlasst.« Sie hatte die Arme in die Hüfte gestemmt, sah uns erbost an und atmete geräuschvoll ein und aus. Ganz im Gegensatz zu Ian, der ratlos in seinem Sessel saß und durch die Briefe blätterte. Er war sehr still, und das machte mir etwas Sorgen.

»Mr Murphy, ich weiß, dass das jetzt ein Schock ist, und vielleicht auch etwas übergriffig wirkt. Aber das hatten wir in keiner Weise vor. Wir haben erst heute herausgefunden, dass die Briefe von ihrem Vater sind, und wollten ihnen das schnellstmöglich sagen.«

Er hob den Blick von den alten Dokumenten. »Bitte, erzählt weiter.« Er berührte Petula sachte am Arm. »Schatz, bitte, setz dich hin.«

Petula schnaubte ungehalten, doch ihr Widerstand bröckelte und sie folgte seiner Bitte. Steif, wütend und blass setzte sie sich neben Tom, jedoch so weit weg von ihm, wie es nur möglich war.

»Magst du es erzählen? Immerhin hast du die Fakten zusammengetragen und herausgefunden, von wem die Briefe sind.« Tom nickte mir aufmunternd zu. Ich war bislang seltsam gehemmt gewesen. Konnte ich es vorher kaum abwarten, die Wahrheit offen zu legen, so war mir nun eigenartig zumute. Ich würde Ians Erinnerung an seinen Vater verändern, und das war keine Kleinigkeit.

Ich räusperte mich. »Wenn Sie die Briefe lesen, dann werden Sie feststellen, dass es Liebesbriefe sind. Sehr innige Liebesbriefe, die von großer Sehnsucht zeugen. Sie sind nur mit den Kürzeln F und C unterschrieben. F ist die Frau, und in einem der Briefe schrieb sie von der Angst, ihr Ehemann würde sie umbringen, wenn er je von ihr und C erfahren würde. Ich konnte herausfinden, dass die Frau eine gewisse Finola Flaherty war und dass sie tatsächlich nach dem Zweiten Weltkrieg, irgendwann im Jahr 1947, spurlos verschwand. Sie tauchte nie wieder auf.«

Ians Hände umklammerten die Briefe, doch er sah mich an. »Und warum glauben Sie, dass mein Vater mit ihr zu tun hatte?«

»Das war gar nicht so leicht herauszufinden. C hätte jeder sein können. Doch Finola war, aufgrund einer Krankheit, öfter zur Kur am Meer, im Hotel, das jetzt Tom gekauft hat. Wir fanden heute Morgen im Keller des Hotels alte Quittungen von Murphy's Groceries über Lebensmittellieferungen an die Hotelküche. Ihr Vater ist namentlich auf den Rechnungen genannt. Wir glauben, dass er auf diese Weise Finola begegnet ist.« Ich griff in meine Umhängetasche, entnahm die besagten Papiere und legte sie ihm hin. »Wenn Sie genau hinsehen, wird Ihnen auffallen, dass die Schrift auf den Rechnungen die gleiche wie in den Briefen an Finola ist.«

Diese Eröffnung sorgte dafür, dass sogar Petula aufstand, zu ihrem Mann ging und gemeinsam mit ihm die Schrift verglich. Sie hatte eine Hand auf seine Schulter gelegt und stand dicht bei ihm.

Nach einer gefühlten Ewigkeit blickte Ian wieder auf. Er nickte. »Die Schrift ist identisch. Was wisst ihr noch?«

Ich wechselte einen Blick mit Tom. Wie sollten wir nur das sensible Thema der Mordverdächtigung ansprechen?

Tom übernahm: »Das wird dir jetzt nicht gefallen, Ian, aber Finolas Mann, Simon Flaherty, wurde wenige Wochen nach dem Verschwinden seiner Frau ermordet aufgefunden. Mit eingeschlagenem Schädel.«

Ians Hand zuckte zu seinem Mund. Schockiert drehte er sich zu Petula um.

»Ian, nicht«, beschwor sie ihn und strich ihm sachte über die Schulter. Sie beachtete uns gar nicht, sondern konzentrierte sich völlig auf ihren Mann. Sie hielten ein stummes Zwiegespräch, aus dem wir ausgeschlossen waren. Dann drehte Ian sich wieder zu uns. »Wann war das?«, fragte er mit fester Stimme.

»Ebenfalls im Jahr 1947«, antwortete Tom.

Ian nickte. »Meine Mutter erzählte mir kurz vor ihrem Tod, dass mein Vater in seinen jungen Jahren des Mordes verdächtigt wurde. Sie entrüstete sich stets, weshalb ausgerechnet ihm das widerfahren musste. Er war ein eher instabiler Charakter.«

»Der arme Connor«, zitierte Tom. »Das haben meine Eltern immer gesagt.«

»Ich habe nicht sehr viele Erinnerungen an meinen Vater, er starb, als ich sechs Jahre alt war. Er hat stets viel gearbeitet, und wenn er dann zu Hause war, saß er gerne still mit einem Buch in der Küche. Ich habe ihn sehr selten fröhlich oder lachend erlebt, er war immer ernst und ruhig.« Er hielt inne, versunken in Gedanken. »Meine Mutter hat mir erzählt, dass er in ihrer Jugend nicht so war. Er war wie alle anderen auch: lebenslustig, immer mit Freunden unterwegs, zu Streichen aufgelegt. Als sie ihn heiratete, war er schon anders. Stiller.«

Er drückte kurz Petulas Hand, die immer noch auf seiner Schulter lag. »Meine Mutter war immer der felsenfesten Überzeugung, die Anschuldigungen wären aus der Luft gegriffen. Sie hat nie verstanden, weshalb ausgerechnet er verdächtigt wurde.«

»Er war zum Zeitpunkt von Simons Tod in der Nähe des Ortes, an dem Simon später tot aufgefunden wurde«, erklärte ich.

»Mmh«, machte Ian. »Mir ist alles andere als wohl bei dem Gedanken, dass ich meinem Vater so etwas zutrauen könnte. Aber wenn es so war, wie ihr sagt ... wenn er diese Frau geliebt hat, ihr Mann sie bedrohte und sie dann nicht mehr auffindbar war ... Da liegt es nahe, dass mein Vater davon ausgegangen ist, dass ihr Ehemann sie umgebracht hat. Vielleicht ... in einer Kurzschlussreaktion ...«

»Ian, hör auf damit.« Petulas ungewohnt sanfte Stimme zwang ihn, innezuhalten. Sie wandte sich an uns. »Ihr habt überhaupt keine Beweise für eure Theorie. Das ist absoluter Blödsinn. Ich verbitte mir, so etwas von meinem Schwiegervater zu denken.« Und mehr zu sich selbst als zu uns fügte sie an: »Ich bereue es zutiefst, überhaupt etwas von dieser Mordverdächtigung gesagt zu haben. Aber wer konnte schon ahnen ...« Sie ließ ihren Satz ungesagt.

Besänftigend hob Tom die Hände. »Petula, wir wissen wirklich nicht, was damals passiert ist. Wir versuchen nur, die Fakten zu interpretieren. Es könnte so gewesen sein, aber wir kannten Connor nicht. Wenn ihr also sagt, dass er nicht der Typ Mensch war, der so etwas getan hat, dann glauben wir das uneingeschränkt. Es kann auch einen anderen Grund für Simons Tod geben. Er war nicht sehr beliebt und ein schwieriger Charakter.«

Mit einem Ruck stand Ian auf, die Briefe in der Hand. »Ihr entschuldigt mich kurz?« Dann verließ er das Wohnzimmer.

Unsicher sahen wir zu Petula. »Sollen wir lieber gehen?«

»Oh, nein«, sagte sie spitz. »Ihr bleibt schön sitzen, wo ihr seid. Wehe, ihr rührt euch von der Stelle.« Ein letzter, befehlender Blick, dann folgte sie ihrem Mann. Wir hörten eine Zimmertür zufallen, dann herrschte Ruhe.

»Ach du Scheiße«, sagte ich in die ohrenbetäubende Stille. »Das lief ja hervorragend. Wo haben wir nur unser Taktgefühl gelassen?«

»Das habe ich mir auch etwas anders vorgestellt«, meinte Tom.

Wir seufzten uns gegenseitig an und blieben in den weichen Polstern der Couch versunken. Die Minuten verstrichen. Kein Geräusch war zu hören außer unserem Atem. Mittlerweile bereute ich es, das angebotene Getränk abgelehnt zu haben. Damit hätte ich wenigstens etwas zur Ablenkung gehabt.

»Wir müssen ihm noch von Arthur erzählen.« Trotz der Worte klang Tom skeptisch.

»Ich bin ganz deiner Meinung. Das können wir ihm nicht vorenthalten. Ich glaube, der größte Schlag für ihn war die Tatsache der Affäre und der Mordverdacht.«

Eine Tür öffnete sich, und wir hörten Ian und Petula näherkommen. Zurück im Wohnzimmer setzte Ian sich wieder in seinen Sessel, Petula blieb hinter ihm stehen. Sie sah immer noch wütend aus.

Ian hatte die Briefe in der Hand. »Da habt ihr mir ganz schön was zum Nachdenken gegeben«, begann er. »Ich muss das alles erst einmal sortieren. Dennoch: Danke.« Er lächelte uns versöhnt an. »Es bedeutet mir viel, etwas von meinem Vater zu besitzen.« Seine Hände strichen über den Packen alten Papiers.

Petula verlagerte ihr Gewicht von einem Bein auf das andere und sagte: »Ich denke, ihr versteht uns, wenn ich darum bitte, uns nun allein zu lassen.«

Tom und ich sahen uns an. Ein klarer Rauswurf, aber wir mussten Ian unbedingt noch von Arthur erzählen.

»Wir gehen gleich«, versprach Tom. »Aber es gibt noch etwas, das wir dir erzählen müssen, Ian.«

Ian nickte, und Tom wollte fortfahren, als es an der Tür klingelte.

»Herrgott nochmal«, herrschte Petula. »Was ist denn heute Abend nur los?« Energisch stürmte sie aus dem Zimmer. Wir hörten, wie sie die

Haustüre öffnete und entgeistert: »Was zur ...« stammelte. Weiter kam sie nicht.

Alarmiert stand Ian auf, denn auch er hatte gehört, dass der Besuch sich an Petula vorbei ins Haus drängte. Es waren zwei Personen. Der Ältere der beiden hatte dem Jüngeren die Hand auf die Schulter gelegt und schob ihn beinahe schon zu uns ins Zimmer. Es waren Ed und Rory.

Kapitel 15

Oder: Ein Familientreffen

Entgeistert stand Tom auf. »Rory«, sagte er, und es klang bedrohlich und wenig freundlich.

Der Angesprochene stand vor Ed, der mittlerweile die Hand von seiner Schulter genommen hatte, und sah wenig glücklich aus. Ich hatte den Eindruck, dass nur Eds Präsenz ihn davon abhielt, sich auf der Stelle umzudrehen und so schnell wie nur möglich davonzulaufen.

Petula folgte den beiden und baute sich vor ihnen auf. »Nicht nur, dass du dir ungefragt Zugang zu meinem Haus verschafft hast, Ed«, grollte sie und überging Rory dabei. »Du sagst mir jetzt auf der Stelle, was dieses Theater hier soll.«

Der selbsternannte Druide, der an diesem Tag kleidungstechnisch keine Experimente gemacht und nicht im Sakko, sondern in seiner gewohnten Kluft aus selbst geschneiderten Kreationen erschienen war, kicherte vor sich hin und antwortete: »Das kann ich nicht, Petula.« Noch bevor diese wie ein Bluthund auf seine Worte reagieren konnte, fügte er hinzu: »Aber dieser junge Mann hier.« Er stupste Rory vorsichtig an und sagte zu ihm: »Na komm schon, Rory. Wir waren doch der Meinung, dass es das Beste ist, mit der Wahrheit herauszurücken und nicht tagelang in fremden Gärten umherzuschleichen.« Er zwinkerte Petula zu, die daraufhin entrüstet Luft holte.

Rory stand immer noch bleich und stumm zwischen uns. Er sah aus, als hätte er die letzten Tage eher draußen statt drinnen verbracht. Seine

Hose war fleckig, und von einer Schulter hing ein robuster, olivgrüner Militärrucksack. Seine dunklen Haare fielen ihm fransig in die Stirn und ließen ihn sehr jung aussehen. Er schien mit sich zu ringen. Doch dann ließ er den Rucksack von der Schulter gleiten und entnahm ihm schweigend eine Mappe.

Ian erwachte aus seiner Starre. »Bitte, wollen wir uns nicht alle setzen?« Er nahm als erster Platz, und Tom und ich folgten seinem Beispiel. Ich wusste, Petula hätte am liebsten eine Flasche Desinfektionsspray und einen Überwurf geholt, ehe Ed und Rory sich auf ihrer wertvollen Sitzlandschaft niederließen, doch sie beherrschte sich. Als unser eigenwilliges Grüppchen sich endlich platziert hatte, schob Rory die Mappe zu Ian und sagte: »Ich glaube, ich muss mich zunächst entschuldigen.« Er sah die beiden Murphys an. »Es tut mir leid, dass ich Sie in den letzten Tagen beobachtet habe, aber es musste sein. Ich musste herausfinden, ob Sie ok sind.«

Petula runzelte erbost die Stirn, während Ian kurz auflachte. »Und? Sind wir ... ok?«

Ernsthaft erwiderte Rory: »Ich glaube schon.« Damit wandte er sich Tom zu: »Bei dir muss ich mich besonders entschuldigen. Ich war ein riesiger Hornochse, weil ich dich einfach so von jetzt auf gleich im Stich gelassen habe. Glaub mir, ich bereue es sehr, aber zu dem Zeitpunkt glaubte ich, nicht anders zu können.«

Ich spürte, dass Tom neben mir angespannt war. Er antwortete nicht, aber neigte, wie um es für diesen Moment dabei zu belassen, den Kopf.

Ich konnte nicht anders und fragte: »Was ist denn passiert, Rory? Wieso bist du weggelaufen? Wieso hast du die Briefe gestohlen? Was ist los?«

Rory deutete auf die Mappe. »Ich erkläre euch gleich alles, aber eines vorweg: Was die Briefe angeht, so habe ich sie vielleicht – technisch betrachtet – gestohlen, aber ich habe, mehr als jeder andere hier, mit Ausnahme von Mr Murphy, ein Anrecht darauf.«

»Was soll das heißen?«, fragte Tom grollend. »Wenn überhaupt, dann gehören Sie Mr Murphy, weil er Connors Sohn ist.«

»Du sagst es. Die Briefe gehören der Familie von Finola und Connor«, antwortete Rory ruhig. »Und ich bin Arthurs Enkel.«

Fassungslos starrten Tom und ich ihn an. Ian und Petula warfen sich verwirrte Blicke zu und zuckten mit den Schultern, Ed ruhte in sich selbst, ein leises Lächeln auf seinem Gesicht, und hielt sich abseits.

»Du bist der Enkel, der von einem Tag auf den anderen abgehauen ist«, stellte ich fest. Rory nickte. »Oh mein Gott, das gibt es doch nicht«, flüsterte ich, nur um dann in scharfem Ton hinzuzufügen: »Hast du eine Ahnung, welche Sorgen sich Arthur gemacht hat? Wie es ihm damit ging?«

Beschämt senkte Rory den Kopf und schwieg.

»Verzeihen Sie die Zwischenfrage«, ließ Ian sich vernehmen. »Aber würden Sie die Güte haben, uns zu erklären, wer Arthur ist?« Seine betont höfliche Wortwahl ließ nicht darüber hinwegtäuschen, dass er allmählich die Geduld verlor. Er hatte sich sicherlich einen ruhigen Abend mit einem guten Tropfen Wein und seiner Ehefrau vorgestellt, und nun saßen der Pubbesitzer, seine Nachbarin, ein Miraculix-Klon und ein junger Tramper in seinem Wohnzimmer und tischten ihm Abstruses auf.

»Das ist es, was wir dir noch erzählen wollten«, sagte Tom, wurde jedoch augenblicklich von Rory unterbrochen: »Arthur ist Ihr Bruder.«

»Mein Bruder?«, echote Ian zweifelnd. »Es wäre mir neu, dass ich einen ...« Jäh hielt er inne und schlug sich schockiert die Hand vor den Mund.

Petula legte ihm beruhigend ihre Hand auf den Arm und zischte Rory zu: »Du kannst von Glück sagen, dass mein Mann nicht herzkrank ist.«

Auch ich war schockiert, dass Rory so mit der Wahrheit herausplatzte. Hätte er Ian das nicht schonender beibringen können?

»Das bedeutet also, dass mein Vater mit dieser Finola einen Sohn hatte?«, fragte Ian.

Rory nickte. »Es tut mir leid, wenn ich Sie damit erschreckt habe, aber es ist nun mal so. Mein Großvater Arthur ist Ihr Bruder.«

»Aber wie kann das sein?«, fragte ich irritiert. »Finola ist Ende '47 verschwunden und nie wieder aufgetaucht. Arthur dagegen ist im Sommer '48 geboren.«

Erneut deutete Rory auf die Mappe. »Das hier wird es erklären.« Er öffnete sie und entnahm ihr mehrere Papiere. Enttäuschung machte sich in mir breit. Es waren keine alten, angelaufenen Briefe, sondern handelsübliches, weißes Druckerpapier. Wobei ... Moment mal, das waren Fotokopien. Fotokopien von alten Briefen. Diese Handschrift da – die erkannte ich mittlerweile aus mehreren Kilometern Entfernung.

Rory nahm das oberste Blatt in die Hand und hielt es uns hin. Keiner griff danach.

Müde machte Ian schließlich eine Handbewegung in unserer Richtung. »Wärt ihr so nett?«

Ich nahm das Blatt, blickte unsicher in die Runde und las dann mit fester Stimme:

Liebster, er weiß von uns. Er hat mich damit konfrontiert und gedroht, dir etwas anzutun. Wir müssen unseren Plan in die Tat umsetzen. Ich habe uns zwei Tickets für die Überfahrt besorgt. Das Schiff legt in vier Tagen in Belfast ab. Erwarte mich dort. Ich kann es nicht wagen, dich vorher noch einmal zu sehen. Er beobachtet mich ununterbrochen. Ich habe einer Freundin in Übersee telegrafiert, sie wird uns für die erste Zeit aufnehmen und helfen. Simon kennt sie nicht, er wird nicht wissen, dass wir bei ihr sind. Es zählt jetzt nur noch eines: dass wir beide, du und ich – und unser noch ungeborenes Kind – uns ein neues Leben aufbauen. Ich liebe dich und kann es nicht mehr abwarten, von hier fortzugehen. F.

Erschüttert senkte ich den Brief. Finola hatte tatsächlich geplant, mit Connor davonzulaufen. Doch wie wir wussten, war dies nie geschehen. Etwas hatte diesen Plan vereitelt.

»Was ist passiert?«, frage ich Rory.

Er schüttelte den Kopf. »Ganz genau kann ich es nicht rekonstruieren. Ich nehme an, dass der Brief Connor niemals erreicht hat, sondern abgefangen wurde. Er wurde nach Simons Tod in seiner privaten Korrespondenz gefunden.«

»Und was ist mit Finola passiert? Hat Simon sie ermordet?«

»Nein. Sie hat es tatsächlich nach Amerika geschafft. Sie bestieg das Schiff, vermutlich in der vagen Hoffnung, dass Connor nachkommen würde.«

»Doch er kam nie«, sagte ich.

»Nein, er kam nie nach. Er hat den Brief nie erhalten.«

»Aber ...«, begann ich und hielt dann kurz inne. Irgendetwas stimmte nicht. »Was ist mit Finola in Übersee passiert? Wieso hat sie Connor nie geschrieben?«

Rory zuckte mit den Schultern. »Das ist genau die Frage, über die ich mir ziemlich lange den Kopf zerbrochen habe. Ich habe keine Erklärung dafür. Das einzige, das ich mir vorstellen könnte ...«

»Ja?«, hakte ich nach, als Rory verstummte.

Er sah zu mir auf. »Vielleicht dachte sie, Connor hätte Angst davor, sein Leben in Irland aufzugeben und dass sie es ihm nicht wert war, alles zurückzulassen. Ich denke, Finola glaubte, dass Connor ihre Beziehung beenden wollte. Vermutlich kam sie gar nicht auf den Gedanken, dass ihr Brief ihn nie erreicht hat.«

»Das ist erschütternd und sehr traurig.« Ian klang bedauernd. »Aber wie genau hängt das mit Arthur zusammen? War er es, mit dem Finola schwanger war?«

»Ganz genau«, nickte Rory zustimmend und kramte in der Mappe. Dann legte er ein Papier in unsere Mitte. Es war eine fotokopierte Geburtsurkunde. »Arthur kam im Juni '48 in New York zur Welt.« Wir beäugten das Dokument. Das war mittlerweile die dritte Geburtsurkunde von Arthur, die ich sah. Dieser Mann besaß mehr davon als jeder andere, den ich kannte. Das Datum stimmte mit der Urkunde überein, die ich damals von Rosie zugeschickt bekommen hatte, lediglich der Ort der Geburt unterschied sich.

»Was ist mit Finola passiert?«, fragte ich.

»Sie ist bei der Geburt gestorben«, berichtete Rory.

Ein enttäuschtes Raunen ging durch unsere Runde. Selbst Petula sah niedergeschlagen aus.

»Oh nein«, flüsterte ich. Das Happy End, von dem ich wusste, dass es nie eingetreten war, war unwiederbringlich dahin.

»Finola ist bei ihrer Freundin, einer gewissen Lady Maud Winchester, in New York untergekommen, und blieb bis zur Geburt bei ihr. Als Finola starb und Lady Maud mit einem elternlosen Kind dastand, blieb ihr nichts anderes übrig, als die Flahertys zu benachrichtigen. Sie wollte nicht, dass das Kind in irgendein Waisenheim kam, und selbst aufnehmen kam für sie nicht in Frage. Hier«, sagte Rory und zog einen weiteren Brief hervor. »Das ist der Brief, der auf Durley Abbey eintraf. Zwischenzeitlich war Simon ebenfalls verstorben, sodass seine Eltern ihn erhielten. Catherine, Simons Mutter, war die treibende Kraft, die dafür sorgte, dass Arthur wohlbehalten in Irland ankam.«

»Und sie war es vermutlich auch, die dafür sorgte, dass die Geburtsurkunde durch eine andere ausgetauscht wurde«, vermutete ich.

»Genau. Die Familie hatte genügend Einfluss, um eine Urkunde unter der Hand erstellen zu lassen. Sie wollte natürlich einen Skandal vermeiden, zog sich aus der Gesellschaft zurück und hielt das Kind zunächst unter Verschluss. Als die Wogen sich glätteten, wurde Arthur als das Kind von Simon und Finola vorgestellt.«

»Wusstest du, dass es – außer der aus New York – noch zwei weitere Geburtsurkunden gibt?«, fragte ich, woraufhin Rory verwirrt aussah. »Eine mit dem richtigen Datum und eine, die auf einen Zeitraum vor Finolas Verschwinden datiert ist.«

»Nein, das ist mir neu. Vielleicht wollte Catherine damit irgendwelchen rechtlichen Problemen aus dem Weg gehen.« Er zuckte mit den Schultern. »Ich habe dafür leider keine andere Erklärung.«

Ian hob die Hand und fragte: »Aber wie erging es Arthur? Er war immerhin ein Kuckuckskind in einer wohlhabenden und einflussreichen Familie.«

Rory lächelte: »Da kann ich Sie beruhigen. Arthur hat mir immer wieder erzählt, welch unbeschwerte und schöne Kindheit er gehabt hat. Seine Oma sorgte dafür, dass es nie einen Zweifel daran gab, dass er von Simons und Finolas Sohn war. Erst als sie starb, konnte sie das Geheimnis nicht länger für sich behalten und erzählte ihm seine Geschichte. Zumindest so weit, wie sie selbst es sich erklären konnte. Sie wusste natürlich ebenfalls nicht, wer Finolas Liebhaber und damit sein Vater war.«

Petula war bislang sehr still gewesen, doch nun hakte sie ein: »Und wieso weißt du von alldem?«

Bei ihren Worten sackte Rory in sich zusammen und fuhr sich müde mit der Hand durchs Gesicht. »Dafür muss ich ein wenig ausholen. Ich habe meine Kindheit und einen Großteil meiner Jugend nicht auf Durley Abbey verbracht, sondern in einem Internat in der Schweiz. Bildung war meinem Großvater sehr wichtig. Meine Eltern hätten mich auch auf die Gesamtschule im nächsten Dorf geschickt, doch Großvater überredete sie, Geld in mich zu investieren. Wenn ich dann in den Ferien nach Durley Abbey kam, war es das Größte für mich, stundenlang in der Bibliothek zu sein.«

Das konnte ich nur allzu gut nachvollziehen. Arthurs Bibliothek war ein Traum.

»Eines Tages fand ich einen Teil von Simons privater Korrespondenz darunter. Ich hatte mir zu dem Zeitpunkt keine großen Gedanken darum gemacht. Ich freute mich eher über diese kuriosen Briefe und Notizen und vergaß sie wenig später wieder. Doch vor Kurzem erkrankte Großvater dann an Alzheimer.« Bedauernd blickte er Ian an. »Es ist glücklicherweise eine langsam verlaufende Variante davon, ihm bleiben noch ein paar Jahre, aber über kurz oder lang wird er von seiner Vergangenheit nichts mehr wissen. Als ihm das klar wurde, zog er mich ins Vertrauen. Sie müssen wissen«, und damit wandte er sich an uns alle, »dass ich ein sehr gutes Verhältnis zu ihm habe. Ganz im Gegensatz zu meinen Eltern und meiner Tante. Arthur hat vor, sein ganzes Erbe mir zu hinterlassen. Demzufolge hielt er es für wichtig, dass ich seine Geschichte kenne. Er zeigte mir seine Geburtsurkunde sowie den letzten Brief von Finola und bat mich herauszufinden, was damals geschehen war. Er wusste nicht, wer sein Vater gewesen war, und beschwor mich, es herauszufinden.«

»Doch das hast du nicht getan«, vermutete Tom. »Weshalb sonst warst du monatelang in Irland unterwegs und hast auf der Straße geschlafen, anstelle in deinem Herrenhaus?«

Unglücklich wiegte Rory seinen Kopf hin und her. »Ja, das ist wahr. Als Großvater mich mit dieser unglaublich großen Aufgabe betraute, konnte ich nicht anders und musste flüchten. Es war mir alles zu viel: die Geheimnisse, sein Vertrauen in mich, der Druck. Ich musste da raus, am besten dorthin, wo niemand mich kannte, und niemand etwas von mir erwartete. Es ging eine ganze Weile gut. Als ich hier in Ard Carraig ankam und den Job bei dir hatte, Tom ... Es war für mich wirklich eine gute Zeit. Mein Kopf war frei, und der Druck war weg, das erste Mal seit einer langen Zeit. Doch dann ...«

»Doch dann hast du mitbekommen, dass wir Briefe gefunden haben und dass dort von einer Finola die Rede war«, spann ich den Faden weiter.

»Und du hast gemerkt, dass du nicht davon laufen kannst«, vervollständigte Tom meinen Gedanken.

Ed, der als einziger bislang nichts gesagt hatte, saß zurückgelehnt auf der Couch und lächelte wissend vor sich hin. Rory nickte zum hundertsten Mal an diesem Abend. »Ich merkte, dass es mich immer verfolgen würde, ganz egal, wohin ich ging. Und ich weiß natürlich auch nicht, wie lange es Großvater noch gut gehen wird. Mir lief die Zeit davon.«

Ich beugte mich zu ihm vor. »Aber warum hast du denn nicht mit uns gesprochen? Stattdessen hast du Lizzie benutzt, um die Briefe zu stehlen.«

»Über Lizzie werden wir noch reden müssen, aber nicht in dieser Runde«, drohte Tom, ganz der überfürsorgliche Vater.

»Es war ein Fehler, Lizzie mit hineinzuziehen, aber sie wollte mir so gerne helfen. Sie war für mich da, ohne alles wissen zu wollen. Sie ist ein toller Mensch.«

Das machte Toms Gesichtsausdruck nicht unbedingt friedlicher, doch er beließ es bei einem Grummeln.

»Moment, mir fällt da noch etwas ein«, sagte ich und brachte den Einbruch auf Durley Abbey in der Sturmnacht zur Sprache. »Hast du damit etwas zu tun?«

»Ich konnte nicht anders. Ich hatte nicht mehr alle Informationen parat und musste dringend nachlesen. Mein Großvater verwahrt den letzten Brief von Finola und seine Geburtsurkunde in einer kleinen Holzschatulle in seinem Schlafzimmer.« Als er meinen missbilligenden Gesichtsausdruck sah, beeilte er sich zu sagen: »Ich habe mir die Schatulle nur ausgeliehen. Nur bis ich die Briefe kopiert hatte. Ich habe alles wieder zurückgegeben.«

»Und mit Mary wolltest du deshalb sprechen, weil du mitbekommen hast, dass sie ziemlich viel Ahnung von der Dorfgeschichte hat«, mutmaßte ich, woraufhin Rory nickte.

Eine unruhige Stille senkte sich über unsere Gruppe. Ich konnte es Ian ansehen, dass er zwar tausende Fragen hatte, doch im Moment zu müde und zu erschlagen von all diesen neuen Informationen war, um sie zu stellen. In diese Stille hinein kicherte Ed vor sich hin, was dazu führte, dass sich unsere Aufmerksamkeit auf ihn richtete.

»Wie genau hängen Sie da mit drin?«, fragte ich ihn.

Er hob abwehrend die Hände, behielt jedoch sein Lächeln bei. »Ich spiele hier gar keine große Rolle. Ich habe lediglich festgestellt, dass sich jemand zum Schlafen in meinem Garten gelegt hat.« Er kratzte sich am Kopf zwischen seinen wirren grauen Haaren. »Ich hätte damit gar kein Problem damit gehabt. Dieser junge Mann hier verströmt keinerlei Bösartigkeit. Allerdings stellte ich fest, dass etwas an ihm mich an Arthur erinnert. Er hat eine ähnliche Energiesignatur.«

»An Arthur erinnert?«, wiederholte Petula skeptisch. »Du kennst diesen Arthur?«

Fröhlich nickte Ed. »Ja, er ist ein alter Freund von mir. Ich habe ihn sogar erst kürzlich wieder besucht. Und etwas war an Rory, dass auch an Arthur ist, und da habe ich ihn einfach gefragt.«

»Ich habe beinahe einen Herzinfarkt bekommen. Ed kam mitten in der Nacht mit einer Laterne zu dem Busch, unter den ich mich zum Schlafen gelegt hatte, um mich zu fragen, warum ich mich wie Arthur anfühle. Er hatte dabei lediglich ein Bettlaken an«, versuchte Rory es mit einem Witz, zum ersten Mal an diesem ernsten Abend.

Ich musste kurz aufprusten, während Ed gespielt entrüstet sagte: »Bettlaken? Das ist eine traditionelle Robe, die ich nur an hohen Feiertagen trage. Rein zufällig war diese Nacht ein wichtiger keltischer Feiertag, den ich entsprechend würdigen musste.«

Rory lächelte ihn kurz an. »Er überzeugte mich davon, dass es das Beste sei, mit der Wahrheit herauszurücken. Und er lag richtig. Es tut gut, darüber zu sprechen.«

Ich hatte kurz ein Déjà Vu und erinnerte mich an die Situation vor einigen Monaten. Auch damals war Ed involviert gewesen und hatte dafür gesorgt, dass Laurie einsichtig wurde.

Ian, der eine ganze Weile ruhig gewesen war, hüstelte kurz und sagte dann: »Ich möchte meinen Bruder kennenlernen. Geht das?«

Ein Strahlen ging über Rorys Gesicht: »Es wäre mir eine Freude, dies zu arrangieren, Mr Murphy.«

Schweigend saßen Tom und ich in meinem Garten. Die Nacht war dunkel, der Mond nur als ganz schmale Sichel zu sehen. Ich nippte an einem Glas Rotwein und ließ den Abend Revue passieren. So ganz hatte ich ihn noch nicht verarbeitet, und ich wusste, Tom ging es nicht anders. Ebenso wie ich war er ungewöhnlich still. Dr. Jingles lag auf meinen Beinen und schnurrte sich – glücklich unwissend – die Seele aus dem Leib. Ich fuhr ihm mit den Fingern über das seidenweiche Fell und freute mich über seine Anwesenheit.

»Rory ... wer hätte das gedacht«, sagte Tom urplötzlich. »Dieser kleine Mistkerl.« Doch er klang weder böse noch grimmig, eher erstaunt, dass sich des Rätsels Lösung so lange direkt neben ihm befunden hatte.

»Ich finde es nur sehr schade, dass die Liebe zwischen Finola und Connor so ein tragisches Ende genommen hat«, seufzte ich. »Das hat das Potential für einen großen Kinofilm.«

Toms belustigter Blick blieb an mir hängen. Er nahm meine Hand und drückte sie. »Ich bin froh, dass wir herausgefunden haben, was passiert ist.«

»Ich hoffe nur, dass Petula Rory heute Nacht nicht umbringt.«

Ian hatte drauf bestanden, kurz bevor wir uns verabschiedeten und dem Ehepaar Murphy die dringend notwendige Ruhe gönnten, dass Rory zumindest die Nacht bei ihnen verbrachte. Petula hatte wenig glücklich ausgesehen, doch sie hielt sich zurück. Nach einem kurzen Zögern hatte Rory eingewilligt. Er wollte am nächsten Morgen zurück nach Durley Abbey fahren, um zu seinem Großvater zurückzukehren und ihm zu erzählen, was aus seinen Eltern geworden war. Und um ihm mitzuteilen, dass er einen Halbbruder hatte, der ihn gern kennenlernen wollte.

Tom warf einen Blick auf seine Armbanduhr, fluchte kurz und stand dann ächzend auf. »Mist, es ist gleich elf Uhr. Ich muss Miles dringend ablösen. Er hat entweder meinen ganzen Vorrat an Lagavulin ausgetrunken oder gibt eine Freirunde nach der anderen«, scherzte er. »Willst du mitkommen?«

Ich blieb, wo ich war. »Sei mir nicht böse, aber ich glaube, ich möchte noch etwas nachdenken.«

Tom beugte sich zu mir hinunter und küsste mich. »Okay, kann ich verstehen. Aber morgen Abend lasse ich dich nicht so einfach gehen.«

»Deal«, sagte ich strahlend und winkte ihm hinterher, als er um das Haus herumging und sich in die Dorfmitte zu seinem Pub aufmachte.

Ich streichelte meinen Kater noch eine ganze Weile, trank das Glas aus, und als es kühler wurde, klemmte ich Dr. Jingles unter meinen Arm und ging über den Wintergarten ins Haus. Ich goss mir ein weiteres Glas Wein ein und setzte mich an den kleinen Schreibtisch im Wohnzimmer. Mein Laptop stand dort seit Wochen ausgeschaltet. Doch heute Abend konnte ich nicht anders, als ihn aufzuklappen, ein neues Dokument zu öffnen und loszutippen.

Aus Finola wurde Amelia, aus Connor Richard und Durley Abbey erhielt den wohlklingenden Namen Kilmoran Park. Ich schrieb, bis mir die Finger wehtaten und das Licht draußen grau zu werden begann. Die Worte flossen nur so aus mir heraus. Keine Spur mehr von den Problemen, die ich beim letzten Huntington-Band gehabt hatte. Alles stand klar vor meinem inneren Auge. Noch nie hatte ich einen Roman begonnen, ohne vorher den Vorlauf ordentlich zu plotten, ihn feinsäuberlich durchzuplanen. Hier war es nicht notwendig. Ich wusste, welches Ereignis dem nächsten folgte. Mein Kopfkino funktionierte in dieser Nacht so gut wie noch nie. Als ein neuer Tag heraufzog, hatte ich drei Kapitel geschrieben und Stoff genug für die nächsten zehn. Doch mir fielen die Augen zu. Es war sechs Uhr, ich hatte die Nacht durchgemacht, etwas, das seit dem Studium nur selten passiert war.

Ich gähnte herzhaft und schleppte mich die Treppe hoch in mein Schlafzimmer. Ich warf alle Kleidung von mir ab, nur das T-Shirt behielt ich an, und ließ mich ins Bett fallen. Ich musste sofort eingeschlafen sein. Traumlos schlief ich durch bis kurz nach zwölf Uhr.

Es war Dr. Jingles, der mich durch einen Sprung auf meine Beine aufweckte. Auffordernd maunzte er mich an und rieb dann sein Köpfchen an mir. Schlaftrunken blinzelte ich ihn an und versprach ihm mit rauer, vom Schlaf belegter Stimme, dass ich ihn gleich füttern würde. Der Kater musste warten, erst war eine belebende Dusche dringend notwendig. Und eine große Tasse Tee.

Später schmatzte Dr. Jingles vor sich hin, während ich, am Küchentisch sitzend, meinen Tee genoss und hoffte, bald richtig wach zu sein. Draußen war das Wetter wechselhaft: Wolken bedeckten den Himmel, doch die Sonne brach immer wieder durch und schien durch das Küchenfenster ins Haus hinein.

Als ich das Gefühl hatte, wieder halbwegs denken zu können, setzte ich mich erneut an den Laptop. Ein Kapitel noch, dann würde ich dringend etwas essen müssen, und das würde ich bei Tom tun. Ich musste ihn fragen, was er von meinem, schon halb in die Tat umgesetzten Plan hielt, die Geschichte von Finola und Connor aufzuschreiben. Und ich musste dringend mit Maggie sprechen. Wenn sie wüsste, was gestern alles ans Tageslicht gekommen war.

Doch zunächst arbeitete ich ein paar Stunden. Ich beendete Kapitel vier, begann mit Kapitel fünf, als mich lautes Magengrummeln aus der Konzentration riss. Höchste Zeit, etwas zu essen. Dr. Jingles lag eingerollt auf der Couch und machte keine Anstalten, das Haus verlassen zu wollen, also ließ ich ihn, wo er war, und verließ mein kleines Cottage.

Im Pub erwartete mich eine aufgebrachte Maggie. Schon beim Eintreten entdeckte ich sie vorne an der Bar, im Gespräch mit Tom. Ohoh, dachte ich noch. Hoffentlich reißt sie mir den Kopf nicht ab. Doch sie war viel zu aufgeregt, als dass sie mir Vorwürfe machen konnte. Sie begrüßte mich mit einer herzlichen Umarmung und den hervor gestoßenen Worten: »Arthurs Enkel? Im Ernst?«

Eilig nickte ich, ein Grinsen auf dem Gesicht. Auch Tom musste sich ein Lachen verkneifen und stellte mir unaufgefordert ein Cider hin.

»Wo hast du denn über Nacht diese Augenringe herbekommen?«, frotzelte er.

Ich schnitt ihm eine Grimasse und wandte mich dann Maggie zu, um ihr erneut – und als hätte Tom dies nicht vor wenigen Minuten bereits erledigt – alles haarklein und ausführlich zu erzählen. Zwischendurch signalisierte ich Tom, dass ich vor Hunger starb, wenn ich nicht augenblicklich etwas zu Essen bekam. Glücklicherweise verstand er mich.

Maggie und ich waren in die Diskussion über Eds Bettlaken vertieft, als Tom uns mit einer Portion herzhaften Bacon and Cabbage-Eintopfs unterbrach. Der würzige Duft von Schweinefleisch in Kohl zusammen mit frischem, dunklem Brot entlockte mir ein zutiefst sehnsüchtiges Seufzen. Während ich einen Löffel nach dem anderen in mich hinein schaufelte, plapperte Maggie in einem fort.

»Dann war es also Rory, den wir auf Durley Abbey haben weglaufen sehen. Dass du ihn nicht erkannt hast ...«

»Hey, es war dunkel«, verteidigte ich mich mit vollem Mund.

»... wenn du ihn erkannt hättest, dann hätten wir das Rätsel schon viel früher lösen können.«

»Ich wiederhole: Es war dunkel. Du warst doch selbst dabei.« Sorgfältig wischte ich den Bodensatz des Tellers mit dem Brot auf und schob den Teller anschließend von mir. »Puh, das war gut.«

Mit einer erhobenen Augenbraue sah Maggie mich ungeduldig an. »Sind wir jetzt soweit, dass wir uns wieder den wichtigen Dingen zuwenden können?« Ihre Finger trommelten rhythmisch auf die Theke.

Betont langsam nahm ich einen Schluck vom Cider. »Mmmh«, machte ich.

»Aoife!« Maggie hatte die Arme verschränkt und funkelte mich an. »Es gibt noch einen wichtigen Punkt, der bisher gar nicht geklärt wurde.«

»Nämlich?«

»Nämlich wie die Briefe in die Wand gekommen sind. Wer hat sie dort eingemauert?«

»Mist«, entfuhr es mir. »Du hast recht, diese Frage habe ich bei all dem Trubel völlig vergessen. Vielleicht kann uns Ian diesbezüglich weiterhelfen.«

»Wieso denn ausgerechnet Ian?«, fragte Maggie verdutzt.

»Ich habe irgendwie das Gefühl, dass Connor es gewesen sein muss. Vielleicht weiß Ian ja, ob sein Vater auch als Handwerker im Hotel gearbeitet hat. Ich werde ihn bei Gelegenheit fragen.«

Was ich auch tat, wobei ich erfuhr, dass Connor tatsächlich ab und zu kleinere Handwerkerdienste versah.

In der Zwischenzeit erreichte uns – Maggie, Ed, die Murphys und mich sowie Tom – jeweils ein handgeschriebener Brief, der uns zu einer kleinen Feier auf Durley Abbey einlud. Unterschrieben hatte Arthur, doch die Handschrift des restlichen Textes ließ eher auf Rosie schließen. Und so fuhren eines Morgens Tom und ich – auf dem Rücksitz drängten sich Maggie, ihr Sohn und Ed – den Weg nach Durley Abbey.

Schon in der Einfahrt wurde uns klar, dass dieser Tag etwas ganz Besonderes werden würde. Der Angestelltenparkplatz war mit bunten Wimpeln geschmückt und in den Bäumen hingen Lichtergirlanden. Ians und Petulas Wagen stand schon da. Ich vermutete, die erste Begegnung der beiden Halbbrüder war im kleinen Rahmen geschehen.

Das Museum war heute geschlossen, obwohl der Samstag unter Garantie ein guter Ausflugstag war. Dennoch stand ein Mitarbeiter am Eingang – glücklicherweise nicht Seamus – der uns nach hinten auf die Terrasse des Museumscafés führte. Dort erwartete uns ein kleines Buffet, und ich konnte die Murphys sowie Rosie sehen.

Unter großem Hallo begrüßten wir alle, und ich drückte Rosie an mich. Sie strahlte über beide Ohren und wirkte gelöst. Wenig später stießen auch Arthur und Rory zu uns. Nun, da ich beide erstmals zusammen sah, verstand ich auf Anhieb, weshalb Arthur mir damals so vage vertraut vorgekommen war. Sie sahen sich ähnlich: die gleichen Wangenknochen, die gleiche Mundpartie. Wie hatte mir das nur entgehen können?

Tom nickte bei Rorys Anblick anerkennend. Das schmuddelige Straßenkind war verschwunden und an seine Stelle ein gut gekleideter junger Mann mit ordentlichem Haarschnitt getreten. Die dunkelblaue, eng geschnittene Chinohose wirkte zusammen mit einem braunen Sakko formell, gleichzeitig jedoch leger. Rory ließ ein vorsichtiges Lächeln erkennen, als er uns alle sah.

Tom hatte in den letzten Tagen Zeit gehabt, seine Wut auf ihn abkühlen zu lassen, und ich wusste, dass er niemandem lange böse sein konnte. Zumal wir mittlerweile Rorys Beweggründe besser nachvollziehen konnten. Als Rory zu ihm trat und ihm die Hand zum Gruß entgegenstreckte, packte er ihn und drückte ihn an sich. Erleichtert erwiderte Rory die Umarmung.

»Wir müssen später dringend noch über ein paar Rezepte sprechen«, sagte Tom anstelle einer Begrüßung, woraufhin Rory eifrig nickte.

Ich trat zu Arthur und schüttelte ihm die Hand. »Es ist sehr schön, Sie wiederzusehen«, sagte ich.

Er behielt meine Hand etwas länger als notwendig in seiner und antwortete ernst: »Das kann ich nur wiedergeben. Wie ich gehört habe, waren Sie erheblich daran beteiligt, dass meine Familie gewachsen ist.«

Ich schüttelte heftig den Kopf. »Wenn überhaupt, dann nur ein ganz kleines bisschen. Jeder der heute hier Anwesenden hat einen wichtigen Beitrag geleistet.«

Er zwinkerte mir zu. »Dann freut es mich umso mehr, dass heute alle hier sein können.«

Wenig später half ich Rosie beim Ausschenken von Sekt. Ian stand neben Arthurs Rollstuhl und sprach leise mit ihm. Petula hielt sich zwar etwas einsam abseits, dennoch sah sie aus, als wäre sie dazu geboren, hier zu sein: farblich perfekt abgestimmtes Ensemble, Perlenkette, teuer aussehende Handtasche, kleiner, keck sitzender Hut.

Arthur erhob sein Glas, und trotz dass wir ihn alle körperlich überragten, wirkte er größer als jeder von uns.

»Ich möchte auf den Zufall anstoßen«, rief er uns zu. »Auf den Zufall, der dafür gesorgt hat, dass Tom und Aoife Briefe meiner Eltern gefunden haben. Auf den Zufall, der meinen Enkel ausgerechnet in das Dörfchen Ard Carraig verschlagen hat. Sie alle haben dafür gesorgt, dass ich heute hier gemeinsam mit meinem Enkel und meinem Bruder feiern kann. Cheers!«

»Cheers«, echoten wir im Chor.

Wenig später hörte ich, wie Arthur seinem Enkel leiste zuraunte: »Endlich, der Fluch ist gebrochen. Ab jetzt wird alles besser.«

Ende

Nachwort

Wie schon der Vorgänger »Mord im Cottage« spielt auch diese Episode im fiktiven Örtchen Ard Carraig an der Südküste Irlands. Auch diesmal sind sämtliche Ähnlichkeiten von Personen oder Orten rein zufällig.

Und auch diesmal möchte ich Ihnen ein erprobtes Rezept ans Herz legen: Rosies schottische Scones.

Scones sind in Irland und besonders Schottland derart verbreitet, dass angeblich jede Familie ihr eigenes Rezept besitzt. Ich selbst backe sie regelmäßig, allerdings eher zum Frühstück als zum Nachmittagstee, und mag die luftige Konsistenz. Wenn Sie eher die etwas härteren Exemplare bevorzugen, dann empfehle ich, den Joghurt wegzulassen und stattdessen auf Mehl und Milch zu setzen.

Rezept

Zutaten für ca. 8 bis 10 Stück:

250 g Mehl
etwas Backpulver und eine Prise Salz
1 EL Zucker
1 Ei
70 g Butter, am besten weich
125 g Joghurt

Eier und Joghurt verrühren und beiseite stellen.

Trockene Zutaten vermengen, dann weiche Butter mit den Fingern hineinkneten. Anschließend mit der Eier-Joghurt-Mischung verrühren.

Aus der Masse Kugeln formen und kurz ruhen lassen. Währenddessen den Backofen auf 200 °C vorheizen, dann ca. 15 Minuten backen.

Am besten noch warm mit Marmelade und Clotted Cream (kann man manchmal in English Shops ergattern) oder mit Butter genießen.